新时代青年学者管理文库
Management Library for Young Scholars in the New Era

MANAGEMENT LIBRARY

地区脆弱性的识别及应对策略研究

以南疆四地州为例

Research on Identification and Response Strategies for Regional Vulnerability

Taking the Four Prefectures in Southern Xinjiang as an Example

穆晓央 陈法杰 张燕 著

东北财经大学出版社
Dongbei University of Finance & Economics Press
大连

图书在版编目（CIP）数据

地区脆弱性的识别及应对策略研究：以南疆四地州为例 / 穆晓央，陈法杰，张燕著．—大连：东北财经大学出版社，2024.12.—（新时代青年学者管理文库）．—ISBN 978-7-5654-5432-5

Ⅰ. F127.45

中国国家版本馆CIP数据核字第2024Q324G3号

东北财经大学出版社出版发行

大连市黑石礁尖山街217号　邮政编码　116025

网　址：http://www.dufep.cn

读者信箱：dufep@dufe.edu.cn

大连永盛印业有限公司印刷

幅面尺寸：170mm×240mm　字数：193千字　印张：16.25　插页：1

2024年12月第1版　2024年12月第1次印刷

责任编辑：石真珍　周　晗　责任校对：那　欣

封面设计：张智波　版式设计：原　皓

定价：85.00元

教学支持　售后服务　联系电话：（0411）84710309

如有印装质量问题，请联系营销部：（0411）84710711

前言

党的十九届五中全会提出，“实现巩固拓展脱贫攻坚成果同乡村振兴有效衔接”。2020年12月3日，中共中央政治局常务委员会召开会议，听取脱贫攻坚总结评估汇报。会议指出：“健全防止返贫监测帮扶机制，继续对脱贫县、脱贫村、脱贫人口开展监测。”党的二十大报告指出：“巩固拓展脱贫攻坚成果，增强脱贫地区和脱贫群众内生发展动力。”党的二十届三中全会指出：“切实保障和改善民生，巩固拓展脱贫攻坚成果。”2023年3月24日召开的国务院常务会议强调，必须把巩固拓展脱贫攻坚成果作为重大的政治任务，继续压紧压实各方责任，全面抓好政策和工作落实，紧盯薄弱地区、重点人群和关键环节，牢牢守住不发生规模性返贫的底线。

南疆四地州（包括阿克苏地区、和田地区、喀什地区、克孜勒苏柯尔克孜自治州）曾是全国“三区三州”深度贫困地区之一，贫困人口多、贫困程度深、贫困发生率高、区域性整体贫困严重，并与当地产业发展、公共服务、基础设施建设、基层治理等相互耦合、相互影响，使得地区脆弱性问题严峻。加之特殊的历史因素、社会因素、自然因素，南疆四地州地区致脆因素和脆弱性特征较为复杂。这不利于地区脱贫攻坚成果的巩固与可持续脱贫的实现。因此，精准识别南疆四地州地区的脆弱性问题并提出有针对性的应对策略具有理论价值和现实意义。精准识别脆弱性问题是提出应对策略的基础。南疆四地州地区属于何种脆弱性等级范畴？脆弱性治理中是否存在路径依赖现象？区域内脆弱性的空间演化趋势是什么？是否存在空间关联性？影响地区脆弱性敏感度的复合生态系统耦合协调发展状况如何？以上四个层面的致脆成因又是什么？本书围绕以上问题一一展开分析并尝试回答。

本书以社会-经济-自然复合生态系统理论、可持续发展理论、路径依赖理论、区域协调发展理论等为指导，梳理了南疆四地州地区脆弱性识别机制，并构建识别框架具体展开研究。本书的研究内容和结论如下：

（1）南疆四地州地区脆弱性识别框架的构建。从脆弱性的影响要素、复合系统脆弱性的相互影响、脆弱性的路径依赖识别及空间效应识别等四个层面搭建脆弱性识别框架。该框架涵盖了时间与空间、内部与外部等多维角度，为下文展开研究奠定基础。

（2）基于南疆四地州2013—2018年的面板数据，采用熵权TOPSIS法定量测度了这些地区的经济、社会、生态脆弱程度，依据经济脆弱性、社会脆弱性、生态脆弱性大小得出地区综合脆弱性指数。本书发现，研究期内南疆四地州经济脆弱性、社会脆弱性、生态脆弱性及综合脆弱性呈下降态势，但脆弱程度整体上较为严重，大部分介于中度脆弱与重度脆弱之间。

（3）基于南疆四地州26个地区2013—2018年的脆弱性指数，采用灰色预测模型预测了2019—2021年各地区的脆弱性指数，进一步采用结构相似度模型测度了这些地区2013—2015年、2016—2018年、

2019—2021年三个阶段的经济脆弱性、社会脆弱性、生态脆弱性及综合脆弱性的结构相似度。研究发现，这三个阶段的脆弱性关联度普遍较强，表明南疆四地州脆弱性治理过程中存在某种程度的路径依赖现象，因此在地区脆弱性治理过程中要积极打破路径依赖现象，探寻发展新路径。

（4）采用标准差椭圆方法定量测度了2013—2018年南疆四地州26个地区脆弱性的空间演化趋势，发现这些地区的综合脆弱性空间分布整体呈北（偏西）—南（偏东）的空间格局。整体来看，标准差椭圆呈现出空间收缩状态，同时南疆四地州26个地区综合脆弱性重心变化趋势明显，总体由东北向西南方位移动，但重心一直保持在麦盖提县，并没有跨区域的范围波动，表明西南部位的综合脆弱性较为严重的地区较多。2016—2018年南疆四地州26个地区中，综合脆弱性的分布在北（偏西）—南（偏东）方向上有增强的趋势。本书进一步选用空间自相关方法测度了26个地区脆弱性的空间关联性特点，发现2013—2018年这些地区的综合脆弱性存在显著的空间正相关性。总体来说，多数地区的局部自相关类型以高高（HH）型、低低（LL）型等同质性特征为主，异质性为辅。

（5）采用耦合协调度模型测度了南疆四地州26个地区复合生态系统的耦合协调度，发现这些地区经济系统、社会系统、生态系统的协调发展水平稳步提高，但耦合协调整体水平不高，处于濒临失调衰退和严重失调衰退之间，虽有改善的趋势，但截至2018年，实现较高水平耦合类型的地区较少，仍有很大的进步空间。研究期内，南疆四地州26个地区社会-经济-生态耦合协调类型存在稳定和动态两种空间特征。随着时间的推移，部分地区发生耦合协调等级的跃迁，但未有跨级跃迁的地区。

（6）致脆成因分析。从关键致脆指标、脆弱性的路径依赖、脆弱性的空间效应及复合生态系统的短板系统等方面对南疆四地州地区脆弱性成因进行识别。其中，采用障碍度模型对关键致脆指标进行识别，采用相对发展度模型对复合生态系统短板系统进行识别，而对脆弱性的路径依赖及空间效应的致脆成因则采用定性分析。研究发现，第三产业增加值占地区生产总值比重、第二产业增加值占地区生产总值比重、固定资产投资、小学（初中）阶段平均每名教师负担学生数、人口自然增长率、人均粮食拥有量、人口密度、化肥施用量、高程等项指标成为关键致脆指标；技术转化成本、传统的科层制度、组织间的自我强化、规模报酬递增机制、帮扶主体思维惰性、有限理性及信息不完全性等因素都可能导致脆弱性治理中路径依赖现象的产生，进而影响地区的脆弱性程度；区域整体复合生态系统脆弱性强，会妨碍经济系统内各生产要素的流动，限制区域交流合作，加重社会系统的不稳定性，造成社会系统脆弱性增强，也不利于区域内各地区生态环境建设，使得地区生态系统脆弱性增强；而相邻地区间脆弱性的影响更为明显。生态系统成为影响复合生态系统耦合协调发展第一的短板系统，而在第二滞后系统中，部分地区表现为经济系统滞后，部分地区则表现为社会系统滞后。短板系统可能会引起复合生态系统敏感度的变化，进而影响整个系统的脆弱性应对能力。

（7）提出脆弱性的应对策略。基于南疆四地州26个地区脆弱性的致脆成因，从降脆、路径创造、区域协调发展及补短板等四个维度提出脆弱性的应对策略。

本书的突出贡献在于从脆弱性大小、脆弱性基础、脆弱性空间影响性、复合生态系统的耦合协调发展等多角度丰富脆弱性识别机制，构建了相对完善的识别框架。同时，在构建指标时，由于南疆四地州的区域特点、部分数据不可得等问题，不得不放弃部分指标，因此指标的全面性有待进一步提升。需要特别说明的是，2018年后的数据因获取途径限制，未曾获得，虽然笔者尝试用灰色预测的方法进行了预测分析，但预测数据终归与实际数据存在一定的差异，后期将不断更新研究数据，提高数据的精确度。

作　者

2024年9月

目录

第 1 章

绪论

1.1 研究背景、研究范围界定、研究目的及意义

1.1.1 研究背景

南疆四地州自精准扶贫政策实施以来，脱贫攻坚工作取得了喜人的成效。从建档立卡的数据来看，2013年，南疆四地州的贫困人口、贫困发生率、贫困人口人均纯收入分别为276.7万、29.1%和2 000元以下，2019年，其贫困人口、贫困发生率、贫困人口人均纯收入分别为16.6万、2.2%和8 800元，成绩斐然。2020年12月3日，中共中央政治局常务委员会召开会议，听取脱贫攻坚总结评估汇报。会议指出，“健全防止返贫监测帮扶机制，继续对脱贫县、脱贫村、脱贫人口开展监测”。而南疆四地州地区最大特点是地区脆弱性强，经济基础薄弱，发展缓慢，社会保障不到位，生态环境相对恶劣，这些脆弱性表现均不利于地区脱贫攻坚成果的巩固与可持续发展的实现。与此同时，党的十九大提出，乡村振兴战略是新时代“三农”工作的总体方针，南疆四地州26个地区“三农”问题依然严峻，而“三农”问题同样受到地区脆弱性的影响，若地区经济发展薄弱、社会保障不健全、生态环境承载力不足或者遭受破坏，会直接影响“三农”问题发展的效率和质量。因此，精准识别南疆四地州26个地区脆弱性程度及类型，抓住问题关键，才能更好地对症下药，精准施策。

（1）精准识别南疆四地州地区脆弱性，合理采取有针对性的反脆弱应对策略，是实现可持续脱贫、有效巩固脱贫攻坚成果的必然选择。精准扶贫政策下投入了大量扶贫资源用于脱贫攻坚，各级政府部门、社会帮扶、社会赞助等多方主体共同发力，才使得脱贫攻坚任务顺利完成。但对于原来贫困程度较深、内生动力相对较弱的地区而

言，其脱贫稳定性尚需继续巩固。党的十九届四中全会指出，“坚决打赢脱贫攻坚战，巩固脱贫攻坚成果，建立解决相对贫困的长效机制”。党的十九届五中全会指出，“实现巩固拓展脱贫攻坚成果同乡村振兴有效衔接”。2023年3月24日召开的国务院常务会议强调，必须把巩固拓展脱贫攻坚成果作为重大的政治任务，继续压紧压实各方责任，全面抓好政策和工作落实，紧盯薄弱地区、重点人群和关键环节，牢牢守住不发生规模性返贫的底线。要使原贫困地区真正脱贫、可持续地脱贫，必须精准识别该地区的脆弱性，对症下药。全面脱贫前，南疆四地州曾是脱贫攻坚决胜的关键和“硬骨头”，集贫困问题、边疆问题等多种问题于一体，巩固脱贫攻坚的意义更加突出，但任务也更加艰巨。受经济、社会、生态等诸多方面的影响，南疆四地州地区的综合竞争力不强，脆弱性明显，极易出现“返贫”现象，最终影响脱贫攻坚成果的巩固。因此，对于南疆四地州地区而言，精准识别地区脆弱性类型，提升地区发展的内生动力，才能从根源上杜绝“返贫”现象，切实巩固脱贫攻坚成效。

（2）乡村振兴战略的不断深入推进，对南疆四地州地区发展提出新要求。党的十九大提出了乡村振兴战略，是我们党在推进国家现代化进程中对“三农”问题的重要部署与安排，具有划时代的重大意义。南疆四地州农村人口占比大，全面脱贫之前为全国“三区三州”深度贫困地区之一，呈现出贫困程度深、发展基础薄弱、孤岛效应明显等特点。相对其他地区，南疆四地州地区脆弱性问题相对明显，乡村振兴战略实施的难度较大。具体如下：就经济发展而言，南疆四地州经济基础薄弱，经济总量规模不高，发展动力不够，增长后劲不足。南疆四地州经济结构为农业主导型经济，第一产业占比大，但发展水平不高，农民收入来源单一。同时，产业结构层次较低，整体竞争力不强，且地区差异明显。贫困地区集聚的特点使得南疆四地州各地区经济脆弱性较为明显。就社会发展而言，南疆四地州33个县市中有22个曾处于深度贫困，贫困人口占新疆贫困人口总量的85%以上，达到284万。贫困人口基数大、人口增长快等原因造成人均耕地面积、人均粮食拥有量等资源供给不足，极大影响了当地发展，与此同时，南疆四地州教育供给能力弱、医疗服务能力差等在一定程度上限制了人口素质提升的速度与质量。就生态环境而言，南疆四地州生态脆弱性较强，紧邻塔克拉玛干沙漠，90%以上都是沙漠、高原等地形，造成了干旱、少雨、沙尘多自然气候，加之人均耕地面积较少，因此农业生产受到一定的限制。南疆四地州被周边山地包围，加之离中心市场较远，交通的不便性和信息的相对闭塞都使得南疆四地州呈现出一定的“孤岛效应”。经济脆弱性、社会脆弱性、生态脆弱性致使南疆四地州综合脆弱性问题严重，相较于全疆其他地区，南疆四地州地区乡村振兴难度较大，必须引起足够的重视。缓解及有效降低南疆四地州地区的脆弱性，成为乡村振兴道路上要迫切解决的问题。

（3）南疆四地州区位优势逐渐凸显，需紧抓“一带一路”及向西发展的历史机遇，充分发挥其战略区位优势。一方面，南疆四地州是我国重要的边防要地，周边紧邻巴基斯坦、吉尔吉斯斯坦等国家，边境线长度占全疆边境线长度的近一半，达到46.8%，该区位对于安边固疆至关重要；另一方面，“一带一路”倡议让南疆四地州一改之前闭塞的地缘劣势，成为沿边依桥、外引内联、东进西出的重要窗口，其地缘优势在发展中不断被强化。然而，现阶段南疆四地州经济社会发展、生态环境建设等方面的落后状态均不利于其区位优势的全面发挥，因此对南疆四地州地区脆弱性进行有效识别并使之减缓甚至消除，意义重大。

（4）南疆四地州内各地区脆弱性类型不尽相同，精准识别每个地区的脆弱性类型，才能有的放矢。南疆四地州经济基础薄弱，生态环境相对恶劣，加上远离中心市场等“孤岛效应”的影响，使得南疆四地州一度成为脱贫攻坚中难啃的“硬骨头”。精准扶贫以来，国家投入大量扶贫资源用于南疆的脱贫攻坚工作，虽如期完成脱贫任务，但依然无法完全改变南疆四地州各脱贫地区脆弱性较强的现状。同时，由于南疆四地州26个地区经济基础、社会发展条件、生态条件等不尽相同，脆弱性程度、类型、致脆因素等也有差异。部分地区经济脆弱性较强，而生态脆弱性稍好，部分地区则生态脆弱性强，经济脆弱性也强，脆弱性的复杂性加重了地区脆弱性治理难度。基于此，找准各脱贫地区脆弱性所属类型，便于从经济、社会、生态等方面提出更有针对性的治理措施。

（5）地区脆弱性是一个复杂而综合的社会现象，区域脆弱性具有相互影响性。南疆四地州曾为集中连片特困地区，贫困类型多表现为跨区域性的整体贫困，各地区因为地理位置毗邻、经济基础相似、社会民情相近等而相互影响，即会表现出区域性整体贫困特征。南疆四地州的经济社会发展问题与脆弱性治理问题息息相关，而在短时间内，南疆四地州各地区经济、社会、生态及综合脆弱性较高的现象不会发生太大改变，地区与地区间会相互影响的现状也不会改变。因此，当某地区脆弱性不断增强，达到一定的阈值时，脆弱性就会呈现出负向的外部影响性，使得周边邻近地区的经济社会发展受到影响，进而影响其脆弱性程度。而地区与地区间脆弱性的交互影响，也会加剧地区脆弱性的程度，进而产生区域大范围的脆弱，致使脆弱性更进一步加重。因此，鉴于脆弱性的区域影响性，从区域协调发展视角探讨脆弱性的治理问题，极具现实意义和价值。

（6）南疆四地州脆弱性治理需打破路径依赖现象。相关研究表明，区域发展中存在路径依赖及区域锁定现象[1]，长时间的路径依赖与区域锁定不利于区域发展。路径依赖最初是对物理领域惯性现象的描述，之后被学者用于技术演进领域，用以表述技术演进过程中的一些“依赖”现象。后来，North（1990）将该理论用于阐述制度变迁中的相关问题，自此路径依赖理论在多个领域（如经济学、管理学、社会学、心理学、地理学等）得以应用和拓展。区域锁定是指区域发展现有的路径及系统结构与原来的路径及系统结构相似，形成区域锁定现象。南疆四地州地区脆弱性强，影响程度深，时间延续长，表明这些地区在脆弱性治理过程中可能存在某种程度的路径依赖，若地区脆弱性治理陷入了极强的路径依赖当中，则地区原有的脆弱性特征难以改变，治理发展就得不到突破性进展。如地区实现了路径创造，则必然会导致原有的脆弱性结构发生改变。因此，南疆四地州地区要想达到可持续脱贫，实现乡村振兴与巩固脱贫攻坚成果的有效衔接，同时更好地发挥区位优势，必须首先突破当前的脆弱性状态，通过路径创造实现并达到高质量的区域协调发展。而南疆四地州脆弱性是否真实存在路径依赖与锁定现象，路径依赖的程度又如何，对此问题展开研究对地区实现高质量可持续发展而言显得非常必要且意义重大。

（7）南疆四地州实现稳定可持续发展的总目标要求各地区降低经济、社会、生态系统的脆弱性问题。南疆四地州的稳定可持续发展是实现新疆整体社会稳定和长治久安的根本举措。南疆四地州地区发展过程中存在的脆弱性问题是新疆整体发展无法规避的事实。如果脆弱性超过了风险阈值，区域系统将面临崩溃的危险。降低南疆四地州地区脆弱性，才有可能实现可持续性的发展，进而实现新疆的整体稳定和社会长治久安的总目标。实现可持续发展的过程就是抑制脆弱性螺旋式上升的过程。

因此，基于以上研究背景，本书采用相关方法对南疆四地州地区脆弱性进行精准识别，力求多角度挖掘南疆四地州脆弱性特点，进而提出有针对性的应对策略。

1.1.2 研究范围界定

南疆四地州包括克孜勒苏柯尔克孜自治州（以下简称克州地区）、和田地区、喀什地区和阿克苏地区。其中，克州地区含阿图什市、阿克陶县、乌恰县、阿合奇县4个县（市）；和田地区含和田市、和田县、墨玉县、皮山县、洛浦县、策勒县、于田县、民丰县等8个县（市）；喀什地区含喀什市、疏附县、疏勒县、英吉沙县、岳普湖县、伽师县、莎车县、泽普县、叶城县、麦盖提县、巴楚县和塔什库尔干塔吉克自治县等12个县（市）；阿克苏地区含阿克苏市、库车市、新和县、沙雅县、拜城县、温宿县、阿瓦提县、乌什县、柯坪县等9个县（市）。

本书的研究对象为南疆四地州原来的贫困地区（即2020年全面脱贫前曾被国家划为贫困县或市），主要原因如下：一是县域是精准扶贫政策推进的重要实施场域，自2013年精准扶贫政策实施以来，以县为单位开展了各项精准扶贫措施，并取得了不错的成果，因此本书主要以南疆四地州中县域单位开展研究。由于南疆四地州原贫困地区中包含了个别县级市，因此将这些县级市一并纳入研究范围。二是这些贫困县（市）地区相对于南疆四地州其他非贫困地区而言，脆弱性问题也更加突出和典型，研究这些地区的脆弱性问题也就更具代表性。三是南疆四地州原贫困县（市）一直是国家关注和帮扶的重点地区，研究这些地区的脆弱性问题并提出有针对性的应对策略，可以助力地区实现可持续脱贫目标，同时为其他原贫困地区如何实现可持续脱贫提供一定的经验借鉴。因此，该研究范围的脆弱性研究更具现实意义。

同时，鉴于数据可得性，最终确定本书的研究对象为阿图什市、阿克陶县、乌恰县、阿合奇县、和田市、和田县、墨玉县、皮山县、洛浦县、策勒县、于田县、民丰县、喀什市、疏附县、疏勒县、英吉沙县、岳普湖县、伽师县、莎车县、泽普县、叶城县、麦盖提县、巴楚县、塔什库尔干塔吉克自治县、乌什县和柯坪县等26个地区（见表1-1）。

表1-1　2017—2020年南疆四地州贫困县（市）脱贫统计

时间	南疆四地州贫困县（市）脱贫统计
2017年	民丰县
2019年	泽普县、乌恰县、阿合奇县
2020年1月	和田市、和田县、疏附县、疏勒县、岳普湖县、塔什库尔干塔吉克自治县、麦盖提县、巴楚县、喀什市、阿图什市、柯坪县、乌什县
2020年11月	莎车县、叶城县、伽师县、英吉沙县、墨玉县、皮山县、洛浦县、策勒县、于田县、阿克陶县

注：资料来源于新疆维吾尔自治区人民政府官网。

1.1.3　研究目标

本书主要目标是对南疆四地州26个地区的脆弱性进行识别并提出反脆弱应对策略，具体目标如下：

目标一：构建南疆四地州26个地区脆弱性识别机制分析框架。通过从外部系统、内部系统、空间维度、时间维度等方面综合考量，对影响脆弱性形成的因素进行分析。同时结合南疆四地州地区特点，构建本书南疆四地州26个地区脆弱性识别机制分析框架。

目标二：精准识别南疆四地州26个地区脆弱性的程度及类型，

含经济脆弱性、社会脆弱性、生态脆弱性及综合脆弱性。

目标三：对南疆四地州26个地区不同时间阶段脆弱性的结构相似度进行测度，识别不同时间阶段脆弱性之间的关联程度，进而验证脆弱性治理过程中是否存在路径依赖及结构锁定现象。

目标四：从空间维度识别南疆四地州26个地区脆弱性的空间变动趋势及空间关联性特点，判断南疆四地州26个地区脆弱性是否存在空间关联性，空间演化趋势是如何的。

目标五：精准识别南疆四地州26个地区复合生态系统的耦合协调发展类型。社会-经济-自然复合生态系统因素的波动可能导致地区敏感性发生改变，进而影响地区的脆弱性程度。复合生态系统耦合度越高，某种程度上对地区敏感性的影响就越小。南疆四地州26个地区复合生态系统的耦合协调状况如何，会不会对地区脆弱性造成影响，也是本书需要达到的目标之一。

目标六：对南疆四地州26个地区致脆成因进行识别。从各地区脆弱性的致脆指标、脆弱性的路径依赖、区域脆弱性的相互影响、复合生态系统的短板系统等多角度识别南疆四地州26个地区致脆成因。

目标七：有针对性地提出南疆四地州脆弱性的应对策略。在精准识别致脆成因的基础上，从降脆视角、路径创造视角、区域协调发展视角、复合生态系统补短板视角构建南疆四地州26个地区脆弱性的应对策略，为南疆四地州26个地区未来可持续发展乃至高质量发展指明方向。

1.1.4 研究意义

1）理论意义

（1）引入路径依赖理论，为脆弱性问题的研究提供研究范式和方法，同时拓展路径依赖理论的应用领域。以已有脆弱性理论为基础，将路径依赖理论引入脆弱性问题的探讨，尝试用路径依赖理论中的锁定效应解释南疆四地州26个地区脆弱性不同年份间的结构相似度，建立起二者的联系和发生机理，拓展路径依赖理论的应用领域。同时，为南疆四地州26个地区2020年全面脱贫后巩固脱贫攻坚成果，有效衔接乡村振兴战略，更好融入“一带一路”建设提供理论指导，并为后续脆弱性问题的研究提供研究范式和方法。

（2）丰富和发展脆弱性识别机制。以往的研究多是对脆弱性进行评价，分析脆弱性类型，然后找出脆弱性的致脆指标。理论上脆弱性受多方因素影响，地区复合生态系统的耦合协调状态、原有的脆弱性基础、区域脆弱性的相互影响等都会在一定程度上引起地区脆弱性的改变，而以往学者识别脆弱性的角度略显单一，本书将构建地区脆弱性识别机制，丰富和发展脆弱性相关理论。

（3）丰富脆弱性的研究内容，拓宽空间关联性理论的应用范围。当前从空间角度对脆弱性的研究，多是展示脆弱性的空间分布格局，较少运用定量分析的方法分析脆弱性的空间演化特点，而从空间关联性的角度进行脆弱性分析的甚少，本书尝试用空间关联性理论分析南疆四地州26个地区脆弱性的空间关联性，丰富了脆弱性的研究内容，又拓宽了空间关联性理论的应用范围。

（4）将耦合协调理论用于脆弱性研究。复合生态系统因素的波动可能引发地区敏感性的改变，进而影响地区的脆弱性程度。复合生态系统耦合度越高，某种程度上对地区敏感性的影响就越小。当前从复合生态系统耦合协调视角谈脆弱性问题的研究相对较少。

2）现实意义

（1）为南疆四地州实现可持续脱贫提供一定的参考。精准识别南疆四地州26个地区的脆弱性程度及类型，对于找到南疆四地州26个地区脆弱性的关键因素有现实意义。由于南疆四地州26个地区的区域特殊性，其脆弱性特点有别于其他地区，传统的脆弱性减缓策略极易导致出现路径依赖现象，必须实现升级才能保证可持续脱贫，因此必须精准识别南疆四地州26个地区的脆弱性程度有多深，脆弱性类型是什么，导致脆弱性的成因都有哪些，什么样的应对策略才能有效减缓地区脆弱性等问题。本书拟从降脆视角、路径创造视角、区域发展视角和复合生态系统补短板视角提出适合南疆四地州26个地区脆弱性的应对策略，为南疆四地州经济社会健康发展、实现可持续脱贫提供一定的参考，因此本书的现实意义明显。

（2）为南疆四地州脆弱性区域整体性治理提供依据。若南疆四地州26个地区脆弱性存在空间上的相互影响，就需要从区域协调发展的视角进行整体的脆弱性治理，否则，单个地区的脆弱性极易受周边地区脆弱性的影响而较难达到治理效果。因此，对南疆四地州26个地区脆弱性的空间演化特征及空间关联性进行分析，可以验证南疆四地州26个地区脆弱性是否存在空间的相互关联以及脆弱性在空间上的变动趋势，对于从整体上进行脆弱性治理有一定的意义。

（3）本书的研究成果可为新疆乡村振兴相关部门、其他民族地区的脆弱性治理提供参考，对于促进新疆社会稳定和长治久安具有一定的指导意义和应用价值。

总之，对于南疆四地州地区而言，尤其是那些原来曾经被划为贫困地区的地区，精准识别脱贫地区脆弱性，合理采取有针对性的反脆弱应对策略，是有效巩固脱贫攻坚成果的必然要求。识别地区脆弱性类型、空间变动趋势、空间关联性，寻找其致脆成因及反脆弱应对策略具有重要的理论意义和现实意义。

1.2 国内外研究现状

脆弱性（Vulnerability）最初被用于自然灾害的研究，研究框架的不断完善和国际研究计划的持续推动使得脆弱性理论被应用于更广泛的领域，拓宽了脆弱性的研究视角，脆弱性理论能很好地诠释人地关系，在指导区域可持续发展方面作用明显。国内外大量学者较为关注脆弱性的研究，在脆弱性内涵、脆弱性研究内容、脆弱性评价方法、地区脆弱性等方面研究成果较为丰富。

1.2.1 国外研究现状

1）脆弱性的内涵

脆弱性是拉丁文中“可能受伤”的意思[2]。20世纪60年代末，学者们在自然灾害的研究中首次提到“脆弱性”概念，用来预测灾害发生的概率、发生的范围及对脆弱群体的影响。自此对自然灾害脆弱性的研究逐渐增多，不同的自然灾害，其表现出的脆弱性也不尽相同[3]。1996年，脆弱性的含义拓展到自然气候，美国农业部的Reilly认为气候变化会对局地系统引发负向影响，这种影响很难通过采取一定的措施而得以改善[4]。联合国粮食及农业组织（FAO）认为，地方居民的食品安全和营养不良等问题的重要诱因就是脆弱性，脆弱性内涵得以进一步丰富。2001年，联合国政府间气候变化专门委员会（IPCC）对气候脆弱性的概念进行完善，认为脆弱性是“系统在多大程度上易受气候变化的不利影响（包括气候变异性和极端性）以及系统应对气候变化影响的能力”[5]。该定义形象地阐述了气候变化的影响，以及系统在遭受气候变化影响时的反馈及调节能力。自此之后，经济学、管理学、社会学等不同学科领域的学者开始对脆弱性进行研究，脆弱性的概念不断丰富拓展。

2）脆弱性研究内容

国外学者将脆弱性理论应用于多个领域，研究内容丰富。Thiault（2018）从时间、空间多角度对社会脆弱性进行评价，认为社会脆弱性与社会发展之间存在互动反馈关系[6]；Yoon（2012）研究了遭受自然灾害袭击后大西洋沿岸区域的系统脆弱性问题，运用经验比较与演绎归纳等方法识别脆弱性结果，分析灾害给大西洋沿岸区域带来的损失以及海陆位置的关系[7]；Adger（2006）研究了社会生态系统的脆弱性问题，认为社会系统对环境的变化缺乏一定的适应能力，这种适应能力的缺乏是引起社会脆弱性的重要原因[8]；Metzger（2005）将脆弱性应用于对区域脆弱性的研究，研究中发现全球变化会引发区域脆弱性，而区域应对全球变化的能力存在差异[9]；O' Brien等（2004）分析了区域在不同扰动条件影响下的脆弱性问题，并以印度农业脆弱性为研究对象，探讨了在全球经济变化和气候变化双重影响下的农业脆弱性问题[10]；Pelling（2001）分析了不同类型的灾害引发的脆弱性问题，并选取合适的评价方法进行脆弱性评价，使得对策建议更具针对性[11]。

3）脆弱性评价方法

定量与质性研究齐驱，RS-GIS空间技术成为重要手段，常用AHP、主成分分析法、指数法等经典方法，或是元胞自动机模型、灰色层次分析、空间多准则等改进方法并辅以空间分析技术分别对脆弱性进行测度、排序、空间显示与模拟。Keshavarz等（2017）基于274户农户调查数据，运用主成分分析法等方法研究了伊朗法尔斯省农户对干旱的生计脆弱性[12]；Kassogue等（2017）运用元胞自动机模型描述系统的脆弱性，将其应用至洪水现象，对摩洛哥盆地地区进行了模拟[13]；Sahoo等（2016）采用灰色层次分析法模型，并结合 RS 和 GIS 技术对环境脆弱性进行了评估[14]；Kumar 等（2016）提出了基于空间多准则评估（SMCE）的在城市尺度上评估气候变化脆弱性的方法，并将该方法整合到印度班加罗尔市区的城市规划领域中[15]；Nguyen（2016）利用越南顺化省 1989 年、2003 年和 2014 年的陆地卫星数据，并结合层次分析法研究了时空生态环境脆弱性问题，发现越南顺化地区的生态脆弱性加剧归因于人为活动引起的土地利用/土地覆盖的变化以及自然灾害的影响[16]。

4）地区脆弱性研究

国外对地区脆弱性的研究在区域或城市尺度上研究对象更为丰富。López-Martínez 等（2017）基于与当地空间规划交叉点相关的两个制度脆弱性指数与水文模型数据研究了西班牙地中海地区所有沿海城市对洪水暴露的制度脆弱性[17]；Thomas 等（2017）评估了德国曼海姆市停电风险下的时空脆弱性，以增强对停电影响的时空理解[18]；Kumar 等（2016）提出了一种在城市尺度上评估气候变化脆弱性的方法，并将其应用至印度班加罗尔市[15]；Yaduvanshi 等（2015）利用热带降雨测量任务（TRMM）和中分辨率成像光谱仪（MODIS）的时空数据集并结合社会经济脆弱性，评估了印度热带地区的干旱危害与风险[19]。

1.2.2 国内研究现状

1）脆弱性的内涵

关于脆弱性的内涵，国内最早提出较具代表性观点的是李鹤、张平宇等（2008），他们认为脆弱性是系统对内外部扰动因素的影响有一定的敏感性，为应对扰动因素的影响也会表现出一定的适应能力，但系统表现出敏感性强而适应能力不足时，脆弱性就会呈现[20]；于长永等（2011）认为系统内部结构是引起系统脆弱性最主要的原因，而外界的干扰因素仅仅是引起脆弱性的诱因，如果内部结构适应能力较强，则脆弱性就会在一定程度上得以遏制，从脆弱性的原因层面对其概念进行了拓展[21]。此后，脆弱性的内涵随着学者们的不断深入研究而得以拓展。例如，石勇等（2011）认为脆弱性是承受灾害的主体在遭遇灾害时的一种内部特征，这种内部特征突出反映在承灾体敏感性、适应能力和后期的恢复能力方面，几种因素相互作用、互相影响，决定了脆弱性的大小[22]。黄晓军等（2014）阐述了社会脆弱性内涵，认为社会系统在存在自然或人为扰动因素情况下，由于自身敏感性而致使系统遭受损害的状态[23]。陈曦等（2016）在李鹤、张平宇的研究基础上对脆弱性内涵进行再研究，指出脆弱性不是单一的概念，而是一个涵盖了暴力、敏感性和抵抗力等多个因素在内的概念集合体[24]。

2）脆弱性研究内容

国内脆弱性研究主要集中在对脆弱性程度的评价、引起脆弱性因素的探讨等方面，而涉及的领域涵盖了灾害、生态、社会、经济、城市、土地等。

在研究灾害脆弱性领域中以旱灾脆弱性、洪水灾害脆弱性和地震灾害脆弱性居多。袁重乐等（2021）、金菊良等（2021）、马雅丽等（2020）、金菊良等（2019）、王莺等（2019）、许朗等（2018）、王立坤等（2018）分别对不同地区农业干旱脆弱性进行评价[25-31]；王晨等（2019）则研究了城市系统的干旱脆弱性评价问题[32]；地区不同，农业发展面临的外部扰动项不同，与上述学者研究农业干旱灾害脆弱性不同，徐玉霞等（2020）研究了宝鸡市农业洪水灾害脆弱性评价问题[33]，高玉琴等（2018）、黄晶等（2020）、黄曦涛等（2019）则分别对区域、城市群和具体节点城市的洪灾脆弱性进行了评价[34-36]；与干旱和洪灾相似，地震灾害同样是部分城市面临的重要问题，杨静雯等（2019）、李琳等（2018）对研究对象城市的地震灾害脆弱性进行综合评价研究[37-38]。

对生态脆弱性进行评价的研究成果更是丰硕。学者们重点关注了大运河流域[39]、黄河流域[40]、塔里木河流域[41]、海岸带[42-43]、水库区域[44]、森林带[45]、自然保护区[46]、湿地[47]、多沙地区[48]、干旱地区[49-51]等典型地区的生态脆弱性问题，这些地区的生态脆弱性比其他地区强，研究其生态脆弱性并有针对性地提出对策建议意义重大。具体分析如下：秦会艳等（2022）以我国省域层面的森林生态系统脆弱性为研究对象，采用生态压力—状态—响应模型构建指标体系，并测度了森林生态系统的脆弱性程度；杨雯娜等（2021）将研究范围定位在黄河流域，在“分区—集成”方法的研究基础上选用乘法模型对黄河流域的生态脆弱性进行测度和空间差异分析；张佳辰等（2021）认为海岸带是生态脆弱性较为敏感的区域，在其研究中从景观格局分析的视角，评价了青岛市海岸带生态脆弱性的程度；同样研究海岸带的还有学者张泽等（2021），其研究了桂西南喀斯特—北部湾海岸带的生态脆弱性问题，在评价方法和影响因素识别模型上分别选用了主成分分析法和地理探测器模型；李芮芝等（2021）建立SRP模型，选用主成分分析法遴选了南雄丹霞梧桐自然保护区生态脆弱性指标，并进行评价；田景汉等（2021）以华北平原白洋淀湿地生态脆弱性为研究对象，主要采用熵权矩阵与模糊关系矩阵合成的方法进行测度；李洪广等（2021）以SRP模型为研究基础，构建了西南喀斯特山区生态脆弱性指标体系，并选用熵权法赋权，对该地区的生态脆弱性进行评价；张学渊等（2021）、陈臻琦等（2021）、李路等（2021）分别以西北干旱区、浑善达克沙地、喀什地区为研究范围，研究其生态脆弱性问题，而在研究指标构建和方法选择上则不尽相同；赵培等（2020）在PSR评价模型的基础上构建指标体系，并选用空间主成分分析法对水库区域的生态脆弱性进行测度；薛联青（2019）同样选用PSR模型对塔里木河流域的生态脆弱性进行评价研究，并进行脆弱性等级的划分。

黄晓军等（2020）、杨懿等（2019）、郭禹慧等（2021）、张颖等（2019）、陆清平等（2019）分别就社会系统、经济系统、城市、土地系统的脆弱性问题展开研究[52-56]。Logistic回归分析、地理探测器、障碍度模型是常被采用的脆弱性影响因素分析方法。樊怡等（2022）使用有序Logistic回归分析了影响黄河流域旱塬区农户生计脆弱性的关键因素[57]；朱琪等（2021）采用地理探测器方法分析东北森林带生态脆弱性的主要影响因子依次为净第一性生产力、土地利用类型和生境质量[58]；曹萍等（2021）则在分析中国乡村人居环境脆弱性的影响因素中使用了障碍度模型[59]。

3）脆弱性评价方法

国内关于脆弱性评价的研究方法较为丰富，主要有综合指数法、层次分析法（AHP）、空间主成分分析法、熵权模糊集对法等方法。瞿博伟等（2022）、于婷婷等（2022）采用综合指数模型分别分析了黄石市生态脆弱度及黑龙江省乡村系统的脆弱性问题[60-61]；张景华等（2021）采用改进后的层次分析法，选取10项影响西昌市生态地质脆弱性的主要因素对西昌市开展了生态地质脆弱性评价[62]；苏悦等（2024）、孙桂丽等（2022）采用空间主成分分析法分别分析了不同地区的生态脆弱性问题[63-64]；原彩萍等（2021）研究了山西省11个地级市水资源的脆弱性问题，采用模糊综合法、灰关联分析法和基于熵权的模糊集对法三种方法对比了2018年的评价结果[65]。

4）地区脆弱性研究

国内学者针对地区脆弱性的研究既有对地区多维复合生态系统脆弱性的研究，也不乏对单维系统脆弱性的探讨。

（1）地区多维复合生态系统脆弱性研究。

学者们在进行地区复合生态系统脆弱性研究时，有对城市群的脆弱性评价[66]，也有对特殊典型地区的复合生态系统脆弱性测度[67]。研究的空间尺度涉及乡镇[68]、县[69-72]、市[73]、省[74]及中亚国家[75]，这些区域大多地理位置特殊，如丝路沿线城市[76]、西北地区[77]、石油[78]、矿业资源富饶区[79]、环渤海[80]及长江经济带[81]等区域。独特的地理位置及自然资源条件，使人地系统的耦合问题、多系统综合脆弱性问题成为学者们的研究热点。而从脆弱性评价研究方法来看，熵值法[67、77]、层次分析法[67、71]、TOPSIS[72、82]、脆弱性评价模型[77、79、80]及主成分分析法[73]等多被采用。也有学者关注到地区复合生态系统脆弱性的空间差异及影响因素识别问题，如采用GIS进行地理可视化操作[74、83]，采用障碍度模型进行影响因素分析等[75]。具体分析如下：范峻恺等（2020）将熵值法和BP神经网络模型相结合研究了滇中城市群经济、环境、社会系统的脆弱性问题；陈伟珂等（2020）研究了河南省资源、生态、经济、社会等系统的脆弱性问题；李心晴等（2020）研究了“一带一路”倡议背景下哈萨克斯坦地区综合脆弱性的空间分异特征；马蓓蓓等（2019）以黄土高原地区城市作为研究范围，基于VSD模型测度了其社会-经济系统的脆弱性；周苏娥等（2018）同样基于VSD模型评价了甘肃省河西地区自然-社会系统的脆弱性程度；也不乏学者以县域作为研究单元，对县域复合系统的脆弱性展开研究，如魏璐瑶等（2020）测度了江苏省县域乡村脆弱性程度，并分析了其空间分布状态；鲁大铭等（2017）研究了西北地区316个县（市）复合生态系统的脆弱性问题，主要运用了模糊层次分析和变异系数分析等方法。同样将研究范围限定在研究西北地区的还有李海玲等（2018）、毛亚会等（2017），其中李海玲等学者重点探讨了丝路经济带背景下西北地区的脆弱性问题，使得研究内容更具时代意义；侯纯光等（2017）、杨文健等（2017）等分别测度了环渤海地区和长江经济带城市复合生态系统的脆弱性程度，并分析了其影响因素；温晓金等（2016）选择人地关系更为脆弱的山地城市作为研究单元，对其社会-生态系统脆弱性进行空间差异性分析；李洁等（2015）同样研究了社会-生态系统的脆弱性问题，研究范围限定在甘肃省区域；赵林等（2014）、杨艳茹等（2009）则分别就东北地区城市和石油城市的复合生态系统脆弱性展开研究。

（2）地区单维系统脆弱性的研究。

经济系统、社会系统、生态系统是地区发展的主要构成要素。学者们分别就地区发展过程中经济系统脆弱性、社会系统脆弱性、生态系统脆弱性等展开研究。

① 地区经济系统脆弱性研究。学者们对经济系统脆弱性的探讨集中在经济发达城市[84]、外向型城市[85]、沿海城市[86]、旅游城市[87]等，研究的空间尺度涉及县[88]、市[89-90]、省[91]。与地区复合生态系统脆弱性研究相同的是，近几年学者们在进行地区经济系统脆弱性研究时，开始关注特殊地区经济脆弱性的研究[92]。学者们多选用敏感性、应对能力两个维度进行指标体系的构建[93]，并用熵权法进行赋权[85]，也有学者尝试用层次分析法[94]、主成分分析法与熵权法相结合的形式[95]确定权重，通过集对分析法测算最终脆弱性指数[84、85]，并采用障碍度模型进行经济系统脆弱性影响因素分析[86、87]。具体分析如下：唐波等（2020）以珠江三角洲城市群为切入点，研究了经济发达地区城市群经济脆弱性的程度及空间差异，其在2019年以广东佛山市为例，采用集对分析方法分析了该地区的敏感性和适应能力，并进一步采用GIS技术展示了地区脆弱性的空间分布特征；刘凯等（2019）以山东省的县域城市为研究单位，研究了

县域单位经济脆弱性的程度及空间关联性；任崇强等（2019）将研究视角定位在中国省域城市，采用VSD模型萃取经济脆弱性敏感性指标和经济适应性指标，对中国省域城市的脆弱性进行分析度量；张戬等（2019）同样采用了VSD模型，构建河西走廊地区及区域内五市的经济脆弱性指标，并选用熵权TOPSIS法和障碍度模型进行了脆弱性的评价和影响因素的判断；蔡文香等（2015）将仿真研究方法运用到城市脆弱性的研究当中，并以辽源市为例具体分析了该方法在城市经济系统脆弱性中的应用；郭永杰等（2014）选用SPA模型研究了宁夏限制开发生态区的经济脆弱性问题，对该区的经济脆弱性进行评价并进一步分析了其影响因素；同样基于SPA模型研究的还有陈媛等（2013），其也选择了障碍度模型识别影响因素；相似的研究还有学者苏飞等（2010、2013）；赵映慧等（2011）选用层次分析法对东北地区煤炭城市经济系统的敏感性、暴露性、适应能力等进行测度；孙平军等（2011）将研究范围同样定位在矿业城市，从敏感性和适应能力两个维度，采用主成分分析法和熵值法测度了辽宁矿业城市的经济脆弱性程度。

② 地区社会系统脆弱性研究。学者们对地区社会系统脆弱性的研究集中在气候变化[96]、自然[97-98]及社会环境变化[99-100]下社会系统脆弱性的探讨或者特定区域[101]社会脆弱性的评价，多选用暴露性、敏感性、适应能力三个维度进行指标体系的构建[96、99、100]，采用相关分析法、主成分分析法进行指标筛选[97]，采用熵权法进行赋权[99、100]，通过集对分析法[101]、函数模型法[96、99、100]测算最终脆弱性指数，并采用障碍度模型进行经济系统脆弱性影响因素分析[101]。具体分析如下：汪军能等（2022）指出气候变化会对城市居住区和关键基础设施等产生影响，进而影响地区的脆弱性；阮鑫鑫等（2019）将自然灾害纳入社会系统脆弱性研究当中，基于敏感性和应

对能力两个维度，采用相关分析法、主成分分析法进行指标筛选，实证测度了湖北地区的社会脆弱性；龙腾腾等（2018）基于AHP-PCA模型对安宁市森林火灾社会脆弱性进行评价；黄晓军等（2018）、何艳冰等（2016）分别研究了快速空间扩张和快速城市化下西安市边缘区社会脆弱性程度及影响因子；刘凯等（2016）基于敏感性和应对性两个维度构建指标，并将脆弱性评价模型和集对分析法共同用于黄河三角洲地区社会脆弱性的研究。

③ 地区生态系统脆弱性研究。地区生态脆弱性的研究以生态敏感型地区为主[102-107]，研究空间涵盖了县[108-109]、市[110]、省[111]、区域城市群[112-113]、跨境流域[114]等，基于敏感性—恢复力—压力度[102、105、106]或暴露性—敏感性—适应能力[107、109]三维评价指标进行生态脆弱性评价指标维度的选择，采用层次分析法[103、107、112]、主成分分析法[102、103、105、106、107、108、111、112、113]及脆弱性评价模型[109]进行生态脆弱性测度。具体分析如下：张慧琳等（2020）从敏感性、恢复力、压力度三维度测度了五台山地区的生态脆弱性问题，并进一步分析了当地生态脆弱性的时空变化、重心迁移及差异性特征；姚昆等（2020）从气候、地形、植被三维度建立指标体系，实证研究了岷江上游地区的生态环境脆弱性变化状况；王世东等（2020）则重点分析了经济转型过程中焦作市北山资源枯竭型地区的生态脆弱性问题，探讨了经济转型对地区生态脆弱性的影响；徐超璇等（2020）依托SRP模型，采用主成分分析法测度了张家口地区的生态脆弱性，并选用地理探测器分析了生态脆弱性的影响因素；贾晶晶等（2020）同样选用了SRP模型对地区生态脆弱性进行评价；李佳芮等（2017）、陆海燕等（2020）在模型选择上不同于上述学者，选用了VSD模型；刘慧等（2020）采用空间主成分分析法研究了静

乐县2007—2012年的生态脆弱性程度，并采用地理信息技术对脆弱性进行时空分析；张怡梦等（2018）重点研究了中国西部的脆弱性问题，选取了西部地区包含所有生态类型的45个城市；汪磊等（2016）同样研究了西部地区的生态脆弱性问题，选用了博弈论组合赋权的方法展开研究；魏晓旭等（2016）将研究视角定位在中国县域单元，基于VSD模型研究了中国2 853个县的生态脆弱性问题；陈桃等（2019）则将研究视角进一步扩大，研究了中亚跨境流域—阿姆河流域的生态脆弱性问题。

1.2.3　**研究综述**

从国内外相关文献来看，当下学术界关于地区脆弱性的研究主要呈现出以下特征：第一，研究内容方面，涉及区域环境-社会-经济复合生态系统脆弱性、社会-生态脆弱性，以及地区经济脆弱性、地区社会脆弱性、地区生态脆弱性等；第二，构建脆弱性指标体系方面，从“暴露性—敏感性—适应能力”三维度或“敏感性—应对能力”两维度进行脆弱性指标体系构建的研究居多，在地区生态脆弱性研究中还有不少学者尝试用“敏感性—恢复力—压力度”进行脆弱性评价；第三，研究空间尺度方面，现有研究涉及县—市—省—城市群—国家—国际等多个层次的空间范围，层次丰富；第四，研究方法方面，从理论方面进行定性分析及从实证层面进行定量研究均较为常见，其中，学者们对实证分析方法的选用不尽相同，AHP层次分析法、熵权法、神经网络、集对分析法、图层叠置法、模型函数法等均有涉及；第五，影响因素分析方面，多采用障碍度模型进行分析，也有部分学者采用回归及地理探测器方法进行影响因素分析。

存在的问题有以下几个方面：第一，在研究内容方面，构建地区复合生态系统脆弱性指标体系依据的维度不尽相同，地区脆弱性指标的构建应充分结合时代背景、外部扰动项的变化、地区内部系统特点等多种因素，使指标构建更具针对性。同时，在构建单维系统脆弱性指标时，如经济系统脆弱性指标体系，却往往夹杂着反映社会、生态自然等系统的指标，指标分类不够清晰。与此同时，当前学者大多是通过构建指标体系进行地区脆弱性程度的测度，对脆弱性的识别尚不够全面。第二，脆弱性的空间演化研究层面。多数学者们运用GIS进行空间格局的展示，但很少有学者进行脆弱性空间关联性的探讨。同时，很少有学者从定量角度对脆弱性的空间演化特点进行分析。第三，脆弱性的时间演化研究层面。较少有学者研究不同时期脆弱性的相关程度。不同时期脆弱性的相关程度可以在一定程度上反映出反脆弱治理的效果，如果不同时期内脆弱性相关性较强，预示着在反脆弱治理过程中可能存在治理路径、对策等方面的依赖现象，影响治理效果，因此该方面研究有一定的现实意义，而当前学者对该部分的研究较少。第四，当前大部分的研究都是基于脆弱性类型或关键致脆指标提出反脆弱的对策建议，而地区脆弱性的形成往往是因存在系统内部与外部、时间与空间等多个维度的问题，因此提出脆弱性应对策略或对策建议时也应考虑多方面原因，而当前学者们对脆弱性成因的探讨还不够全面。第五，以往对地区脆弱性的研究多关注沿海发达城市、矿业城市等特殊类型地区，对原贫困地区的研究还不丰富，对南疆四地州的研究更少。

本书在借鉴前人研究成果的基础上，立足于南疆四地州地区发展现状，以社会-经济-自然复合生态系统理论、可持续发展理论、路径依赖理论、区域协调发展理论等理论为指导，梳理了南疆四地州地区脆弱性识别机制，并构建识别框架。依据构建的识别框架，对研究内容进行展开。

1.3 研究内容与技术路线

1.3.1 研究内容

本书研究对象为南疆四地州地区的脆弱性识别及应对策略。全文共分为10章，研究内容如下：

第1章：绪论。本章描述了本书的研究背景，划定了研究范围，并说明了研究目的、意义，同时对国内外的研究进展和动态进行梳理和述评，总结本书的研究内容、研究方法、技术路线和创新点。

第2章：相关概念、理论基础及识别机制。本章对研究中涉及的相关概念进行界定与规范分析，如贫困、脱贫、脆弱性、地区脆弱性等；总结和梳理了本书所需的理论基础，如社会-经济-自然复合生态系统、可持续发展理论、耦合协调理论、区域协调发展理论、路径依赖理论等，并从脆弱性的影响要素、复合系统脆弱性的相互影响、脆弱性的路径依赖识别及空间效应识别四个层面搭建脆弱性识别框架，该框架涵盖了时间与空间、内部与外部等多维角度，为下文展开研究奠定基础。

第3章：南疆四地州地区发展现状及脆弱性表现。本章依据复合生态系统理论，从经济、社会、生态三个维度分析了南疆四地州地区的发展现状和脆弱性表现，发现南疆四地州地区脆弱性问题仍然严峻，需要进行精准识别以达到降脆目的，进而引出下文的实证分析内容。

第4章：南疆四地州地区脆弱性的等级识别。本章首先采用熵权TOPSIS定量分析方法对南疆四地州26个地区经济、社会、生态三个子系统的脆弱性等级进行测度识别，运用平均值求得每个地区社会-经济-自然复合生态系统的综合脆弱性，并对测度结果进行时间与空间的双维度分析，从时间维度可以看出各地区脆弱性等级的变化，从空间维度可以看出各地区综合脆弱性的空间差异。与此同时，本章采用ArcGIS自然断点法对南疆四地州26个地区的脆弱性等级类型进行分类及空间格局展示。

第5章：南疆四地州地区脆弱性的路径依赖现象识别。本章基于2013—2018年数据，采用灰色预测模型预测了2019—2021年南疆四地州26个地区的脆弱性指数，然后采用皮尔逊模型对南疆四地州26个地区不同时间阶段脆弱性结构相似度进行测算，并尝试用路径依赖中结构锁定的相关理论对各地区不同时间节点划分段内的脆弱性的锁定类型进行识别划分（含社会-经济-生态脆弱性均不锁定状态、经济脆弱性锁定、社会脆弱性锁定、生态脆弱性锁定、经济-社会脆弱性锁定、经济-生态脆弱性锁定、社会-生态脆弱性锁定及社会-经济-生态脆弱性均锁定），脆弱性结构锁定的识别可以有效研判南疆四地州26个地区脆弱性在时间维度上的相互影响程度。

第6章：南疆四地州地区脆弱性的空间效应识别。本章运用ArcGIS软件中标准差椭圆、全局和局部空间自相关方法对南疆四地州26个地区脆弱性的时空演化特点和空间关联性进行分析。采用全局自相关分析南疆四地州26个地区整体的空间关联性，然后采用局部自相关分析局部地区脆弱性的空间关联类型。运用全局自相关与局部自相关能很好地展示南疆四地州26个地区脆弱性在空间的相互交织、相互影响的状态，也很好地解释了集中连片特困地区区域贫困的特点与事实。同时本章采用标准差椭圆分析方法分析了南疆四地州26个地区脆弱性的空间演化，如脆弱性重心的转移、重点区域范围的改变、移动方向等。通过此分析，可以从空间角度更好地为南疆四地州26个地区制定应对策略，实现区域协调发展。

第7章：南疆四地州地区复合生态系统耦合协调性识别。本章基于第4章构建的经济脆弱性、社会脆弱性、生态脆弱性指标系统，并将指标影响性反向化处理，即对脆弱性呈现正向影响的，在社会-经济-生态复合生态系统耦合协调度测算时为负向影响，进而采用耦合协调度模型对南疆四地州26个地区社会-经济-生态复合生态系统中各子系统的协调程度进行识别。首先，分析了社会-经济-自然复合生态系统耦合协调发展的含义及作用机理；其次，进行耦合协调度的测算，并从时间与空间双维角度进行结果分析，分析子系统间的相互协调程度及耦合协调类型；最后，采用相对发展度模型测算了各地区社会-经济-自然系统的相对发展度。

第8章：南疆四地州地区致脆成因识别。本章从影响南疆四地州的关键致脆指标、脆弱性的路径依赖现象、区域间脆弱性的相互影响及复合生态系统耦合协调发展的短板系统等几个层面对致脆成因展开分析。其中，采用障碍度模型进行南疆四地州26个地区的关键致脆指标的识别，采用相对发展度模型对南疆四地州26个地区复合生态系统中的滞后系统进行识别，而导致地区间脆弱性的路径依赖现象及区域间脆弱性的相互影响性等致脆成因则分别通过第5、6章的研究结论予以总结。精准识别南疆四地州地区致脆成因是有效施策的前提，因此意义重大。

第9章：南疆四地州地区脆弱性应对策略。从致脆关键指标、路径创造、区域协调发展、复合生态系统耦合协调发展短板系统等四个视角探讨南疆四地州26个地区脆弱性的应对策略，为南疆四地州地区制定反脆弱应对策略，实现可持续脱贫、可持续发展提供参考。

第10章：结论及展望。归纳本书的主要研究结论和创新之处，提出本书的不足，并对未来的研究进行讨论和思考。

1.3.2　技术路线

本书参照“提出问题—分析问题—解决问题”的整体流程完成本书的研究。首先，根据研究背景、国内外研究现状，提出本书的研究问题；其次，梳理了脆弱性的识别机制和框架，为后续脆弱性的识别提供理论支撑；再次，按照复合生态系统理论，从经济、社会、生态三个方面分析了南疆四地州地区发展现状和脆弱性现状，依据脆弱性内涵梳理了南疆四地州地区脆弱性的扰动因素现状，并以此为依据，实证分析了南疆四地州26个地区的脆弱性大小、类型、路径依赖现象及脆弱性的空间演化和空间关联性等问题，同时科学分析了南疆四地州社会-经济-生态复合生态系统的耦合协调状态，尝试将其与地区复合生态系统脆弱性问题建立关联；最后，结合各地区致脆原因剖析，从致脆关键指标、路径创造、区域协调发展、复合生态系统耦合协调发展等四个视角探讨南疆四地州26个地区脆弱性的应对策略，为南疆四地州地区制定反脆弱应对策略。整体研究思路遵循“理论基础→研究地区发展现状及脆弱性表现→脆弱性等级识别→脆弱性的路径依赖现象及空间效应识别→复合生态系统耦合协调度识别→致脆成因识别→脆弱性应对策略”的研究路线展开。研究路线如图1-1所示。

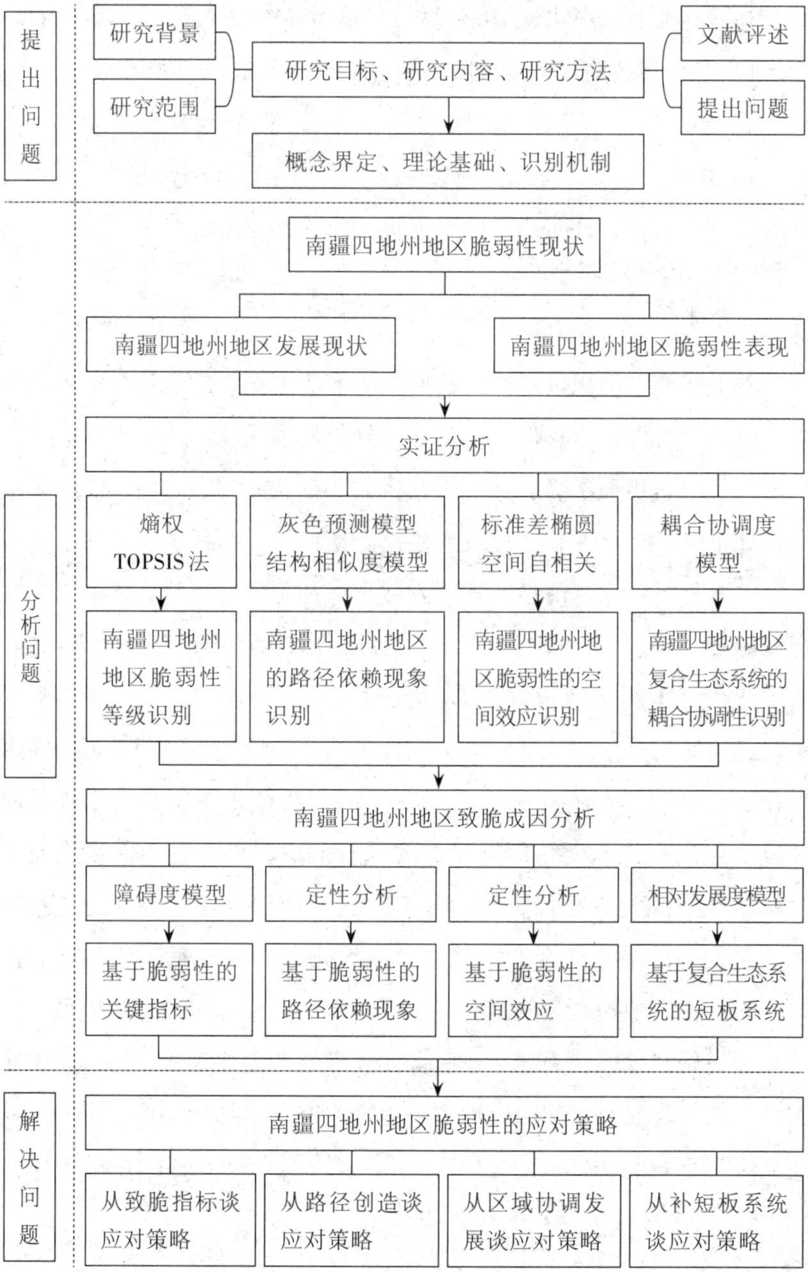
提出问题
研究背景
研究范围
研究目标、研究内容、研究方法
文献评述
提出问题
概念界定、理论基础、识别机制
南疆四地州地区脆弱性现状
南疆四地州地区发展现状
南疆四地州地区脆弱性表现
实证分析
分析问题
熵权TOPSIS法
灰色预测模型 结构相似度模型
标准差椭圆 空间自相关
耦合协调度模型
南疆四地州地区脆弱性等级识别
南疆四地州地区的路径依赖现象识别
南疆四地州地区脆弱性的空间效应识别
南疆四地州地区复合生态系统的耦合协调性识别
南疆四地州地区致脆成因分析
障碍度模型
定性分析
定性分析
相对发展度模型
基于脆弱性的关键指标
基于脆弱性的路径依赖现象
基于脆弱性的空间效应
基于复合生态系统的短板系统
解决问题
南疆四地州地区脆弱性的应对策略
从致脆指标谈应对策略
从路径创造谈应对策略
从区域协调发展谈应对策略
从补短板系统谈应对策略

图 1-1　研究路线图

1.4 研究方法

本书主要采用了以下研究方法：

（1）文献分析法。本书研究过程中将充分利用现有网络技术检索、查阅大量国内外相关研究进展及主要成果，并对脆弱性的基本理论、应用研究等主要内容做深入分析，同时对相关文献和研究资料进行系统和量化的分析整理，使前人的研究成果更综合化、系统化，并以此为基础尝试理论层面的提高。

（2）调查研究法。作者实地调研了南疆四地州26个地区的发展现状，旨在发现南疆四地州26个地区发展中存在的特殊情况，为构建地区脆弱性指标做准备。

（3）规范研究和实证研究相结合。本书运用规范研究，如社会-经济-自然复合生态系统理论、耦合协调理论、区域协调发展理论、路径依赖理论，构建南疆四地州26个地区脆弱性的理论基础，分析南疆四地州26个地区脆弱性的形成机理。关于实证研究，本书通过熵权TOPSIS法测算南疆四地州26个地区脆弱性程度，采用皮尔逊相关系数法测算不同时间阶段脆弱性间的结构相似度，采用标准差椭圆及空间自相关方法测算了南疆四地州26个地区脆弱性的空间演化及空间关联性，采用耦合协调度模型测算南疆四地州社会-经济-自然复合生态系统的耦合协调状态，采用障碍度模型识别关键致脆因子。

（4）静态研究和动态研究相结合。南疆四地州26个地区脆弱性问题是一个动态变化的过程，静态研究有助于对脆弱性程度及类型的精准判断，而动态研究则是精准施策必要的研究前提，本书综合运用这两种方法对南疆四地州26个地区的脆弱性进行系统分析，从时间维度深入分析了26个地区脆弱性的变动趋势。

（5）比较分析法。运用该方法对南疆四地州26个地区脆弱性进行比较分析，分析不同地区的脆弱性类型及特点，以期因地制宜地制定相关措施来应对地区脆弱性。

1.5 本书创新点

本书的创新点归结为以下几个方面：

（1）构建脆弱性的识别机制。以往的研究当中，大多数学者都选择对脆弱性大小进行评价，然后采用模型识别影响指标。对于脆弱性研究而言，脆弱性大小只是脆弱性的一种表现。除此之外，脆弱性的空间演化特点、是否存在空间关联性、原有脆弱性基础对现在脆弱性的影响、复合生态系统的耦合协调发展能否影响到复合生态系统的脆弱性等都需要做出识别，因为这些因素直接影响到反脆弱的治理。而当前学者们的研究中，对脆弱性识别机制的研究较为单一，仅从脆弱性大小去识别显然不够。基于此，本书从脆弱性大小、脆弱性基础、脆弱性空间影响性、复合生态系统的耦合协调发展等多角度丰富脆弱性识别机制，构建了相对完善的识别框架。

（2）将路径依赖理论运用到脆弱性问题研究当中。诺贝尔经济学奖获得者道格拉斯·诺斯（D.North）首次将技术演进过程中的路径依赖理论应用到经济制度的变迁中，成功解释了制度变迁过程当中的路径依赖现象，创立了经济制度演进的“轨迹”概念。自此，路径依赖理论被更多的学者熟知与研究，被应用于经济学、管理学、社会学、心理学等多个领域。但将路径依赖理论应用于脆弱性问题探讨的研究尚不多见。本书尝试将路径依赖理论与脆弱性理论建立联系，尝试用路径依赖理论中的锁定效应解释南疆四地州26个地区脆弱性不同年份间的结构相似度，建立起二者的联系和发生机理，拓展路径依赖理论的应用领域，同时为南疆四地州26个地区2020年全面脱贫后巩固脱贫攻坚成果，有效衔接乡村振兴战略，更好融入“一带一路”建设提供理论指导，并为后续研究提供研究范式和方法。

（3）丰富了脆弱性在空间层面的研究。当前大多数学者对脆弱性进行空间层面的研究时，经常采用GIS进行脆弱性空间格局的展示，并定性地描述脆弱性在空间上的变动状态，较少用定量的方法分析脆弱性的空间演化特征和空间相关性。本书采用标准差椭圆与空间自相关方法定量分析了南疆四地州26个地区脆弱性的空间演化趋势和空间关联性特点，以期从区域协调发展层面提出减缓地区脆弱性的新思路，丰富了脆弱性在空间层面的研究。

（4）将耦合协调度理论运用到脆弱性问题研究当中。在以往的研究当中，多数是从识别出的致脆指标层面提出反脆弱的对策建议，将耦合协调度理论运用到脆弱性问题研究的较少。按照复合生态系统理论，地区包含经济系统、社会系统、生态系统等三个系统，经济系统能为地区发展提供动力；生态系统包含人类发展的自然及地理基础，是人活动的载体；社会系统则反映出人对地区发展的管理与调控。三个系统相互影响、相互支撑。因此，三个系统的协调发展能更好地推动地区的可持续发展，客观上也能提升地区的抗干扰能力，进而影响地区脆弱性大小。因此，从耦合协调视角对脆弱性进行探讨是可行的，本书将耦合协调度理论运用到脆弱性问题研究当中，能更全面地进行脆弱性的识别。

第 2 章

相关概念、理论基础及识别机制

2.1 相关概念

2.1.1 贫困的类型及特征

学者们很早就开始了对贫困的研究，围绕贫困、致贫原因、扶贫、脱贫等问题均开展了深入的研究，贫困的内涵也越来越丰富。贫困不再是原始社会食不果腹、衣不蔽体单一内涵的概念，随着人类社会的进步，居无定所，病无所医，无法享受基本的教育、卫生、医疗、保健等公共服务体系都属于贫困的表现。贫困涉及物质生活、精神生活、社会生活的方方面面，内涵非常广泛和综合。

1）贫困的类型

当前学界比较认可的几种贫困类型有绝对贫困、相对贫困、剥夺贫困、能力贫困和多维贫困等。

（1）绝对贫困

绝对贫困是从经济学意义出发研究的贫困，强调从个体生存需求出发，属于生理意义上的贫困，是一个客观的概念。从该视角出发，收入贫困属于绝对贫困范畴。收入贫困描述个人或家庭在一定的生产方式下，当下的收入不能满足基本生存需要的一种状态，而该种状态处于基本生存所需的临界点，保障其基本的生活需要，包括亟待解决的温饱问题，如食不果腹，难以维持或者不能维持简单的再生产活动时，即陷入了绝对贫困。

朗特里和布思在1901年撰文认为："一定数量的货物和服务对于个人和家庭的生存和福利是必需的；缺乏获得这些物品和服务的经济资源或经济能力的人和家庭的生活状况，即为贫困"[115]；欧共体在1989年《向贫困开战的共同体特别行动计划的中期报告》中也给贫困下了一个定义："贫困应该被理解为个人、家庭和人的群体的资源（物质的、文化的和社会的）如此有限，以致他们被排除在他们所在的成员国可以接受的最低限度的生活方式之外"[116]。世界银行在以"贫困问题"为主题的《1990年世界发展报告》中，将贫困界定为"缺少达到最低生活水准的能力"。以上概念都是从生物学的角度来定义贫困，一般而言，在一定的时间和空间内，绝对贫困都设置了相应标准的贫困线。国际贫困标准（International Poverty Line Standard）实际上是一种收入比例法[117]。由经济合作与发展组织提出的国际贫困标准得到大多数国家的认可，这是在对经济合作与发展组织成员国进行大规模调研基础上制定的贫困标准，该标准认为国家或地区社会收入中位数或平均数的50%即为贫困线[118]。中国是人口最多的发展中国家，贫困人口规模大，扶贫标准要与基本国情相适应，并随着经济社会发展而逐步提高。1986年，中国第一次制定国家扶贫标准，为年农民人均纯收入206元，到2000年现价是625元，2001年提高到865元，到2010年现价是1 274元，2011年提高到2 300元，到2015年，这个标准的现价为2 855元[119]。

（2）相对贫困

英国学者汤森德（Townsend）提出的"相对贫困"概念，开创了相对贫困研究的先河，他指出："当一个人或家庭获得的各种物质和服务不符合所属社会阶层的习惯，不被大众认可，就可以认为他们处于贫困之中。"[120]世界银行在《1981年世界发展报告》中指出："当某些人、某些家庭或某些群体没有足够的资源去获取他们那个社会公认的、一般都能享受到的饮食、生活条件、舒适和参加某些活动的机会，就是处于贫困状态。"[121]这很好地诠释了相对贫困的状态，将"收入"这一绝对贫困标准与社会性的"支出"都包含其中。中国国家统计局的《中国城镇居民贫困问题研究》课题组和《中国农村贫困标准》课题组从相对物质匮乏角度定义了贫困，在他们的研究报告中对贫困的定义是："贫困一般是指物质生活困难，即一个人或一个家庭的生活水平达不到一种社会可接受的最低标准。他们缺乏某些必要的生活资料和服务，生活处于困难境地。"[122]不难看出，相对贫困强调相对于他人的"匮乏"状态，收入高并不意味着生活现状得到改善，而收入低也并不代表生活困难，贫困与否是相对的。

与此同时，绝对贫困是以能否满足个人或家庭的基本生存需要为标准的，其划分标准和度量方法都相对简单明了，而相对贫困无论是界定标准还是测度方法都较为复杂。当前对于相对贫困的界定仍然没有统一的标准，世界银行、欧盟等的界定标准都不同，反映出相对贫困研究的迫切性和难度。究其原因，相对贫困不像绝对贫困那样具有单维度特征，相对贫困包含了物质贫困、精神贫困等多个维度，这也造成相对贫困人口基数较大。全面脱贫后，我国扶贫的重点转为实现共同富裕，而解决相对贫困问题是实现共同富裕的前提。无论是在农村地区还是在城市，相对贫困问题均不能忽视。

（3）剥夺贫困

剥夺是指对有机体发育必需条件的取消，这对有机体的行为和心理发展有重要影响。在社会学中，剥夺理论是用来研究民众社会心理非常重要的理论工具，主要包括了五个不同的维度，即肉体剥夺、精神剥夺、政治剥夺、经济剥夺及社会剥夺。剥夺贫困属于社会剥夺的一种现象，强调社会低收入群体的贫困以及由此带来的一系列社会问题。剥夺贫困凸显了贫困的"社会性"，将造成贫困的主要原因归因于群体的社会融入性，若个体无法正常地融入社会活动中，就会造成个体与社会的脱离，最终被社会抛弃。不同于绝对贫困与相对贫困，瓦格认为社会排斥是新的贫困研究领域。[123]个人、家庭等在居住条件、活动等方面都可能存在被排斥的现象，从而导致缺乏公认的生活资源，这种排斥就会导致贫困的产生。

（4）能力贫困

首次将“能力”引入贫困研究领域的学者是钱伯（Chambers，1983）[124]，相较于绝对贫困与相对贫困，能力贫困拥有更加宽泛的研究视角。1970年，阿马蒂亚·森在贫困问题的研究中引入“能力”“权利”“功能”等研究视角，开创了“能力”方法。[125]依据阿马蒂亚·森的研究，贫困问题包含两个方面的含义：一方面，贫困问题不再是单一的缺乏收入或消费水平低的问题，而是一种“能力”的缺失，这种能力不仅包括抓住经济机会以获取生活资源改善当前的生存条件，也包括对生活和生产中遇到风险的抵御能力；另一方面，贫困被形容为“丰裕中的贫困”，是人们因为收入分配不均而导致无法公平地获取生产、生活产品或服务，尤其是公共品。

不难看出，能力贫困将个体的贫困状态与社会可接受水平建立起关联性，当个体“缺乏”获取满足基本生活的参与社会活动的能力时，个体就陷入了贫困状态。

（5）多维贫困

学者们围绕多维贫困做了大量有益的研究与探讨[126-130]，多维贫困逐渐成为衡量贫困的一个“标准”。多维贫困不再只强调收入贫困、经济贫困等“货币”因素，而是融合了生态、能力等多种“非货币”因素。在多维贫困的衡量“标准”下，经济收入不再是单一的衡量标准，收入“脱贫”后，能否持续脱贫，是多维贫困研究的意义所在，也与国家相关的扶贫政策和发展现状相吻合。从短期来看，通过相关的扶贫政策扶持，贫困群体顺利“脱贫”，那么全面脱贫后，贫困户返贫的概率有多高？都有哪些因素可能导致贫困户返贫？要解决这些问题，就凸显了多维贫困研究的意义与价值。与此同时，生态贫困也逐渐成为学者们的研究热点[131-135]，生态因素多作为多维贫困的考量指标。在自然灾害频发地区，高寒、干燥、沙化等生态环境现状，使地区发展资源禀赋不足，环境约束较大，当地的经济社会发展备受影响。而在另外一些地区，则可能因为地理位置偏僻封闭，不便与外界交往，直接制约着贫困户的生产生活方式，形成了特殊的生态贫困，使贫困更脆弱。因此，研究多维贫困，拓宽了人们对于贫困的理解与认知，同时也使得扶贫措施更加精准。

2）贫困的特征

通过对比以上几种贫困类型，可以发现贫困具有以下几个特征：

（1）贫困是一种“匮乏”的状态

绝对贫困直接表现出来的是收入无法满足人类基本生活所需的“物质匮乏”。社会发展初期，解决贫困问题就是解决人类的“饥饿”问题，贫困人口生存的基本标准就是提供满足他们基本生活所需的“食物”。随着社会的进步，“食不果腹”“衣不蔽体”等现象得以解决，“匮乏”不再是单纯意义上满足人类基本生活需求的“物质匮乏”，而且还包含“教育匮乏”“医疗匮乏”“能力匮乏”“权利匮乏”“精神匮乏”等“匮乏”问题，贫困的含义越来越丰富。人类反贫困的历程是不断解决“匮乏”问题的过程，在不同的发展时间段内，脱贫的标准也不尽相同。最初的解决物质贫困，就是满足贫困人口“吃饱穿暖”的问题，随着社会的发展进步，物质产出不断丰富，脱贫升级为要解决贫困人口的教育、就医等与生活状态紧密相关的问题。生活状态进一步得到满足后，能否正常地融入社会，是否有能力创造财富成为关注的焦点，扶贫不仅要扶“智”，更要扶“志”，使贫困群体拥有创造物质财富的能力，提升自我发展的内生动力，更好地融入社会，从根本上解决“贫困”问题。多维贫困提出后，学者们开始注意到贫困不单单具有经济性、社会性等特征，贫困还与生态密切相关，尤其是在生态环境恶劣的地区，良好生态环境的“匮乏”可能是致贫的重要诱因。

（2）贫困具有“相对”性

在缺衣少食的时代，贫困大多强调人类最基本生活需求的满足，随着经济社会的不断发展，贫困的“相对”性逐渐凸显，贫困是相对于他人在经济、社会融入、能力、文化、医疗等方面表现出的“匮乏”状态。在不同时期、不同地区，贫困“匮乏”的状态是不同的。全面脱贫前，经济标准低于贫困线以下的就属于绝对贫困群体，贫困线成了“相对”比较的标准；全面脱贫后，收入低于中位数的某一标准，可能就属于“相对贫困”群体。而对于不同国家而言，贫困的“相对”性也较为明显。

（3）贫困的“标准”性

如前文所述，1986年，中国第一次制定国家扶贫标准，为年农民人均纯收入206元，到2000年现价是625元，2001年提高到865元，到2010年现价是1 274元，2011年提高到2 300元，到2015年，这个标准的现价为2 855元。这些均为贫困的“标准”。2020年全面脱贫后，绝对贫困问题虽得以解决，但相对贫困问题却长期存在。哪些群体属于相对贫困群体，也需要确定相对贫困的“标准”。按照世界银行的标准，相对贫困就是收入低于社会平均收入的1/3。当然，每个地区发展特点不同，需结合本地实际发展状况，设定合理的相对贫困“标准”，建立解决相对贫困的长效机制。

2.1.2 脱贫

脱贫可以分为贫困户脱贫、贫困村脱贫及贫困县脱贫，本书主要以县域（含部分市）为单位研究相关脱贫问题。

2020年3月12日，中国国务院扶贫开发领导小组办公室主任刘永富提出：中国现在的扶贫标准是“一收入两不愁三保障”的“一二三”标准，是一个综合性的标准。“一收入”，国家的收入标准是2011年的不变价农民人均年收入2 300元，2014年现价脱贫标准为2 800元。按照物价等指数，2019年底现价是3 218元，2020年底是4 000元左右，折算成人均可支配收入10 000元。“两不愁”是不愁吃、不愁穿。“三保障”：一是义务教育有保障。二是基本医疗有保障。通过县医院、乡镇卫生院、村卫生室的建设，现在所有的村都有了卫生室和村医，能够保证贫困人口有地方看病、看得上病。另外，通过基本医疗保险、大病保险和医疗救助三项制度，医疗保险的社会保障网也建起来了，所以解决看病难的问题，基本的医疗保障是能够做到的。三是住房安全有保障。[136]

贫困村要实现脱贫，在脱贫人口、居民人均可支配收入、村集体经济收入、基础设施建设、基本公共服务供给等层面都必须达到相应的标准，具体为：满足96%以上的贫困户退出贫困序列；贫困村的居民人均可支配收入达到全省居民人均可支配收入的70%以上；贫困村集体经济收入的最低界限为5万元；基础设施较为完善，生产生活条件显著改善；贫困村基本公共服务达到“十有”标准（一是有主导产业；二是有专业合作社；三是有教学点和卫生室；四是有敬老院和幼儿园；五是有综合性村民活动场所；六是有金融网点覆盖；七是有综合商业服务；八是有硬化的通村公路；九是有良好的村容村貌；十是有集体收入[137]）。

国家对贫困县的退出标准做出了严格的规定，同时要履行相关的退出程序，具体如下：贫困发生率必须低于2%（西部地区低于3%）；与全国农村居民人均可支配收入增长幅度数据相比，贫困县这一数据要相对较高；基本公共服务主要领域指标接近全国平均水平。同时，贫困县要退出贫困序列还要完整履行县级提出、市级初审和省级核查公示审定等程序。在中央层面，成立专项的评估小组，该小组由国家扶贫办及其他相关部门组成。评估小组对贫困县脱贫情况进行审查，对于达到贫困退出标准且履行了相关手续的准予退出，交由省级政府批复；对于未达到贫困退出标准或未完整履行手续的地区不予退出。如2016年退出的贫困县，主要评估检查4项指标，分别为贫困发生率必须低于2%（西部地区低于3%）、脱贫人口错退率必须低于2%、贫困人口漏评率必须低于2%和群众认可度必须高于90%，任何一项指标不符合条件的，不予退出[138]。

2.1.3 脆弱性

从对脆弱性含义的国内外研究现状中不难看出，脆弱性的概念内涵在适应各学科的描述中得以发展。关注的学科领域不同，对脆弱性含义的理解就不同；采用的研究方法不同，对脆弱性的定义也不同。因此，脆弱性至今没有一个确切的定义，灾害学家认为，脆弱性是对个体或者群体受自然灾害影响程度及从事件影响中恢复程度的量度；社会学家则认为，脆弱性由决定人们应对压力和变化能力的一系列社会因素构成。从经济学角度出发，脆弱性被用于衡量福利水平降低的程度。当一个家庭遭到风险冲击导致福利水平下降较大时，家庭的脆弱性程度较大；当风险冲击对福利水平的影响较小时，家庭的脆弱性程度较小。社会学家认为，脆弱性的内涵囊括三个方面：一是未受风险影响时，社会因素构成的潜在脆弱性；二是风险导致的脆弱性程度；三是社会群体应对风险的能力大小。环境学的关注点在于内部环境系统对于外部环境变化的敏感程度及其应对能力，环境脆弱性与自然因素和人为因素存在很大联系。虽然不同学科的解释略有差别，但其主体大致统一，都围绕对事物变化的敏感程度进行延伸扩展。总之，脆弱性本质上是一种损失，具有前瞻性和动态性的特点，不仅能够预见未来的损失，而且随时间的改变而变化，不只停留在一种状态。

学术界围绕脆弱性的含义也进行了广泛的探讨，但在脆弱性属性是内生性还是内生性、外生性相结合这一观点上存在不同的认识，并逐渐演化为两派观点。暴露性、敏感性、适应能力经常被用于脆弱性问题的研究，而两派观点就暴露性是否应纳入到脆弱性定义当中产生分歧。其中，一派学者认为，脆弱性的概念框架不应该包含外界的扰动压力，即暴露性不应包含在脆弱性概念当中。他们认为，脆弱性是系统自身具备的固有属性，且这种固有属性在外界的干扰下才得以显现。另一派学者则认为，脆弱性是内生性和外生性相结合的综合属性，脆弱性来源于系统内部和外部。来自系统外部扰动的暴露性和来自系统内部对暴露性的敏感反应及适应能力均应纳入脆弱性概念框架。脆弱性的内部成分和外部成分之间并不是分离的，而是相互关联、相互影响的统一体。只考虑来自系统内部的敏感程度和适应能力显然是缺失的，无法真正对脆弱性程度进行度量。

参照以上研究，结合实际的研究需要，本书采用第二种对脆弱性概念的解释，对系统脆弱性的研究要融合内部成分与外部成分，是暴露性、敏感性和适应能力相互作用的综合表征。

2.1.4 地区脆弱性

偏远的地理位置、恶劣的生态环境使得南疆四地州地区的社会经济发展缓慢，基础设施落后，改革开放以来，尽管国家采取了一系列的扶贫措施帮助贫困地区脱贫，但南疆四地州仍然存在大量的贫困人口，贫困状况仍然严重。精准扶贫政策使得南疆四地州26个地区的经济社会取得了一定程度的发展条件，但因南疆四地州各地区经济基础、社会发展条件不同，自然生态资源禀赋也不同，防止返贫的能力也就不同。与此同时，随着扰动因素的影响，南疆四地州的应对能力差异性明显，部分地区会因抗干扰能力不强而使得地区脆弱性增强。

依据脆弱性的相关定义，结合南疆四地州26个地区自身特点，本书认为地区脆弱性表现为经济、社会、生态环境等因素，地区发展过程中会受到来自内部或外部扰动因素的干扰，而面对这种干扰，地区系统会呈现出一定的敏感反应，也会表现出抗干扰的适应能力。

2.2 理论基础

2.2.1 社会-经济-自然复合生态系统

社会-经济-自然复合生态系统是马世骏于20世纪70年代提出的理论。社会-经济-自然复合生态系统强调以人为主体，由社会系统、经济系统、生态系统三个系统构成，三个系统性质不同，有各自的结构、功能及发展规律，三个系统相互联系、相互影响又相互制约，故复合生态系统注重社会、经济、生态三系统的协调发展。

南疆四地州26个地区是包含社会、经济、生态等因素在内的复合体系，而南疆四地州曾是“三区三州”深度贫困地区之一，经济落后，同时也是新疆地区乃至全国生态环境最为恶劣的地区之一，干旱少雨、海拔较高、水资源匮乏、三面环山、较为封闭等问题也饱受社会诟病，因此南疆四地州26个地区社会、经济、生态协调发展，是高质量发展中兼顾生产、生活与生态的内在要求，也关乎脱贫成效的持续巩固。

2.2.2 可持续发展理论

1980年，国际自然保护同盟制定的《世界自然资源保护大纲》中首次出现“可持续发展”一词。1987年，世界环境与发展委员会（WECD）在《我们共同的未来》报告中提出了“可持续发展”的概念与模式。该报告指出，可持续发展理论（Sustainable Development Theory）是指既满足当代人的需要，又不对后代人满足其需要的能力构成危害的发展。这一概念在1992年联合国环境与发展会议上得到普遍认同并达成共识。我国经济和社会发展的长远规划首次引用可持续发展理念是在《中国21世纪议程：中国21世纪人口、环境与发展白皮书》的编制过程中，可持续发展一度被提到战略发展高度。

经济可持续发展、社会可持续发展、生态可持续发展是可持续发展的重要组成部分。

（1）经济可持续发展不再只强调经济增长的速度，更关注经济增长的质量。“高投入、高消耗、高污染”的传统经济生产方式和发展模式，已经不再适应当下经济高质量发展的内在要求。南疆四地州人口增长较快，人均资源相对不足，经济发展基础差，生态环境相对恶劣，要想实现经济的可持续发展，需要不断提高劳动者素质，提升经济发展质量，发展清洁能源，杜绝过度开发，保持资源基础，实施“低消耗、高收益、低污染、高效益”的良性循环发展模式。

（2）无论是经济可持续发展，抑或是生态可持续发展，其目的都是实现社会发展的可持续。社会可持续发展更关注“人”的需求，强调社会公平，通过社会的可持续发展创造人类满意的发展环境，提高人们的生活质量。

（3）生态可持续发展强调自然生态的可承载能力，经济社会发展不能逾越生态可承载能力红线，逾越了自然生态可承受范围，短期内经济可能会出现增长，但却不利于长期可持续发展。例如，对于在经济发展过程中产生的环境污染现象而言，如果污染得不到有效治理，则会反过来限制经济的增长速度和发展质量，因此必须注重经济社会发展与生态环境的相互协调。南疆四地州26个地区脆弱性治理的目的是实现社会-经济-自然复合生态系统的可持续发展。

2.2.3 路径依赖理论

路径依赖是物理学中的“惯性”现象，指一旦进入某一路径，不管这条路径是“好”抑或是“坏”，都会对这条路径产生依赖。后来学者们将技术演进及制度变迁当中类似于此种“惯性”的现象形象地称为路径依赖现象。

阿瑟解释了在技术变迁过程的路径依赖现象，其引发的原因很大程度上是技术的自我强化和自我积累。当一种新技术被首先采用时，初期往往具有规模报酬递增的优势，规模越大，成本越低，而往往凭借抢先占领市场的优势，这种新技术会被更多地认可和熟知，进而被更多地采用，市场占有率也越来越高。较高的市场占有率就会使人们相信这是一种“好”的技术，从而实现自我强化。如果市场上有更“优”的技术出现，往往会因为不被人们熟知而不被更多地认可和采用，最终造成该技术的“没落”，陷入恶性循环当中，甚至“锁定”在某种被动状态之下，难以自拔。

诺贝尔经济学奖获得者道格拉斯·诺斯首次将技术演进过程中的路径依赖理论应用到经济制度的变迁中，成功解释了制度变迁过程中的路径依赖现象，创立了经济制度演进的“轨迹”概念，自此路径依赖理论被更多的学者熟知与研究。诺斯指出，由于受到规模报酬递增和自我强化等原因的影响，制度变迁极有可能产生路径依赖现象。而一旦进入到某种“路径”当中，那么现在或未来都有可能受到该种制度的影响，结果可能好也可能坏，即沿着既定的制度“路径”，可能会使该地区越变越好，向良性循环发展，但也有可能会越来越差，走不出经济落后制度低效的怪圈，甚至陷入“锁定”状态，一旦进入了“锁定”状态，要想摆脱“锁定”的状态，除非依靠政府或其他强大的外力推动，否则将不可能实现。究其原因，一个地区的发展受政治、法律等正式规则与非正式制度和传统文化等非正式规则的双向影响，正式规则约束着地区经济的发展，但非正式规则对经济发展的作用更是持久。与正式规则相比，非正式规则具有较强的非易性，其变迁也是连续的、缓慢的、渐进的、内生的。除此之外，制度的“路径依赖”的重要推动力是与制度相关的特殊利益集团，如果现有制度对这些利益集团是有利的，他们就会极力加强现有制度，从而使制度变迁保持“惯性”，沿着原有轨迹演进，且不会调整路径方向，从而导致制度变迁陷入“锁定”状态。

自此之后，路径依赖的思想被应用于不同领域，诸如经济学、管理学、社会学、心理学等。南疆四地州26个地区整体脆弱性较强，在脆弱性治理过程中，是否存在着路径依赖现象？路径依赖的程度有多深？从地区脆弱性治理路径依赖的形成逻辑上来说，是由几个具有契合关系的阶段性过程构成的，这一过程起始于有意识或随机的初始地区阶段的选择（萌芽阶段）。南疆四地州脆弱性治理初始地区选择阶段后，在群体自我强化机制的作用下，规模报酬递增，形成脆弱性治理的群体共识，成为治理依赖（形成阶段）。治理路径依赖形成后，伴随着地区脆弱性治理的发展惯性，中央和地区的扶持资金、政策等逐步向此地区聚集，地区脆弱性治理路径依赖的地位进一步强化，进入地区脆弱性治理路径依赖“锁定”阶段。一旦进入“锁定”状态，治理难度就会加大，只有创造新的发展路径才能打破“锁定”

状态，从而促进地区发展。因此，识别南疆四地州26个地区的路径依赖状态对于地区脆弱性的治理意义重大。

2.2.4 区域协调发展理论

区域协调发展理论是南疆四地州脆弱性治理中用到的重要理论。有学者从区域间关系、区域间分工与区域间差异三个方面论述区域协调发展理论[139]。

（1）区域间存在着相互依赖的发展关系。相互依赖理论的创世之作——《权力与相互依赖》一书中指出，相互依赖是指一个国家或地区对另一个国家或地区在经济活动中交互影响、作用的程度，但不等同于依赖，相互依赖有一定的代价，而随着经济的不断发展和科技的进步，国家及地区间的相互依赖逐渐增强。之后米尔顿·弗里德曼（Milton Friedman）对发展中国家的空间发展进行了长期的研究，提出了一国内部的不同区域之间相互依赖的“核心-边缘”理论。该理论将空间经济系统划分为核心区和边缘区两部分，核心区经济创新变革能力强，在区域经济发展中起到引领作用，边缘区依赖于核心区的经济创新发展，核心区与边缘区在区域发展过程中存在不均衡现象，随着区域经济一体化的发展和政策的引导，边缘区经济社会的发展速度及质量不断提升，核心区与边缘区的界限会越来越弱，区域间不同地区向均衡发展的方向过渡。

（2）区域间分工是区域依赖关系的具体体现，通过区域间分工，区域间各地区的联系更加紧密。亚当·斯密的《国富论》中的绝对优势理论体现了分工的思想，他认为分工可以提高劳动生产率，当成本具有绝对优势或绝对利益时，分工会越来越明显。阿林·杨格认为分工会降低单位生产成本，实现规模经济，进而扩大市场规模，这是从动态角度对分工思想的阐释。大卫·李嘉图则从比较优势的视角解释了国际分工现象，他认为成本是引起国际分工的重要考量因素，国家应生产具有比较优势的产品，而进口具有比较劣势的产品，只有这样，才会产生国际贸易利润。

（3）区域间差异同样会导致区域不均衡发展现象，增长极理论与循环累积因果理论是解释区域间差异化现象常被采用的两大理论。增长极理论认为，区域发展中存在“增长点”或“增长极”，这些“增长点”或“增长极”拥有主导性产业或富有活力的创新性活动，主导性产业或创新性活动对其他产业具有较强的推动作用和连锁效应，增长由“增长点”或“增长极”向周边扩散，在经济体末端产生不同效应。循环累积因果理论则认为，某些区域相对其他地区而言，发展条件更为优越，而这种优势会不断循环积累，在不断的累积因果推动下，区域间差异化会更加明显。该理论主张初期阶段拥有初始优势条件的区域可以先发展，当发展到一定阶段后，再采取必要的措施降低地区间的差异化。

精准脱贫期间，南疆四地州26个地区经济、社会发展取得了一系列可喜的成绩，但就南疆四地州区域内部发展而言，各地区因经济基础、地区发展条件、生态环境等因素的不同，各地区间发展并不均衡，地区差异性较为明显。根据“木桶理论”原理，如果区域发展存在“短板”，即部分地区发展滞后，将会影响到区域总体经济发展。因此，统筹南疆四地州26个地区协调发展，对于缩小地区发展差异，实现各地区可持续脱贫及乡村振兴战略意义重大。

2.3 南疆四地州地区脆弱性的识别机制

随着“一带一路”倡议的持续推进、乡村振兴战略的实施等，南疆四地州经济系统、社会系统、生态系统处于开放的环境当中，必然会受到各种扰动因素的影响，当地区发展对扰动因素表现出高度敏感时，就会引发经济系统、社会系统、生态系统中某些要素的变化，这些变动的要素会引起其他相关要素的改变，进而对系统的结构和功能产生冲击与损害，此时地区发展的脆弱性就会呈现。因此，地区脆弱性的形成是系统变脆弱的内部或外部因素及其相互作用的方式和规律，地区不同，构成地区的系统结构不同，各系统间及各系统内部要素间的协调程度也不同，因此抗干扰的能力不尽相同。一般而言，各系统间及各系统内部要素间越协调，系统结构越复杂，越有利于保持整体系统的稳定性，地区抗干扰的能力就越强。南疆四地州大多数地区经济基础差，生态环境恶劣，其地区社会-经济-自然系统结构相对简单，要素间协调性不足，推动发展的要素较为单一，对外部环境的变化极为敏感。南疆四地州各地区面临着形式多样的扰动因素，而各地区在面临扰动时的敏感程度和适应能力不尽相同，因此各地区表现出的脆弱性程度就不同。与此同时，各地区的脆弱性受到原有脆弱性基础和区域环境的影响，使得脆弱性的特点表现得更为复杂。因此，梳理脆弱性识别机制，构建相对完善的脆弱性识别框架，才能更全面地识别南疆四地州26个地区的脆弱性特点，进而多角度探究致脆成因，提出更有针对性的对策建议，助力实现地区可持续发展。

2.3.1 南疆四地州地区脆弱性的影响要素识别

多数学者都将暴露性、敏感性、适应能力作为脆弱性的影响要素。

1）暴露性

南疆四地州26个地区受到内、外部扰动因素的影响，自然环境扰动和人文环境扰动是扰动因素的两大组成部分。这些扰动因素输入到社会-经济-自然复合生态系统中，对系统内部社会、经济、生态各子系统及要素产生影响，是影响脆弱性的直接因素。

（1）宗教极端思想的影响。世界上许多国家和地区受到过宗教极端思想的影响，南疆四地州便是其中一个地区。由于过去宗教极端思想从思想上“麻痹”南疆四地州地区部分群众，给他们套上精神枷锁，致使出现精神贫困、思想贫困现象，不利于南疆四地州26个地区发展内生动力的培育，影响脱贫攻坚成果的巩固。

（2）反恐维稳任务仍不可忽视。南疆是新疆反恐维稳工作的前沿地带，作为新疆反恐维稳的主战场，南疆的社会稳定和长治久安对地区脆弱性的治理起着至关重要的作用。南疆四地州经济基础较为薄弱，社会发展条件一般，生态自然环境又相对恶劣，加之三面环山的封闭性“孤岛效应”，脆弱性治理存在一定的挑战，而不稳定因素的存在又进一步加剧了脆弱性治理的难度。

（3）自然灾害频发导致地区脆弱性增强。自然灾害频发直接影响着人们的生活和生产活动，包括沙尘暴、洪涝、冰雹、泥石流、干旱等多种类型。干旱是南疆四地州危害最严重、受灾面积最大的自然灾害，各地在不同的时间段都会发生不同程度的旱灾。同时，南疆四地州大多地区会受到沙尘天气影响，对农业、基础设施的破坏严重，加之全球气候变暖的趋势，南疆四地州的生态环境可能受到波及。这些都将影响到地区经济、社会的发展和生态环境的治理，加重地区脆弱性程度。

（4）西方反华势力对新疆经济所谓的“制裁”。西方反华势力为遏制中国经济发展，实现“以疆制华”的险恶勾当，对新疆的棉纺、光伏、番茄等产业实施所谓的“制裁”。这些产业在全球市场份额中占比较大，也是新疆地区的优势产业。以棉花为例，新疆50%以上的农民都种植棉花，棉花已成为新疆特别是南疆四地州农民收入的重要来源，当地农民80%以上的收入都来自种棉收入。而西方反华势力对新疆经济所谓的“制裁”，严重破坏了当地产业的供应链体系，对当地经济发展造成严重影响。

（5）新冠肺炎疫情的影响。2019年年底以来，受新冠肺炎疫情的影响，南疆四地州的经济发展和人民的生产生活均蒙受一定的损失，加重了脆弱性治理和脱贫攻坚的难度。

（6）发展环境的改变。“一带一路”倡议、乡村振兴战略、向南发展战略、西部大开发等政策或战略是为了促使南疆四地州地区更好发展，但随着政策的推进和战略的实施，也会引起各地区内部系统生产要素、产业结构等的改变，如果适应得不好，则会刺激地区系统的敏感性，进而对脆弱性产生一定的影响。

2）敏感性

敏感性是影响脆弱性的内核要素。按照复合生态系统理论，地区系统包含社会系统、经济系统、生态系统等三个系统，因此敏感性表现为地区系统内部社会系统因素、经济系统因素、生态系统因素在面临扰动因素的干扰时，所表现出来的系统受损的难易程度。由于社会系统、经济系统、生态系统中的各因素也相互影响、彼此关联，因此三系统的耦合协调程度在一定程度上影响了脆弱性的敏感性要素。

3）适应能力

适应能力是影响脆弱性的缓解要素。在应对扰动因素干扰时，地区系统可呈现出三种状态：一是被动的适应干扰；二是渐进的适应干扰；三是采取政府管理、技术手段等措施转型适应。一般而言，适应能力与脆弱性之间呈负向相关，而暴露性和敏感性之间呈正向相关。

2.3.2 南疆四地州地区复合系统脆弱性的相互影响识别

从构成系统角度看，经济系统、社会系统、自然生态系统是南疆四地州地区内部系统的三大组成部分。这三个系统均有各自的特征，相互联系、相互影响，又相互制约。如经济系统除了受自身系统结构改变的影响外，可能会受到社会系统及自然生态系统的影响。同样，各子系统的脆弱性之间也存在某种程度的关联性，如经济系统脆弱性强可能会导致社会发展缓慢，进而导致社会系统脆弱性增强。与此同时，外界扰动因素作用于南疆四地州经济、社会、生态各个子系统，加剧了子系统的敏感性和易损性，而地区的整体脆弱性通过自然生态系统的敏感性、经济社会系统的易损性及不同系统间的相互影响呈现出来[140]。当受到外部不良扰动因素扰动时，产生的正熵不断对内部系统产生影响，导致系统内部各系统之间的协调出现问题。当内部系统无法对正熵的影响做出有效调节时，就会产生内部熵值，加重系统整体脆弱性。

1）经济脆弱性与社会脆弱性

经济发展与社会发展密不可分。前者为后者提供物质保障，后者需要依赖于前者。如果经济系统脆弱性明显，就不足以提供社会发展所需的物质基础，最终导致社会脆弱性上升。社会发展是经济发展的目的，社会脆弱性强同样不利于经济的健康持续发展。一方面，社会脆弱性较高的地区不能为经济发展提供和谐稳定的社会环境、高效的社会组织和健全合理的社会政策；另一方面，经济要持续发展，需要科技、教育、文化等方面的发展做支撑，社会系统脆弱性强将无法为经济发展提供有力支撑，最终影响经济发展的速度和质量。南疆四地州26个地区经济基础薄弱，经济结构不合理，创新潜力不足，经济系统脆弱性较强，使得社会发展缺乏必要的物质保障，影响社会发展进程；而南疆四地州26个地区人均资源占有量不足，医疗卫生、教育等条件也相对落后，社会系统的脆弱性制约了经济系统的长远发展。

2）经济脆弱性与生态脆弱性

人类经济活动中生产与加工所需的物质与能源依赖自然环境供给，自然生态为经济发展提供生产资源。从作用主体上来看，生态脆弱性体现在自然生态脆弱性和人为活动造成的生态脆弱性两个层面。诸如干旱少雨、海拔、坡度、温度等属于自然生态范畴，而耕地面积占比等则属于人为活动对生态环境的影响。自然生态脆弱性造成的资源禀赋不足极大程度上限制了当地经济的发展速度、质量及前景。人为活动造成的生态脆弱性也会反作用于经济发展，如对耕地的过度开发引起植被破坏，造成土壤质量下降甚至间接造成风沙等恶劣的天气，对当地的生活、生产等会产生不利影响。同样，经济脆弱性强，也会在一定程度上影响生态环境建设。经济发展的最初物质资源来源于生态环境，经济脆弱性明显的地区会将更多的精力投入到发展经济当中，极易造成对生态环境建设的忽视，甚至是过度开发利用自然资源而造成生态脆弱性增强。南疆四地州生态环境脆弱，土地沙化严重，在经济发展过程中，资源禀赋与北疆或其他地区相比相对不足，因此会在一定程度上影响经济的发展速度与质量；而经济要发展又必须依赖于自然生态环境提供的物质和能源供给，经济脆弱性较高则没有足够的实力进行生态环境的改造与保护，甚至过度的开发利用反倒加重生态环境的脆弱性。

3）社会脆弱性与生态脆弱性

经济发展的目的是社会发展，经济发展了，社会才能进步与发展，而经济发展的物质资源来源于生态环境系统，因此社会作为一个系统，又依赖于一定的生态环境系统。良好的生态环境是人和社会持续发展的基础，如果生态脆弱性明显，人类的幸福感指数就会大大降低，最终影响社会系统的稳定和长远发展。生态环境系统可能因为人的活动而有所改善，也可能因为人的活动而导致不同程度的破坏，社会脆弱性强，人们将没有更多的精力顾及生态环境的建设，从而影响生态系统的可持续发展。南疆四地州的自然环境导致资源禀赋不足，人均资源占有量也不足，为扩大资源占有量，极易出现人为破坏环境的现象，生态脆弱性与社会脆弱性交互影响，脆弱性加重。

2.3.3 南疆四地州地区脆弱性的路径依赖识别

地区脆弱性受到原有脆弱性基础的影响，在不同时间节点脆弱性关联系数较大，则表明在脆弱性的治理过程中存在某种程度的路径依赖现象。南疆四地州26个地区都曾为贫困地区，贫困基础深、经济发展落后、社会发展基础薄弱，加上南疆四地州相对恶劣的生态环境，致使各地区脆弱性治理难度较大。

精准扶贫期间，随着国家对南疆四地州地区的不断帮扶，南疆四地州26个地区经济社会发展迅速，生态环境持续改善。但较大的治理压力，一定程度上影响了脆弱性治理方式的选择，容易导致一些地区出现虚假帮扶、不当治理等现象，从而容易在治理的思想观念、固有经验、转化成本、历史制度、技术选择等方面产生路径依赖现象。一旦脆弱性治理陷入路径依赖，就会直接影响治理的效果和效率。

因此，有必要对不同时间阶段内地区的脆弱性关联度进行识别，以此来判断脆弱性治理过程中是否存在路径依赖现象。若有，则需要通过创造新路径的方式摆脱原有治理路径的束缚，实现脆弱性治理的优化。

2.3.4 南疆四地州地区脆弱性的空间效应识别

南疆四地州各地区并不是孤立存在的，依据区域协调发展理论，地区内部系统包含了经济、社会、政治等多种活动，为了维持系统的生产、生活正常运转，各地区之间及区域范围内在物质、能量、人员、信息等方面不断进行交换，体现了区域相互依赖关系。与此同时，人们生产生活所需要的资源不是各个地区内部都具有的，只能在一定的区域内可以获得，各地区资源禀赋的不同形成区域分工现象，随着不断发展又衍生出“增长极”和“边缘区”。

南疆四地州26个地区大部分是原深度贫困地区，社会–经济–自然复合生态系统脆弱性较强，且表现为集中连片贫困特点。从经济脆弱性角度来看，这些地区经济结构不够优化、经济基础一般、经济创新能力不足，就区域发展而言，南疆四地州26个地区中存在相对发展的“增长极”，但“增长极”本身脆弱性较强，引领示范作用不强，因此地区与地区之间的经济交往和区域合作有很大的进步空间。从社会脆弱性角度分析，南疆四地州26个地区人口特征相似，生活条件整体不高，生活保障有待提高。较高的社会脆弱性致使经济持续发展动力不足，缺乏社会系统侧面的支撑。为降低社会系统的脆弱性，又必须发展经济，而发展经济又需要与自然生态发生关联，经济在空间上交换、分工，生态在空间上相互影响，社会脆弱性间也因此产生空间影响性。从生态脆弱性角度分析，生态脆弱性的空间影响性更为明显。南疆四地州整体生态环境较为恶劣，生态脆弱性较强。在区域发展过程中，地区与地区之间很可能存在生态环境层面的相互影响性，某一地区生态环境遭受破坏而对其他地区产生影响，如因植被遭受破坏造成沙尘天气而波及其他地区。生态资源禀赋不同，人类生产生活中对自然生态资源的开发利用程度也就不同，使地区脆弱性的表现程度不同，进而对经济系统和社会系统产生影响，地区与地区之间、地区与区域之间产生交换、分工，逐渐产生“增长极”与“边缘区”。

不难发现，依据区域协调发展理论，脆弱性存在空间上的相互影响，不同地区间脆弱性的叠加影响，进而影响该地区脆弱性的程度或类型。某地区某系统的脆弱性不仅对其他地区该系统脆弱性产生影响，还可能对其他系统脆弱性产生影响。例如，某地区经济脆弱性强，对自然资源过度开发，造成生态环境破坏，进而影响到区域内整体生态环境，增强了其他地区的生态脆弱性，进而影响该地区的经济系统脆弱性和社会系统脆弱性。经济脆弱性、社会脆弱性、生态脆弱性相互交织影响，产生恶性循环，区域内地区与地区间脆弱性相互影响，又进一步加重了脆弱性治理难度。

2.3.5 南疆四地州地区脆弱性的识别框架构建

地区的脆弱性表现为综合自身的经济、社会、生态环境等因素，地区整体表现出的遭受外部扰动等不利影响的程度，以及系统对内部干扰的敏感反应和系统对干扰的适应能力。脆弱性的识别对于地区可持续发展及区域协调发展至关重要，是地区治理的重要参考。准确识别地区脆弱性的程度、类型和空间特点，降低各地区脆弱性，提高地区发展应对扰动的适应能力，对实现可持续脱贫意义重大。

IPCC（1996）对脆弱性的定义为：“脆弱性指易损的系统受破坏或伤害的程度，取决于暴露程度、敏感性和适应能力。”依据前文分析，南疆四地州26个地区脆弱性的形成受到外部扰动因素、内部各系统脆弱性的交互影响、区域范围内其他地区脆弱性等诸多方面的影响。本书在借鉴相关理论的基础上，构建了南疆四地州地区脆弱性识别框架，如图2-1所示。

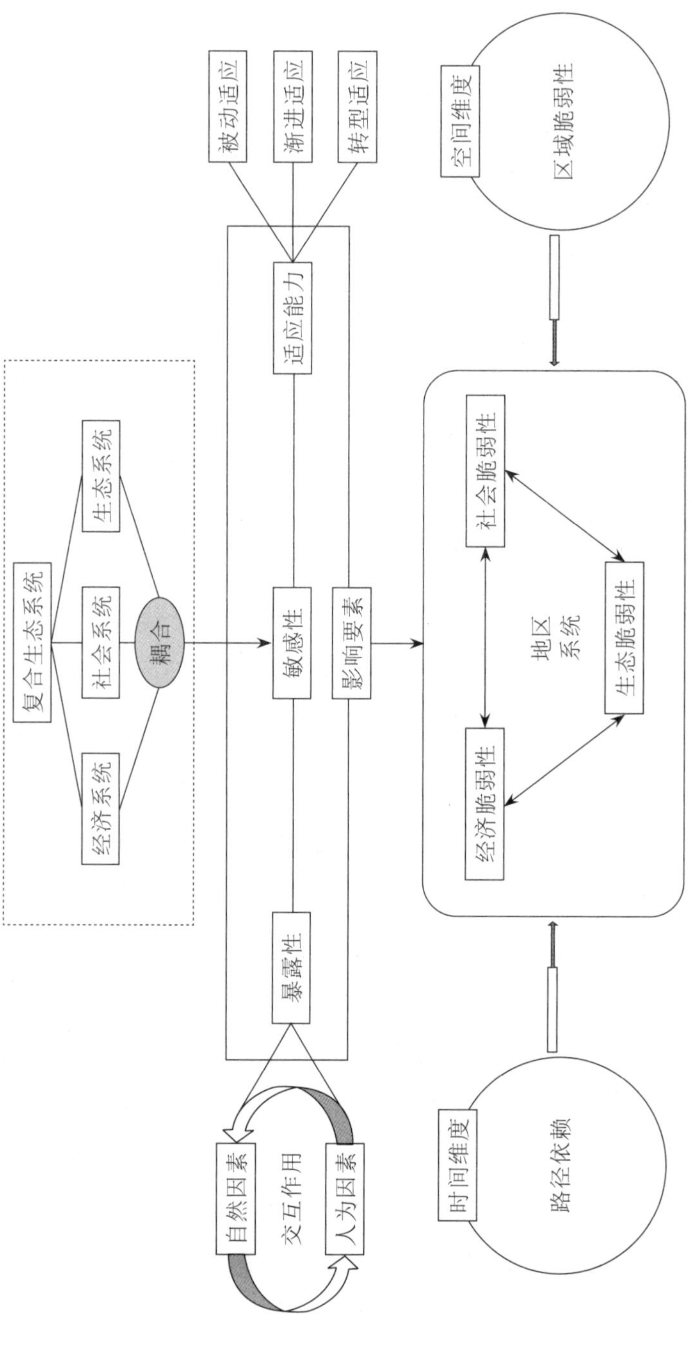

图2-1　南疆四地州地区脆弱性识别框架

第3章

南疆四地州地区发展现状及脆弱性表现

南疆四地州包括喀什地区、阿克苏地区、和田地区和克州地区四个地区。现有33个县（市），382个乡镇，5 061个行政村。全面脱贫前，新疆南疆四地州属于“三区三州”深度贫困地区范畴，经济基础薄弱、社会发展条件一般、自然条件差等因素造成南疆四地州贫困人口众多、脱贫攻坚难度较大，是脱贫攻坚决战决胜的关键。《中国农村贫困监测报告2020》中显示：2014年，南疆四地州贫困县26个、贫困村2 605个、贫困人口219万，分别占全疆的74%、86%和84%，贫困发生率高达32.4%，自然条件恶劣，生态环境脆弱，基础设施落后，脱贫任务艰巨。本书研究的26个地区分布在南疆四地州境内，地区总量占南疆四地州33县（市）的78.8%，占比较大。鉴于南疆四地州26个县（市）最新数据的获得性问题，本章将以复合生态系统理论为指导，从南疆四地州的各地州整体视角对研究地区经济、社会、生态系统发展现状及脆弱性现状进行描述。

3.1　南疆四地州地区发展现状

南疆四地州地区曾是全国“三区三州”深度贫困地区之一，贫困程度深，脱贫难度大。近几年，从中央到自治区，在政策、资金、项目上都给予了扶持和倾斜，加上对口支援省（市）的帮扶，南疆四地州地区经济社会发展迅速崛起，区域经济发展的差距不断缩小。据农业农村部 2021 年 9 月 16 日消息，2020 年底，南疆四地州贫困人口全部脱贫、贫困村全部退出、贫困县全部摘帽。

依据复合生态系统理论，对南疆四地州经济、社会、生态系统的发展现状进行分析，同时结合南疆四地州26个地区曾为贫困地区的现实，本书在经济系统发展现状分析中主要选用农村居民收入、农村居民消费支出等与居民“两不愁”脱贫目标相关的经济指标；社会系统发展现状分析主要选择与居民“三保障”脱贫目标息息相关的基础设施建设、居住环境、耐用消费品、教育文化、医疗条件等指标；生态系统发展现状分析主要从自然资源和可持续发展能力两个层面展开。

3.1.1 经济系统发展现状

1）农村居民收入、消费稳步增长

党的十八大以来，农村居民收入、消费继续保持较快增长，尤其是贫困地区农村居民收入、消费实现快速增长，与全国农村平均水平差距缩小，贫困人口发展能力持续提升。《中国农村贫困监测报告2020》和国家统计局资料显示：2019年全国农村居民人均可支配收入由2018年的14 617元增长到16 021元，增加1 404元，增长9.6%。全国贫困地区农村居民人均可支配收入11 567元，同比2018年增加1 196元，实际增长11.5%，增幅比同期的全国农村居民平均水平高1.9个百分点。同期的新疆贫困地区农村居民人均可支配收入为12 035元，同比2018年增加1 128元，增长10.3%，增幅比同期的全国贫困地区农村居民平均水平高2.3个百分点。集中连片特困地区农村居民人均可支配收入为11 443元，同比2018年增加1 183元，增长了11.5%；同时期南疆四地州农村居民人均可支配收入为12 009元，同比2018年增加1 247元，增长了11.6%，增速高于同时期其他区域农村居民人均可支配收入（见表3-1）。

通过对比不同区域的农村居民人均可支配收入可以看出，南疆四地州与全国、全国贫困地区、新疆、新疆贫困地区及集中连片特困地区农村居民人均可支配收入的差距在逐渐缩小，甚至在2018年底，南疆四地州农村居民人均可支配收入略超过全国贫困地区、集中连片特困地区农村居民人均可支配收入。同时，在全国、新疆、集中连片特困地区中，2019年南疆四地州农村居民人均可支配收入的增长率也是最高的。

表3-1　　**不同区域2018—2019年农村居民人均可支配收入增加情况**　　金额单位：元/人

	全国农村居民人均可支配收入	全国贫困地区农村居民人均可支配收入	新疆农村居民人均可支配收入	新疆贫困地区农村居民人均可支配收入	集中连片特困地区农村居民人均可支配收入	南疆四地州农村居民人均可支配收入
2018年	14 617	10 371	11 975	10 907	10 260	10 762
2019年	16 021	11 567	13 122	12 035	11 443	12 009
2018—2019年年均增长率	9.6%	11.5%	9.58%	10.3%	11.5%	11.6%

数据来源：[1] 国家统计局住户调查办公室. 中国农村贫困监测报告2020[M]. 北京：中国统计出版社，2020. [2] 国家统计局统计资料。

与此同时，南疆四地州农村居民的消费也有所改善。到2019年底，新疆贫困地区农村居民人均消费支出8 162元，较2018年增加1 106元，同比增加15.7%；南疆四地州农村居民人均消费支出8 138元，较2018年增加1 196元，同比增加17.2%，新疆贫困地区及南疆四地州农村居民生活消费支出明显提高（见表3-2）。

表3-2　　**2018—2019年新疆贫困地区、南疆四地州农村居民人均消费支出**　　金额单位：元/人

	新疆贫困地区农村居民人均消费支出	南疆四地州农村居民人均消费支出
2018年	7 056	6 942
2019年	8 162	8 138
增长率	15.7%	17.2%

数据来源：国家统计局住户调查办公室. 中国农村贫困监测报告2020[M]. 北京：中国统计出版社，2020.

2）收入、消费结构不断优化

（1）从收入来源构成看。2017—2019年，南疆四地州农村居民收入结构稳中向优。南疆四地州农村居民人均工资性收入占比明显增加，由2017年2 638元增加到2018年的2 901元和2019年的3 329元，虽然增加率由19.5%降低到2018年的10%和2019年的14.8%，但是工资性收入占比相较于2018年仍然增加了0.7个百分点，比重为27.7%。家庭经营性收入由2017年的5 144元增加到2018年的5 271元和2019年的5 527元，收入构成由2017年的52.2%下降到2019年的46%，减少6.2个百分点，呈现单边走低的态势。不难看出，农村居民家庭经营性收入一方面依然是南疆四地州农民收入的最主要来源；另一方面，与另外三类收入相比，农村居民家庭经营性收入增长速度最慢。在财产性收入方面，由2017年的53元增加到2018年的77元和2019年的234元，2018年至2019年增幅变化明显，说明南疆四地州农村居民的财产性收入自2018年开始进入增速阶段。在转移性收入方面，由2017年的2 010元增加到2018年的2 512元和2019年的2 919元，比重由2017年的20.4%提高到2019年的24.3%，说明南疆四地州农村居民的转移性收入有一定的增加（见表3-3）。

表3-3　**2017—2019年南疆四地州农村居民收入结构（元/人）**

	农村居民收入	人均工资性收入	家庭经营性收入	人均财产性收入	人均转移性收入
2017年	9 845	2 638	5 144	53	2 010
2018年	10 762	2 901	5 271	77	2 512
2019年	12 009	3 329	5 527	234	2 919

数据来源：国家统计局住户调查办公室. 中国农村贫困监测报告2020［M］. 北京：中国统计出版社，2020.

家庭经营性收入、财产性收入、工资性收入和转移性收入是农村居民收入的四个组成部分。通过横向比较可以看出，同时期南疆四地州农村居民的这四项收入与新疆贫困地区农村居民的差距逐渐缩小，且增速高于新疆贫困地区农村居民四个部分收入水平（见表3-3和表3-4）。其中，2019年南疆四地州农村居民的工资性收入增幅14.8%，高于新疆贫困地区农村居民工资性收入1个百分点；家庭经营性收入增幅4.9%，比新疆贫困地区农村居民家庭经营性收入高出1.5个百分点；财产性收入增幅203.9%，高出新疆贫困地区农村居民财产性收入52.3个百分点；转移性收入增幅16.2%，高出新疆贫困地区农村居民转移性收入0.3个百分点。

表3-4 **2017—2019年新疆贫困地区农村居民收入结构（元/人）**

	农村居民收入	人均工资性收入	家庭经营性收入	人均财产性收入	人均转移性收入
2017年	9 985	2 681	5 112	84	2 107
2018年	10 907	2 987	5 369	91	2 461
2019年	12 035	3 399	5 553	229	2 853

数据来源：国家统计局住户调查办公室．中国农村贫困监测报告2020［M］．北京：中国统计出版社，2020.

（2）从消费结构看。南疆四地州农村居民的消费结构优化明显。居民在生存型消费和居住、教育文化娱乐方面消费比重发生变化。一方面，生存型消费占比降低。2019年，新疆贫困地区农村居民人均吃穿用等生存型消费支出占生活消费支出的比重为46.2%，达到3 772元，相较于2018年减小2.7个百分点，说明贫困地区农村居民生活质量得到进一步提高。另一方面，新疆贫困地区农村居民人均消费在居住、教育文化娱乐方面的费用增加明显。2018年居住消费为1 506元，2019年末达到1 765元，同比增长17.2%；而2019

年教育文化娱乐消费支出达到1 023元，较2018年增加264元，同比增长34.8%。

通过收入及消费结构的变化可知，精准扶贫很大程度上提升了南疆四地州贫困群体的收入水平，也促进了贫困群体消费结构的不断改善和消费观念的变革，由最初的关注生存型消费到关注改善型消费。

3.1.2 社会系统发展现状

1）基础设施建设成效显著

2019年南疆四地州道路通达情况进一步改善，新疆及南疆四地州的农村通公路、通电话、通宽带、所在自然村接收有线电视信号及所在自然村进村主干道路硬化的农户比重均已达到100%的全面覆盖，新疆所在自然村能便利乘坐公共汽车的农户比重为92.4%，较2018年提高14个百分点；南疆四地州所在自然村能便利乘坐公共汽车的农户比重为92.5%，较2018年提高14个百分点，南疆四地州与新疆同时期的增长率持平（见表3-5）。

表3-5　**2019年贫困地区农村基础设施和公共服务情况（%）**

	所在自然村通公路的农户比重	所在自然村通电话的农户比重	所在自然村能接收有线电视信号的农户比重	所在自然村进村主干道路硬化的农户比重	所在自然村能便利乘坐公共汽车的农户比重	所在自然村通宽带的农户比重	所在自然村垃圾能集中处理的农户比重
全国合计	100.0	100.0	99.1	99.5	76.5	97.3	86.4
新疆	100.0	100.0	100.0	100.0	92.4	100.0	81.3
特困片区合计	100.0	100.0	99.0	99.4	75.7	97.2	85.1
南疆四地州	100.0	100.0	100.0	100.0	92.5	100.0	80.7

数据来源：国家统计局住户调查办公室．中国农村贫困监测报告2020［M］．北京：中国统计出版社，2020.

总体看来，南疆四地州与新疆贫困地区农村基础设施和公共服务状况水平基本相当。而与全国和特困片区的农村基础设施和公共服务状况相比较，新疆和南疆四地州农村基础设施和公共服务状况水平远远高于前二者，这说明在中央加大对新疆和南疆四地州的扶贫投资倾斜力度之后，成效显著，给新疆和南疆四地州的农村基础设施和公共服务带来较好效应。

2）居住环境持续改善

（1）住房质量改善。《中国农村贫困监测报告2019》显示，2019年南疆四地州农村居住竹草土坯房的农户比重为0，与2018年持平，住房以砖瓦砖木及钢筋混凝土为主（见表3-6）。

表3-6　2018—2019年南疆四地州农户家庭设施变化情况（%）

	居住竹草土坯房的农户比重	使用管道供水的农户比重	使用经过净化处理自来水的农户比重	独用厕所的农户比重	炊用柴草的农户比重
2018年	0.0	90.6	89.3	98.9	53.5
2019年	0.0	94.1	89.3	99.0	43.5

数据来源：[1] 国家统计局住户调查办公室. 中国农村贫困监测报告2018 [M]. 北京：中国统计出版社，2018. [2] 国家统计局住户调查办公室. 中国农村贫困监测报告2019 [M]. 北京：中国统计出版社，2019.

（2）家庭设施明显改善。截至2019年末，南疆四地州农户使用管道供水的农户比2018年增加了3.5%，达到94.1%；89.3%的农户使用了经过净化处理的自来水，该数据与2018年相比基本持平；99.0%的农户可以独用厕所，比2018年增加0.1个百分点，近年来南疆四地州的“厕所革命”取得了实际效果；炊用柴草的农户比重为43.5%，较2018年降低10个百分点。

横向比较来看，到2019年末，新疆及南疆四地州贫困地区农村居民中，使用管道供水的比重93.7%（南疆四地州为94.1%），高于全国贫困地区及特困片区农户的89.5%、90.0%；新疆贫困地区农户使用经过净化处理自来水的比重为89.0%（南疆四地州为89.3%），较全国和特困片区的60.9%、58.2%高约30个百分点；此外，新疆贫困地区农户炊用柴草的比重为40.8%（南疆四地州为43.5%），较全国和特困片区的34.8%、35.7%高5～9个百分点（见表3-7）。整体而言，南疆四地州农户住房及家庭设施的改善成效显著，但是在炊用柴草方面，南疆四地州农户还有进一步改善的空间。

表3-7　**2019年贫困地区农户家庭设施状况（%）**

	居住竹草土坯房的农户比重	使用管道供水的农户比重	使用经过净化处理自来水的农户比重	独用厕所的农户比重	炊用柴草的农户比重
全国合计	1.2	89.5	60.9	96.6	34.8
新疆地区	0.0	93.7	89.0	98.9	40.8
特困片区合计	1.3	90.0	58.2	96.5	35.7
南疆四地州	0.0	94.1	89.3	99.0	43.5

数据来源：国家统计局住户调查办公室．中国农村贫困监测报告2019［M］．北京：中国统计出版社，2019.

3）耐用消费品拥有量不断增加

2019年南疆四地州农村每百户拥有移动电话、洗衣机、电冰箱的数量分别为203.6部、96.2台和98.9台，较2018年分别增加27.4部、6.7台和8.9台；每百户拥有计算机2.8台，比上年增加0.3台；每百户拥有汽车11.6辆，比上年增加1.6辆（见表3-8）。其中，移动电话是当下农民的“新农具”，移动电话数量的增多，表明南疆四地州获取信息的途径进一步拓宽。与此同时，2019年南疆四地州农村每百户汽车拥有量为11.6辆，与新疆地区整体水平基本持平。交通工具的便利性使得南疆四地州农户的通行更为便捷，是经济发展和脱贫攻坚成效的表现。

表3-8　　2019年贫困地区农村每百户耐用消费品拥有量

	汽车（辆）	洗衣机（台）	电冰箱（台）	移动电话（部）	计算机（台）
全国合计	20.2	90.6	92.0	267.6	17.7
新疆地区	12.3	96.2	99.8	206.4	3.6
特困片区合计	19.6	90.8	91.5	272.0	16.5
南疆四地州	11.6	96.2	98.9	203.6	2.8

数据来源：国家统计局住户调查办公室. 中国农村贫困监测报告2019［M］. 北京：中国统计出版社，2019.

4）教育文化条件不断改善

2019年南疆四地州农村居民教育条件进一步改善。2019年，南疆四地州所在自然村上幼儿园便利的农户比重为100.0%，比上年提高2.9个百分点；所在自然村上小学便利的农户比重为99.0%，比上年提高2个百分点（见表3-9）。

表3-9　2016—2019年南疆四地州农村居民教育条件情况（%）

	所在自然村上幼儿园便利的农户比重	所在自然村上小学便利的农户比重
2016年	96.8	95.8
2017年	98.6	97.2
2018年	97.1	97.0
2019年	100.0	99.0

从表3-10看出，喀什地区、阿克苏地区、克州地区的普通高等学校、中等职业学校、普通中学、小学、特殊教育学校、幼儿园等各级各类学校数变化明显，尤其是幼儿园及义务教育阶段，普遍有上升态势。和田地区的数据变化不明显。

表 3-10　　南疆四地州各级各类学校数变化情况（所）

	地区	普通高等学校	中等职业学校	普通中学	小学	特殊教育学校	幼儿园
2013年	喀什地区	1	11	204	951	—	955
	阿克苏地区	1	8	143	600	1	404
	克州地区	0	9	36	178	1	119
	和田地区	2	11	152	663	2	—
2020年	喀什地区	1	20	141	1 091	7	1 810
	阿克苏地区	4	8	126	560	2	1 158
	克州地区	0	4	28	148	1	251
	和田地区	3	12	90	716	2	—

注：“—”表示数据缺失，下文同理。

数据来源：2013年、2020年各地州统计公报。

5）医疗条件明显改善

自2016年以来，南疆四地州居民医疗条件持续改善。2019年南疆四地州所在自然村有卫生站的农户比重达到100.0%，比2016年提高6个百分点，而2017年、2018年分别为95.1%、96.4%。从医疗卫生机构、卫生机构床位数、卫生技术人员的变化来看，喀什地区、阿克苏地区、克州地区变化提升明显，如喀什地区的医疗卫生机构从2013年的873个增加到2020年的3 399个，增长数倍之多。具体如表3-11所示。

表 3-11　　南疆四地州医疗资源变化情况

年份	地区	医疗卫生机构（个）	卫生机构床位数（张）	卫生技术人员（个）
2013年	喀什地区	873	18 101	15 921
	阿克苏地区	1 417	11 757	11 333
	克州地区	98	3 096	2 963
	和田地区	1 770	12 474	7 592

续表

年份	地区	医疗卫生机构（个）	卫生机构床位数（张）	卫生技术人员（个）
2020年	喀什地区	3 398	28 953	22 968
	阿克苏地区	1 592	12 603	13 897
	克州地区	313	4 665	5 913
	和田地区	1 804	17 732	11 792

数据来源：2013年、2020年各地州统计公报。

3.1.3 生态系统发展现状

1）自然资源富集，开发价值极高

从新疆整体而言，矿产资源非常丰富，且分布较广，南疆四地州矿产资源也非常丰富，和田、喀什等地区都是矿产的主要输出地。新疆目前发现的矿产有138种，其中5种居全国首位，24种居全国前5位，41种居全国前10位，23种居西北首位。稀有金属、盐类矿产、建材非金属矿产等蕴藏丰富。石油资源量208.6亿吨，占全国陆地上石油资源量的30%；天然气资源量为10.3亿立方米，占全国陆地上天然气资源量的34%；煤预测储量2.19万亿吨，占全国预测总储量的40%。鉴于拥有较为丰富的矿产资源，南疆四地州有非常多的扶贫重点县都是将矿产企业当作了工业的支柱。

2）可持续发展能力提升

坚持绿色发展理念，严格遵守生态保护红线，严格落实主体功能区规划，加强地区资源环境保护与生态治理修复，提升贫困地区生态可持续发展能力。南疆四地州地区通过实施退耕还林、退牧还草、防风林和生态林建设、天然林保护、湿地保护及农村环境整治项目，加大保护生态环境力度。

3.2 南疆四地州地区脆弱性表现

3.2.1 经济系统脆弱性表现

1）经济总量偏低，产业结构矛盾突出

南疆四地州是典型的欠发达地区，社会经济发展水平与新疆北疆的部分城市相比，还存在较大的差距。2013—2020年，南疆四地州地区生产总值增速较快，但是南疆四地州经济总量仍然偏小，整体竞争力薄弱。2020年，南疆四地州地区生产总值为3 020.81亿元，其中喀什地区为1 130.2亿元，和田地区为406.32亿元，克州地区为169.24亿元，阿克苏地区为1 315.05亿元，南疆四地州地区生产总值占我国国内生产总值的0.30%，占新疆维吾尔自治区生产总值的21.89%，经济总量仍有较大的提升空间（见表3-12）。

表3-12 南疆四地州与全国、新疆GDP（地区生产总值）（2020年）

	GDP（地区生产总值）总量（亿元）
全国	1 015 986
新疆维吾尔自治区	13 797.58
南疆四地州	3 020.81

注：南疆四地州地区生产总值总量根据各地区生产总值之和汇总。

数据来源：［1］国家统计局．中华人民共和国2020年国民经济和社会发展统计公报［R/OL］．（2021-02-28）［2024-09-01］．https：//www.gov.cn/xinwen/2021-02/28/content_5589283.htm．［2］新疆维吾尔自治区统计局，国家统计局新疆调查总队．新疆维吾尔自治区2020年国民经济和社会发展统计公报［R/OL］．（2021-06-10）［2024-09-01］．https：//www.xinjiang.gov.cn/xinjiang/tjgb/202106/5037ac528c58479dbaabddce9050a284.shtml．［3］2020年各地州统计公报。

从产业结构横向发展看，南疆四地州2020年第一、二、三产业增加值占地区生产总值的比重与全国、新疆的总体情况相比，产业结构明显不合理，第一产业所占比重偏高，2020年全国第一产业增加值占GDP比重仅为7.7%，而喀什地区第一产业增加值占喀什地区生产总值比重达到28.7%。2020年全国第二产业增加值占GDP比重为37.8%，喀什地区第二产业增加值占喀什地区生产总值比重仅达到18.8%。在第三产业增加值占地区生产总值比重方面，南疆四地州各地区与新疆总体持平，部分地区高于新疆及全国整体情况，表明南疆四地州各地区产业结构差异较明显（见表3-13）。

表3-13 **南疆四地州和全国、新疆地区三大产业增加值占GDP（地区生产总值）的比重（2020年）（%）**

	第一产业增加值占GDP（地区生产总值）比重	第二产业增加值占GDP（地区生产总值）比重	第三产业增加值占GDP（地区生产总值）比重
全国	7.7	37.8	54.5
新疆维吾尔自治区	14.4	34.4	51.2
喀什地区	28.7	18.8	52.5
阿克苏地区	23.8	29.9	46.3
克州地区	10.6	28.8	60.6
和田地区	18.8	14.5	66.6

数据来源：[1] 国家统计局. 中华人民共和国2020年国民经济和社会发展统计公报 [R/OL].（2021-02-28）[2024-09-01]. https：//www.gov.cn/xinwen/2021-02/28/content_5589283.htm. [2] 新疆维吾尔自治区统计局，国家统计局新疆调查总队. 新疆维吾尔自治区2020年国民经济和社会发展统计公报 [R/OL].（2021-06-10）[2024-09-01]. https：//www.xinjiang.gov.cn/xinjiang/tjgb/202106/5037ac528c58479dbaabddce9050a284.shtml. [3] 2020年各地州统计公报。

从纵向发展看，2013—2020年，南疆四地州第一、第二和第三产业增加值在该地区生产总值中所占的比重基本有所改变，产业结构得到优化。可以看出，南疆四地州中喀什地区、阿克苏地区第一产业增加值占地区生产总值的比重较大。其中，2013年喀什地区第一产业增加值占地区生产总值的比重为31%，2020为28.7%；而第二产业增加值在地区生产总值中的占比在2019年、2020年有下降趋势。阿克苏地区2013年第一产业增加值占比虽没喀什地区高，但2020年也占到地区生产总值的23.8%。通过南疆四地州三大产业增加值在地区生产总值中的占比的纵向比较可以发现，南疆四地州各地区的产业结构有优化趋势，但仍有较大的进步空间（见表3-14）。

表3-14 **南疆四地州2013—2020年三大产业增加值占地区生产总值的比重（%）**

年份	喀什地区			阿克苏地区			克州地区			和田地区		
	一产占比	二产占比	三产占比	一产占比	二产占比	三产占比	一产占比	二产占比	三产占比	一产占比	二产占比	三产占比
2013	31.0	30.0	39.0	22.62	35.33	42.05	16.2	31.7	52.1	30.9	19.7	49.4
2014	30.7	30.5	38.8	23.1	50.6	26.3	15.5	33.9	50.6	29.5	17.6	52.8
2015	29.1	30.8	40.1	23.1	49.1	27.8	14.1	30.5	55.4	26.8	14.8	58.4
2016	34.2	25.2	40.6	22.59	34.28	43.13	15.0	33.6	51.4	27.4	15.5	57.2
2017	33.3	25.4	41.3	11.4	29.1	59.5	14.0	35.4	50.6	22.3	17.9	59.8
2018	31.6	24.8	43.6	25.2	37.8	37.0	12.1	38.3	49.6	22.5	17.9	59.6
2019	28.2	19.1	52.7	22.6	31.4	46.0	11.3	30.0	58.7	18.2	15.2	66.7
2020	28.7	18.8	52.5	23.8	29.9	46.3	10.6	28.8	60.6	18.8	14.5	66.6

数据来源：[1] 国家统计局. 中华人民共和国2020年国民经济和社会发展统计公报 [R/OL].（2021-02-28）[2024-09-01] .https：//www.gov.cn/xinwen/2021-02/28/content_5589283.htm. [2] 新疆维吾尔自治区统计局，国家统计局新疆调查总队. 新疆维吾尔自治区2020年国民经济和社会发展统计公报 [R/OL].（2021-06-10）[2024-09-01] . https：//www.xinjiang.gov.cn/xinjiang/tjgb/202106/5037ac528c58479dbaabddce9050a284.shtml. [3] 2020年各地州统计公报。

2）人均可支配收入水平逐年提高，但贫富差距较大

近年来，中央和新疆维吾尔自治区在资金、政策等方面对南疆四地州给予了大力支持和保障，2013—2020年期间，人均可支配收入水平在脱贫攻坚工作的推动下逐年提高。以喀什地区为例，2013年城镇居民人均可支配收入为17 038元，农村居民人均可支配收入为5 984元。截止到2020年，两个指标分别为27 321元和10 276元，较之2013年，分别增长了60.35%和71.72%（见表3-15）。

表3-15　**喀什地区2013—2020年人均可支配收入**

	城镇居民人均可支配收入（元/人）	农村居民人均可支配收入（元/人）
2013年	17 038	5 984
2014年	17 310	7 133
2015年	20 662	7 201
2016年	22 732	7 918
2017年	24 103	8 013
2018年	25 631	8 565
2019年	27 430	9 385
2020年	27 321	10 276

数据来源：2013—2020年喀什地区统计公报。

然而，南疆四地州总体人均可支配收入水平较全国和新疆整体水平仍然很低，且结构分布不均。2020年，全国城镇居民人均可支配收入、农村居民人均可支配收入分别为43 834元和17 131元。新疆城镇居民人均可支配收入、农村居民人均可支配收入则分别为34 838元和14 056元。南疆四地州中人均可支配收入较高的阿克苏地区的城镇

居民人均可支配收入为33 239元，农村居民人均可支配收入为14 588元，与全国人均可支配收入水平有一定的差距。而南疆四地州内部，城镇居民人均可支配收入较低的喀什地区为27 321元，与阿克苏地区相差5 918元；农村居民人均可支配收入较低的克州地区为8 907元，与阿克苏地区相差5 681元。不同地区间人均可支配收入水平存在一定的差异（见表3-16）。

表3-16 **南疆四地州与全国、新疆居民人均可支配收入水平（2020年）**

	城镇居民人均可支配收入（元/人）	农村居民人均可支配收入（元/人）
全国	43 834	17 131
新疆维吾尔自治区	34 838	14 056
喀什地区	27 321	10 276
阿克苏地区	33 239	14 588
克州地区	29 918	8 907
和田地区	30 586	9 733

数据来源：[1] 国家统计局. 中华人民共和国2020年国民经济和社会发展统计公报 [R/OL].（2021-02-28）[2024-09-01].https://www.gov.cn/xinwen/2021-02/28/content_5589283.htm. [2] 新疆维吾尔自治区统计局，国家统计局新疆调查总队. 新疆维吾尔自治区2020年国民经济和社会发展统计公报 [R/OL].（2021-06-10）[2024-09-01]. https://www.xinjiang.gov.cn/xinjiang/tjgb/202106/5037ac528c58479dbaabddce9050a284.shtml. [3] 2020年各地州统计公报。

3）居民物质文化生活总体水平不高，社会商品购买力水平较低

社会消费品零售总额是当地消费需求最直接的体现。党的十八大以后，随着各援疆省市把对口支援与脱贫攻坚工作紧密结合，通过电商扶贫、消费扶贫等带动当地优势产业发展，支持当地教育教学、公共文化等社会事业建设，大大提高了南疆四地州居民的物质文化生活

水平。2020年，阿克苏地区的社会消费品零售总额为285.64亿元，喀什地区为254.87亿元，克州地区为34.87亿元（见表3-17），分别占到新疆总体的9.33%、8.32%和1.14%，表明南疆四地州地区物质文化资源总体不足，居民消费内生动力不强。

表3-17 **南疆四地州与全国、新疆社会消费品零售总额（2020年）**

地区	社会消费品零售总额（亿元）
全国	391 981
新疆维吾尔自治区	3 062.55
喀什地区	254.87
阿克苏地区	285.64
克州地区	34.87
和田地区	65.20

数据来源：［1］国家统计局．中华人民共和国2020年国民经济和社会发展统计公报［R/OL］．（2021-02-28）［2024-09-01］．https：//www.gov.cn/xinwen/2021-02/28/content_5589283.htm．［2］新疆维吾尔自治区统计局，国家统计局新疆调查总队．新疆维吾尔自治区2020年国民经济和社会发展统计公报［R/OL］．（2021-06-10）［2024-09-01］．https：//www.xinjiang.gov.cn/xinjiang/tjgb/202106/5037ac528c58479dbaabddce9050a284.shtml．［3］2020年各地州统计公报。

根据历年数据来做横向对比，南疆四地州区域内社会消费品零售总额有一定差距。阿克苏地区和喀什地区社会消费品零售总额远远高于和田地区和克州地区。2020年阿克苏地区社会消费品零售总额是同年克州地区社会消费品零售总额的8倍之多。

按照消费类型来看，受到区域内经济、旅游、文化、消费方式等因素影响，不同地区在商品和餐饮方面消费的侧重不同，见表3-18。2020年，喀什地区商品零售额226亿元，占当年该地区社会消费品零售总额的88.67%；餐饮零售额28.87亿元，占11.33%，如图3-1所示。

表3-18　**南疆四地州与全国、新疆社会消费品消费类型（2020年）**

	商品零售额（亿元）	餐饮零售额（亿元）
全国	352 453	39 527
新疆维吾尔自治区	2 660.29	402.26
喀什地区	226.00	28.87
阿克苏地区	239.81	45.83
克州地区	30.84	4.03
和田地区	151.90	—

数据来源：[1] 国家统计局. 中华人民共和国2020年国民经济和社会发展统计公报 [R/OL].（2021-02-28）[2024-09-01]. https://www.gov.cn/xinwen/2021-02/28/content_5589283.htm. [2] 新疆维吾尔自治区统计局，国家统计局新疆调查总队. 新疆维吾尔自治区2020年国民经济和社会发展统计公报 [R/OL].（2021-06-10）[2024-09-01]. https://www.xinjiang.gov.cn/xinjiang/tjgb/202106/5037ac528c58479dbaabddce9050a284.shtml. [3] 2020年各地州统计公报。

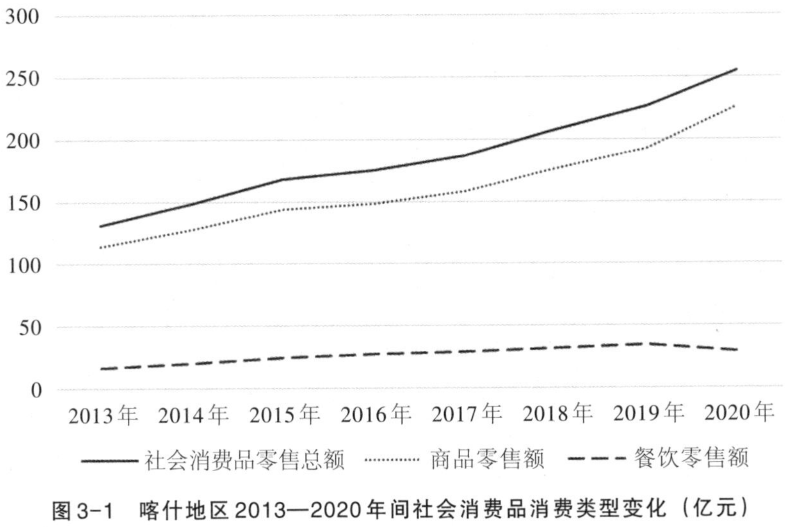

图3-1　喀什地区2013—2020年间社会消费品消费类型变化（亿元）

4）金融资本配置不均，缺乏规模效益

随着南疆四地州经济环境的进一步优化和调整，加大了对固定资产的投资，进而提升了金融扶贫的效率。2013年以来，南疆四地州固定资产投资总额成倍数增长，从2013年的906.88亿元增长至2018年的1 839.23亿元（如图3-2所示）。相对于新疆整体发展而言，南疆四地州固定资产投资总额仅占当年全疆固定资产投资总量的10.66%，无论是从人均可支配收入等人均指标，还是从生产总值、固定资产投资总额等总量指标来看，南疆四地州与新疆均值相比，都有一定的差距。

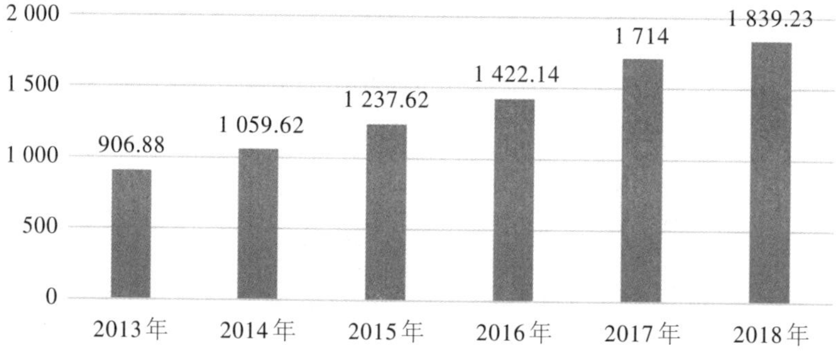

图3-2　南疆四地州2013—2018年固定资产投资总额（亿元）

5）科技产业发展内生动力不足，高科技人力资本有限

南疆四地州作为新疆脱贫攻坚的主阵地，产业发展的市场化程度和资源配置的合理化程度不够，更多的是依靠政府来支撑和调控，市场作用发挥得还不充分，内生动力和自身活力还相对欠缺，产业链条、市场主体没有真正发挥作用，科技产业的发展始终是一个弱项和短板。2020年，新疆全年自治区级科技计划新立项项目2 349个，喀什地区236个，阿克苏全地区组织申报国家、自治区级科技项目23项，整体不多，科技创新能力不强，后劲不足，不利于地区经济创新发展。

3.2.2　社会系统脆弱性表现

1）人口增长较快，农村人口占比较大

南疆四地州地区人口自然增长率普遍较高。2013年，新疆整体人口自然增长率为10.92‰，而南疆四地州各地区则达到17‰。2013年实施精准脱贫政策之后，南疆四地州人口自然增长率虽然呈现降低的趋势，但仍高于全疆人口自然增长率的平均水平。从南疆四地州农村人口数量变化情况来看，由于南疆地区经济发展以农业为主，农村人口比重居高不下，自2013年以来占比始终保持在70%以上。

2）教育资源投入力度仍需继续加大

截至2020年，南疆四地州包含了普通高等学校、中等职业学校、普通中学、小学、特殊教育学校等多元化的各级各类学校（见表3-19）。幼儿园、小学、普通中学学校数目较多，表明近几年国家以及地方政府对南疆四地州基础教育的投入力度很大，促使教育基础设施不断改善。这与国家及南疆四地州的扶贫政策是相吻合的。但南疆四地州是原贫困地区，脱贫前，贫困群体的受教育观念相对不强，更缺乏教育改变贫困的意识。同时，南疆四地州中小学阶段每名教师负担的学生数较多，可能导致教学质量受到影响。依据南疆四地州小学阶段在校学生数及教师人数，测算得出小学阶段每名教师大约要负担13名学生，初中阶段为10名左右。国家大力宣传教育扶贫理念，使南疆四地州原贫困群体的受教育观念不断增强。加之国家实施九年义务教育，大大减轻了贫困群体受教育的经济负担，使得受教育的人数大大提升。但突出的矛盾是师资力量的匮乏，小学及初中阶段每名教师负担的学生数量有增长的趋势，表明国家及新疆各地政府应充分重视南疆四地州师资力量的培育工作，采取有力措施提升南疆四地州的教育质量。

表3-19　　2020年南疆四地州各级各类学校数（所）

地区	普通高等学校	中等职业学校	普通中学	小学	特殊教育学校	幼儿园
喀什地区	1	20	141	1 091	7	1 810
阿克苏地区	4	8	126	560	2	1 158
克州地区	0	4	28	148	1	251
和田地区	3	12	90	716	2	—

数据来源：［1］国家统计局．中华人民共和国2020年国民经济和社会发展统计公报［R/OL］．（2021-02-28）［2024-09-01］．https：//www.gov.cn/xinwen/2021-02/28/content_5589283.htm.［2］新疆维吾尔自治区统计局，国家统计局新疆调查总队．新疆维吾尔自治区2020年国民经济和社会发展统计公报［R/OL］．（2021-06-10）［2024-09-01］．https：//www. xinjiang. gov. cn/xinjiang/tjgb/202106/5037ac528c58479dbaabddce9050a284.shtml.［3］2020年各地州统计公报。

3）医疗资源总体不足，卫生服务质量水平相对落后

2020年，南疆四地州各地区医疗资源情况见表3-20。喀什地区的医疗卫生机构稍多，占新疆总体的21.74%，而克州地区仅占2%。由于各地经济发展水平不同，相应地，医疗设施也有极大差别。南疆四地州多为贫困县，从表3-20中可以看出，2020年南疆四地州的基本医疗设施数量与经济发展水平较高的乌鲁木齐市相比还有一定的差距，南疆四地州之间的基本医疗设施水平也参差不齐。2013年精准扶贫政策实施以来，南疆四地州的医疗资源总体情况向好，但是由于该地区医疗资源基础薄弱，卫生服务质量不高，每千人拥有卫生技术人员数和卫生技术床位数不高，医疗资源仍需提升。

表3-20　　南疆四地州医疗资源总体情况（2020年）

	医疗卫生机构（个）	卫生机构床位数（张）	卫生技术人员（个）
新疆维吾尔自治区	15 631	153 797	163 177
乌鲁木齐市	1 773	32 182	39 746
喀什地区	3 398	28 953	22 968
阿克苏地区	1 592	12 603	13 897
克州地区	313	4 665	5 913
和田地区	1 804	17 732	11 792

数据来源：[1] 国家统计局. 中华人民共和国2020年国民经济和社会发展统计公报 [R/OL].（2021-02-28）[2024-09-01].https://www.gov.cn/xinwen/2021-02/28/content_5589283.htm. [2] 新疆维吾尔自治区统计局，国家统计局新疆调查总队. 新疆维吾尔自治区2020年国民经济和社会发展统计公报 [R/OL].（2021-06-10）[2024-09-01].https://www.xinjiang.gov.cn/xinjiang/tjgb/202106/5037ac528c58479dbaabddce9050a284.shtml. [3] 2020年各地州统计公报。

3.2.3　生态系统脆弱性表现

南疆四地州紧邻塔克拉玛干沙漠，干旱、少雨、风沙频繁，水资源分布非常不均匀，丰年温饱、灾年返贫现象较为普遍，是新疆生态环境最为脆弱的区域，也曾是全国14个集中连片特困地区之一。

1）自然环境条件差

南疆四地州地区海拔普遍较高，属暖温带大陆性气候，地处高纬度地区，独特的地理位置使其具有日照强、少雨、干燥等特征。区域内大部分地区气候干燥，降水量稀少。南疆四地州地区水资源匮乏，

2018年全年水资源总量为296.90亿立方米，仅为新疆全年水资源总量的34.57%。与此同时，南疆四地州风沙天气较为频繁，土地沙化严重，自然环境条件较差。

受自然环境影响，南疆四地州地区森林覆盖率相对较低。2020年，喀什地区森林覆盖率为4.91%。戈壁、沙漠占区域面积的比重较大，适合人生存的绿洲面积较少，尤其是耕地面积更少。南疆四地州各个脱贫县农林牧地情况也不尽相同，有些脱贫县耕地面积非常稀少，如民丰县的耕地面积占比仅为0.06%。

2）人为因素对生态环境造成一定程度的破坏

南疆四地州矿产资源丰富，全面脱贫前，南疆四地州各地区对矿产资源的开采方式较为粗放，技术含量不高。这种开采方式容易造成植被破坏、土地沙化、水土流失等一系列问题。在生产生活中排放的废水、废气及耕地中使用的化肥等均会对环境产生污染。与此同时，南疆四地州部分地区也存在过度放牧、过度开垦土地等行为，均会在一定程度上影响地区的可持续发展。

3.3 本章小结

本章依据复合生态系统理论，从经济系统、社会系统、生态系统三个层面重点描述了南疆四地州地区的发展现状和脆弱性现状。主要结论如下：

（1）南疆四地州经济系统中农村居民收入、消费稳步增长，收入、消费结构不断优化；社会系统中基础设施建设成效显著，居住环境持续改善，耐用消费品拥有量不断增加，教育文化条件不断改善，医疗条件明显提高；生态系统中自然资源富集，居民环保意识增强，并积极开展生态保护工作。

（2）南疆四地州经济系统脆弱性表现为：经济总量偏低，产业结构矛盾突出；人均可支配收入水平逐年提高，但贫富差距较大；居民物质文化生活总体水平不高，社会商品购买力水平较低；金融资本配置不均，缺乏规模效益；科技产业发展内生动力不足，高科技人力资本有限。社会系统脆弱性表现为：人口增长较快，农村人口、少数民族人口占比较大；基础教育资源不足，教育水平低，人口受教育程度低；医疗资源总体不足，卫生服务质量水平相对落后。生态系统脆弱性表现为：由于特殊的地理位置和地形结构，形成了严峻的荒漠环境，气候干旱，植被稀少，风沙频繁，水资源分布非常不均匀，丰年温饱、灾年返贫现象较为普遍，是新疆生态环境最为脆弱的区域。

第 4 章

南疆四地州地区脆弱性的等级识别

4.1 测度方法

熵权TOPSIS法是将熵值法与TOPSIS法融合起来的综合评价方法。熵值法是一种可以减少主观赋值带来的偏差的客观赋值法；而TOPSIS法是一种适用于多方案、多对象的对比研究，从中找出最佳的方案或竞争力最强的对象的方法。本书运用熵值法确定经济、社会、生态三系统各指标权重，并根据权重计算出2013—2018年南疆四地州26个地区经济、社会、生态三系统的脆弱性指数。由于各指标对脆弱性的影响效果不同，本书采用Min-max方法对数据进行标准化处理。具体操作步骤：

（1）假设本书有m个评价对象，n个指标，原始指标数据矩阵为：

$$X = \left(x_{ij}\right)_{m \times n} (i = 1, 2, 3, \cdots, m; \ j = 1, 2, 3, \cdots, n) \tag{4-1}$$

（2）数据的标准化：

$$正向指标 x'_{ij} = \frac{x_{ij} - \min_{ij}}{\max_{ij} - \min_{ij}}$$

$$逆向指标 x'_{ij} = \frac{\max_{ij} - x_{ij}}{\max_{ij} - \min_{ij}} \tag{4-2}$$

式中：x_{ij}为单个指标；max为同一指标的最大值；min为同一指标的最小值。这里得到原始数据的规范化矩阵：

$$X' = \left(x'_{ij}\right)_{m \times n} (i = 1, 2, 3, \cdots, m; \ j = 1, 2, 3, \cdots, n) \tag{4-3}$$

（3）计算各指标的熵值：

$$e_j = \frac{-1}{\ln m \sum_{i=1}^{m} p_{ij} \ln p_{ij}} \tag{4-4}$$

式中：$p_{ij} = \frac{x'_{ij}}{\sum_{i=1}^{m} x'_{ij}}$，$\ln m > 0$，$0 \leqslant e_j \leqslant 1$。

（4）计算各指标的权重，根据各指标的熵值定义第j个指标的权重为：

$$w_j = \frac{g_j}{\sum_{i=1}^{m} g_j} \tag{4-5}$$

式中：g_j为第j个指标的差异性系数，其公式为：$g_j = 1 - e_j$。由公式可知，某个指标差异性g_j越大，其熵值e_j就越小。指标权重较大，表明该项指标对评价目标的影响越大。

（5）构造加权矩阵：

$$R = \left(r_{ij}\right)_{m \times n}, \ r_{ij} = w_j - x'_{ij}(i = 1, 2, \cdots, m; \ j = 1, 2, \cdots, n) \tag{4-6}$$

（6）确定正理想解和负理想解：

$$R_j^+ = \max\left(r_{1j}, r_{2j}, \cdots, r_{mj}\right), \ R_j^- = \min\left(r_{1j}, r_{2j}, \cdots, r_{mj}\right) \tag{4-7}$$

（7）计算评价对象与正、负理想解之间的距离：

$$D_i^+ = \sqrt{\sum_{j=1}^{n}\left(R_j^+ - r_{ij}\right)^2}, \ D_i^- = \sqrt{\sum_{j=1}^{n}\left(R_j^- - r_{ij}\right)^2} \tag{4-8}$$

（8）计算评价对象与理想解的相对接近程度：

$$C = \frac{D_i^-}{(D_i^+ + D_i^-)}(i = 1, 2, \cdots, m) \tag{4-9}$$

式中：C值为评价对象与理想解之间的相对接近程度，C值越大表明该评价对象越优，因此，可以根据C值的大小对评价对象进行排序。本书运用$U1$、$U2$、$U3$、U分别代表经济脆弱性评价指数、社会脆弱性评价指数、生态脆弱性评价指数及社会-经济-生态复合生态系统综合脆弱性评价指数。其中，$U1$、$U2$、$U3$均采用熵权TOPSIS法求得，社会-经济-生态复合生态系统综合脆弱性评价指数U根据$U1$、$U2$、$U3$平均值求得。

4.2 指标构建及数据来源

4.2.1 指标构建

科学合理的指标是进行脆弱性评价的基础，在进行指标选择时不仅要考虑指标选择的完备性，更应该结合当地实际发展的特点，选取有价值的指标。结合前人研究[66-67、69-70、101、108、141-153]，以及数据的可得性，本书设计了南疆四地州26个地区脆弱性评价指标体系，如表4-1所示。

表4-1　　南疆四地州26个地区脆弱性评价指标体系

<table>
<tr><th>目标层</th><th>子目标层</th><th>指标层（单位）</th><th>指向</th><th>说明</th></tr>
<tr><td rowspan="10">南疆四地州地区脆弱性</td><td rowspan="5">经济脆弱性</td><td>第二产业增加值占地区生产总值比重（%）</td><td>敏感性（-）</td><td>产业结构</td></tr>
<tr><td>第三产业增加值占地区生产总值比重（%）</td><td>敏感性（-）</td><td>产业结构</td></tr>
<tr><td>地区生产总值总量（万元）</td><td>敏感性（-）</td><td>经济总量</td></tr>
<tr><td>人均地区生产总值（元/人）</td><td>适应能力（-）</td><td>发展水平</td></tr>
<tr><td>全社会固定资产投资（万元）</td><td>适应能力（-）</td><td>发展潜力</td></tr>
<tr><td rowspan="5">社会脆弱性</td><td>人口自然增长率（‰）</td><td>适应能力（+）</td><td>人口发展</td></tr>
<tr><td>农村人口占比（%）</td><td>敏感性（+）</td><td>人口结构</td></tr>
<tr><td>少数民族人口占比（%）</td><td>敏感性（+）</td><td>人口结构</td></tr>
<tr><td>居民储蓄存款余额（万元）</td><td>敏感性（-）</td><td>生活水平</td></tr>
<tr><td>人均粮食拥有量（吨/人）</td><td>敏感性（-）</td><td>资源供给潜力</td></tr>
</table>

续表

目标层	子目标层	指标层（单位）	指向	说明
南疆四地州地区脆弱性	社会脆弱性	固定电话用户（户）	适应能力（-）	信息沟通水平
		小学、初中阶段平均每名教师负担学生数（人）	适应能力（+）	教育服务能力
		每千人拥有卫生技术人员数（人）	适应能力（-）	医疗服务能力
		每千人拥有卫生技术床位数（张）	适应能力（-）	医疗设施保障能力
		各种社会福利收养性单位床位数（张）	适应能力（-）	社会福利
	生态脆弱性	高程（米）	敏感性（+）	地形特征
		坡度（C°）	敏感性（+）	地形特征
		年均温度（C°）	敏感性（+）	气象特点
		年均降水量（毫米）	敏感性（-）	气象特点
		森林覆盖率（%）	适应能力（-）	自然生态恢复潜力
		人均耕地面积（亩/人）	敏感性（-）	耕地资源现状
		化肥施用量（吨）	敏感性（+）	农业生产环境压力
		人口密度（人/km^2）	敏感性（+）	人口压力

（1）经济脆弱性指标。经济发展就是在经济增长的基础上，一个国家或地区经济结构和社会结构持续高级化的创新过程或变化过程，

因此在经济脆弱性指标里面分别设计了如下指标：参照李振民等（2022）、范峻恺等（2020）、李海玲等（2018）的研究，本书将第二产业增加值占地区生产总值比重及第三产业增加值占地区生产总值比重作为反映经济结构的指标，对南疆四地州26个地区而言，经济基础较为薄弱，主要以农耕为主，而第二产业增加值占地区生产总值比重及第三产业增加值占地区生产总值比重这两项指标越大，表明经济结构比以前越优化。参照李海玲等（2018）的研究，将地区生产总值总量纳入经济脆弱性系统当中。地区生产总值总量是一个地区总体经济实力和发展状况的代表，原则上一个地区的生产总值越大，该地区经济发展状况越好，脆弱性越低，对地区经济脆弱性是反向影响。但生产总值是一个地区整体经济状况的体现，不能完全反映该地区人民的生活水平，一个地区生产总值较高但人口众多，那么人民的生活水平也不见得很好，因此参照阎姝伊等（2022）、李振民等（2022）、陈晓红等（2022）的研究，本书选取人均地区生产总值表征该地区人民的实际生活水准，人均地区生产总值越大，表明人民生活越富足，有越多的资金进行社会活动与生态环境保护。对于南疆四地州26个地区更是如此，如果人均地区生产总值不足，当地人民将更多的精力投入到“吃饱穿暖”的基本生活保障层面，社会活动匮乏，生态环境可能因为资源的过分掠夺而受到破坏，更别提进行生态保护。因此，人均地区生产总值对经济发展呈正向影响，对经济脆弱性呈反向影响。全社会固定资产投资是社会固定资产再生产的主要手段。通过建造和购置固定资产的活动，不断采用先进技术装备，建立新兴部门，进一步调整经济结构和生产力的地区分布，增强经济实力，为改善人民物质文化生活创造物质条件。南疆四地州26个地区公共基础设施建设相对落后，经济水平较低，政府层面的固定资产投资很大程度上可以有效提供社会发展所需的基础建设，减轻经济脆弱性，参照严小燕等（2022）、任国平等（2021）、范峻恺等（2020）、李海玲等（2018）的研究，将全社会固定资产投资同样纳入经济系统脆弱性的指标体系当中。

（2）社会脆弱性指标。社会脆弱性指标如下：人是构成社会的基本要素，也是社会活动的基本单位。南疆四地州少数民族及农村人口占比大，人口自然增长率较高。对于贫困地区而言，应将经济、社会、生态统筹考虑，注重人口素质的提高，过高的人口自然增长率反而会造成对生态资源的过度掠夺、地区生产总值增量被新增人口抵消。参考崔凯凯等（2021）、范峻恺等（2020）、马蓓蓓等（2019）、李海玲等（2018）、刘凯等（2016）的研究，本书将人口自然增长率、农村人口占比、少数民族人口占比三个指标对社会脆弱性的影响定义为正向影响。参照鲁大铭等（2017）的研究，将居民储蓄存款余额纳入社会脆弱性指标体系当中。居民储蓄存款余额是居民的节余货币收入的一种体现，对于原贫困地区而言，农户有节余货币，是社会向好发展的一种表现，表明农户在“两不愁三保障”的基础上，仍有结余货币，可以有能力抵御贫困风险。任国平等（2021）在社会脆弱性指标体系构建中采用了人均粮食拥有量。人均粮食拥有量是反映粮食供给水平的重要指标，是“不愁吃”的重要体现，也是我国对贫困划分的重要依据之一。1984年确定的贫困标准是人均年纯收入200元以下，北方口粮不足150公斤，南方稻谷不足200公斤，根据这一标准统计，全国集中连片的贫困区有14片。1985年，国家统计局对全国29个省区进行调查，以全国农村人均年纯收入200元以下，南方人均占有口粮不足200公斤，北方人均占有不足175公斤为标准，测算结果表明，全国集中连片的贫困区增加到18片。不难看出，人均粮食拥有量越多，社会脆弱性越低，对社会脆弱性呈负向影响。信息获取受限是导致贫困的因素之一，南疆四地州大部分地区较为闭塞，信息获取能力低，一定程度上阻碍了农民增收和脱贫的步伐，在全球化、互联网+及大数据背景下，该项劣势尤为明显。而在前人的研究中，互联网宽带接入数、电话、电视等常作为体现信息获取能力指标被学者选用，鉴于数据可得性原因，本书参照严小燕等（2022）的研究，选取固定电话用户表征南疆四地州26个地区的信息获取能力，该项指标对社会脆弱性的影响为负向影响，指标数据越大，人们获取信息的能力越强，社会脆弱性越低。

“十三五”期间，我国确定的脱贫目标是“两不愁三保障”，其中“两不愁”——不愁吃、不愁穿以及“三保障”中的住房保障，主要体现在经济层面指标中，经济层面指标向好发展，能有效满足贫困农户吃穿住等基本生活要求，本书将“三保障”中的义务教育保障、基本医疗保障划分在社会系统。其中，反映教育保障的指标在以往研究中以学生数占比最为常见，如魏璐瑶等（2020）就选用了该指标用于社会脆弱性的研究。也有学者从学生与教师的比例关系角度设计教育指标，参照付春燕（2019）[162]的研究，本书采用小学阶段平均每名教师负担学生数及初中阶段平均每名教师负担学生数来表征义务教育服务能力，小学阶段平均每名教师负担学生数、初中阶段平均每名教师负担学生数越多，表明教育服务能力越差，社会脆弱性越高，因此这两项指标对社会脆弱性是正向影响。每千人拥有卫生技术人员数、每千人拥有卫生技术床位数表征社会医疗服务能力及医疗设施供给能力。指标数据越大，表明地区医疗保障越到位，社会脆弱性越低。各种社会福利收养性单位床位数指提供食宿的、不以营利为目的的革命伤残军人休养院、复退军人慢性病疗养院、复退军人精神病院、光荣院、社会福利院、儿童福利院、精神病福利院、老年收养性机构等收养性单位报告期末床位的实际收养能力。其是除教育保障、医疗保障之外的反映社会保障水平的一项指标，参照严小燕等（2022）、鲁大铭等（2017）的研究，该指标数据越大，表明当地社会基础保障能力越高，社会脆弱性越低。

（3）生态脆弱性指标。南疆四地州26个地区整体生态环境较为脆弱，海拔普遍较高，年降水量较少，干旱缺水，植被稀薄，加上在经济社会发展过程中人为过度开发生态资源，使原本脆弱的生态环境更加脆弱，从而制约了当地经济社会的可持续发展。但南疆四地州年日照时间较长，昼夜温差大，为植物生长提供了充足能量，也提供了丰富的太阳能资源。茹少峰等（2022）、严小燕等（2022）、常溢华等（2022）认为高程对生态脆弱性呈现正向影响。高程、坡度表征地表条件，海拔高度对植被生命力有明显的影响，海拔较高，空气稀薄，气候会变得干燥寒冷，不利于植物生长，也加大了人为开发的难度。李振民等（2022）、严小燕等（2022）、张良侠等（2022）将坡度纳入生态脆弱性指标体系。坡度高无疑不利于植被根系的固定。坡度越大，坡上的水分越不易固定，同样不利于植被的生长。显然，高程与坡度对生态脆弱性呈现正向影响。刘慧等（2020）认为年均温度的改变对生态环境系统有着重大影响，年均温度上升，生态系统脆弱性增强。对于南疆四地州地区本就脆弱的生态环境而言，年均温度的上升不利于植物多样性的形成，动物的生活习性就可能受到影响，因此该项指标对生态脆弱性呈正向影响。南疆四地州26个地区都属于干旱区，水资源弥足珍贵，年均降水量的多寡在很大程度上决定了当地植被及农作物的生长状态，干旱严重的地区会加重生态贫困的程度，因此参照王茜等（2022）、管文闯等（2022）、张良侠等（2022）的研究，将年均降水量定义为对生态脆弱性呈负向影响。王茜等（2022）、管文闯等（2022）、李海玲等（2018）认为森林覆盖率对生态脆弱性呈负向影响。森林覆盖率越大，表明自然生态恢复能力越强，生态脆弱性越低。

以上指标主要侧重的是自然环境对生态脆弱性的影响，而在人为因素方面，参照李振民等（2022）、刘慧等（2020）的研究，将人均耕地面积作为生态脆弱性的负向影响指标。耕地是地区发展的重要资源，是南疆四地州26个地区的重要收入来源，但耕地资源的开发要统筹生态环境建设，人均耕地面积的增多，在一定程度上体现了地区生态的改善。参照管文闯等（2022）、任国平等（2021）的研究，设计了化肥施用量这一指标。过量的化肥施用会使原来的农业生态环境遭到破坏，随着我国农业供给侧结构性改革的不断深入推进，减少化肥施用量，推进绿色农业可持续发展已经成为趋势。与此同时，随着当下消费者消费意识的改变，绿色、无污染的天然农副产品已成为广大消费者的新追求，对于南疆四地州而言，不能停留在使用化肥增加农作物产量的浅层次追求上，应从长远发展谋规划，因此本书将化肥施用量对生态脆弱性的影响定义为正向影响。参照茹少峰等（2022）、王茜等（2022）、管文闯等（2022）、张良侠等（2022）的研究，认为人口密度越大，生态自然越脆弱。人口密度大，人类生产和生活活动频繁，对环境影响大（利用和改造环境深度、广度大，产生的废弃物多），从而造成了较严重的环境问题，同时，采育失调、毁林开荒、乱砍滥伐、森林火灾、居民烧柴等行为造成森林资源的破坏，牲畜大量集中，过度放牧现象严重，使草场遭到严重破坏，导致土地荒漠化。

4.2.2 数据来源

本书经济、社会、生态三系统脆弱性的指标数据主要来源于2014—2019年《中国县域统计年鉴》、《克孜勒苏柯尔克孜自治州统计年鉴》、《和田统计年鉴》及《喀什统计年鉴》。部分数据通过简单计算而得，具体介绍如下：

经济脆弱性体系中，反映经济结构的两项指标分别用第二产业增加值、第三产业增加值占地区生产总值的比重求得。

社会脆弱性体系中，反映人口结构的两项指标分别用农村人口数、少数民族人数占总人口的比重求得；人均粮食拥有量用粮食总产量占总人口的比重求得；小学阶段每名教师负担学生数用小学学生总人数占小学教师总人数的比重求得，初中阶段每名教师负担学生数用初中学生总人数占初中教师总人数的比重求得，然后求二者的平均值；每千人拥有卫生技术人员数、每千人拥有卫生技术床位数分别用卫生技术人员总数、卫生技术床位总数占千分之一人口总数的比重求得。

生态脆弱性体系中，高程、坡度指标数据采用中国科学院地理空间数据云网站下载的地形数据，通过ArcGIS软件求得栅格数据。参照贾晶晶等的研究[106]，人口密度用总人口占总面积的比重求得，人均耕地面积用耕地总面积占总人口的比重求得。

4.3 结果分析

基于南疆四地州26个地区2013—2018年脆弱性指标体系，采用熵权TOPSIS法求得南疆四地州26个地区的脆弱性评价指数，并参照李海玲[76]的研究，本书采用ArcGIS软件的自然断点法对经济脆弱性、社会脆弱性、生态脆弱性及综合脆弱性的等级进行划分，本书将脆弱性等级划分为低度脆弱、中度脆弱、重度脆弱及极度脆弱四个级别，结果如表4-2所示。

表4-2　　南疆四地州26个地区脆弱性等级划分标准

脆弱性	低度脆弱	中度脆弱	重度脆弱	极度脆弱
经济脆弱性	0.309≤U1＜0.478	0.478≤U1＜0.553	0.553≤U1＜0.679	0.679≤U1＜0.811
社会脆弱性	0.393≤U2＜0.480	0.480≤U2＜0.561	0.561≤U2＜0.655	0.655≤U2＜0.766
生态脆弱性	0.079≤U3＜0.147	0.147≤U3＜0.247	0.247≤U3＜0.503	0.503≤U3＜0.626
综合脆弱性	0.295≤U＜0.356	0.356≤U＜0.414	0.414≤U＜0.476	0.476≤U＜0.556

4.3.1 经济脆弱性结果分析

1）南疆四地州地区经济脆弱性的测度与分析

基于南疆四地州26个地区2013—2018年经济脆弱性指标体系，采用熵权TOPSIS法求得南疆四地州各地州内研究地区的经济脆弱性指数平均值，结果如表4-3所示。

表4-3 南疆四地州各地州内研究地区2013—2018年间经济脆弱性指数平均值

地区	2013年	2014年	2015年	2016年	2017年	2018年	均值
克州地区	0.505	0.467	0.459	0.494	0.498	0.468	0.482
和田地区	0.568	0.557	0.524	0.530	0.493	0.482	0.526
喀什地区	0.679	0.672	0.642	0.660	0.620	0.617	0.648
阿克苏地区	0.551	0.535	0.521	0.526	0.486	0.470	0.515
均值	0.575	0.558	0.536	0.552	0.524	0.509	

对于南疆四地州各地州内研究地区2013—2018年间经济脆弱性指数平均值而言（如表4-3、图4-1所示），经济脆弱性指数呈现出喀什地区>和田地区>阿克苏地区>克州地区的态势。喀什地区的经济脆弱性指数最高，达到0.648，属于重度脆弱范畴。而经济脆弱性指数最低的克州地区，指数为0.482，也达到了中度脆弱的程度。阿克苏地区、和田地区的经济脆弱性指数分别为0.515和0.526，均属于中度脆弱范畴。不难看出，南疆四地州地区经济脆弱性整体上较为严重，介于中度脆弱与重度脆弱之间。

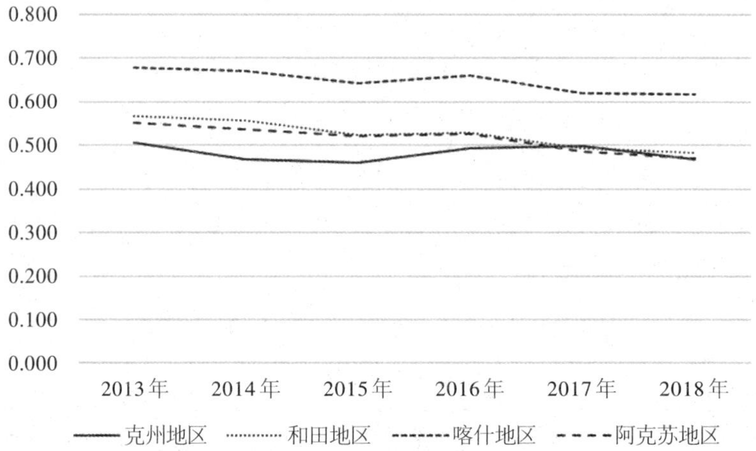

图4-1　南疆四地州各地州内研究地区2013—2018年间经济脆弱性指数平均值

从经济脆弱性的时间变化趋势来看，2013—2018年南疆四地州各地州内研究地区的经济脆弱性指数平均值普遍下降。2013年党中央提出精准扶贫理念，新疆各级政府积极响应国家精准扶贫政策号召，精心安排，统筹部署，一系列的扶贫措施使南疆四地州贫困率显著下降，经济发展初见成效，脆弱性降低。2016年，各地州内经济脆弱性指数平均值有所回升。

通过回溯指标发现，2016年26个地区的经济脆弱性指标有所下降，其中16个地区的第二产业增加值占地区生产总值比重、19个地区的第三产业增加值占地区生产总值比重、17个地区的人均地区生产总值相比2015年出现短暂下降趋势。经济指标的下降，导致地区经济脆弱性指数上升。2016年是“十三五”的开局之年，国务院制定并颁布了《“十三五”脱贫攻坚规划》，部分地方部门制定的精准扶贫政策中可能面临着某种程度的路径依赖现象，需要依据《“十三五”脱贫攻坚规划》重新统筹规划，因时因地做出调整。与此同时，在“十三五”开局之年，各地区都积极响应，出台一系列政策促进经济发展。但在经济系统内部因素发生变化时，对地区敏感性会产生影响。部分地区因敏感性增强而致使经济系统脆弱性增强。

如表4-4所示，从各地区经济脆弱性指数来看，6年间26个地区经济脆弱性指数的平均值为0.575，其中，喀什市的经济脆弱性指数最低，为0.325，属于低度脆弱类型。26个地区中经济脆弱性在均值以上的地区有13个，占比50%。其中，和田地区3个地区，喀什地区10个地区，分别为和田县、墨玉县、皮山县、疏附县、疏勒县、英吉沙县、泽普县、莎车县、叶城县、岳普湖县、麦盖提县、伽师县、巴楚县。不难发现，喀什地区除喀什市外，其余地区的经济脆弱性都处于较高水平。剩余地区的经济脆弱性指数在均值以下，同样占比50%，克州地区4个地区、阿克苏地区2个地区的脆弱性指数均在均值以下。

表4-4 **南疆四地州26个地区2013—2018年间经济脆弱性评价指数**

地区	2013年	2014年	2015年	2016年	2017年	2018年	均值
阿图什市	0.453	0.445	0.434	0.425	0.422	0.406	0.431
阿克陶县	0.603	0.523	0.557	0.573	0.536	0.531	0.554
阿合奇县	0.441	0.422	0.416	0.440	0.429	0.420	0.428
乌恰县	0.523	0.479	0.430	0.536	0.603	0.514	0.514
和田市	0.503	0.492	0.352	0.351	0.347	0.338	0.397
和田县	0.656	0.642	0.602	0.618	0.543	0.536	0.600
墨玉县	0.593	0.581	0.667	0.656	0.595	0.569	0.610
皮山县	0.662	0.656	0.585	0.587	0.526	0.499	0.586
洛浦县	0.543	0.523	0.505	0.511	0.496	0.478	0.509
策勒县	0.588	0.583	0.538	0.555	0.520	0.526	0.552
于田县	0.547	0.550	0.522	0.532	0.498	0.497	0.524
民丰县	0.449	0.430	0.421	0.426	0.417	0.413	0.426

续表

地区	2013年	2014年	2015年	2016年	2017年	2018年	均值
喀什市	0.335	0.361	0.312	0.322	0.310	0.309	0.325
疏附县	0.737	0.688	0.637	0.652	0.599	0.612	0.654
疏勒县	0.769	0.786	0.792	0.749	0.733	0.732	0.760
英吉沙县	0.722	0.702	0.630	0.647	0.626	0.612	0.657
泽普县	0.648	0.648	0.582	0.640	0.578	0.584	0.613
莎车县	0.756	0.763	0.727	0.672	0.621	0.591	0.688
叶城县	0.785	0.763	0.720	0.742	0.723	0.709	0.740
麦盖提县	0.811	0.791	0.773	0.784	0.762	0.777	0.783
岳普湖县	0.673	0.681	0.637	0.704	0.666	0.679	0.673
伽师县	0.753	0.734	0.726	0.774	0.724	0.707	0.736
巴楚县	0.588	0.573	0.594	0.676	0.552	0.553	0.589
塔什库尔干塔吉克自治县	0.567	0.573	0.576	0.559	0.540	0.533	0.558
乌什县	0.606	0.587	0.551	0.583	0.515	0.503	0.558
柯坪县	0.495	0.483	0.490	0.469	0.456	0.436	0.472
均值	0.608	0.595	0.568	0.584	0.551	0.541	0.575

从时间序列来看，相比2013年，除岳普湖县外，2018年其余25个地区的经济脆弱性指数均出现下降趋势（如表4-4和图4-2所示）。这表明2013—2018年南疆四地州脱贫攻坚大部分地区都取得了阶段性胜利。对比岳普湖县2018年各项指标数据，我们发现第三产业增加值占比下降，表明地区脆弱性治理应持续进行产业结构调整，促使产业结构不断优化升级，同时应关注科技创新，创造经济发展潜力，进而促进经济长远发展。

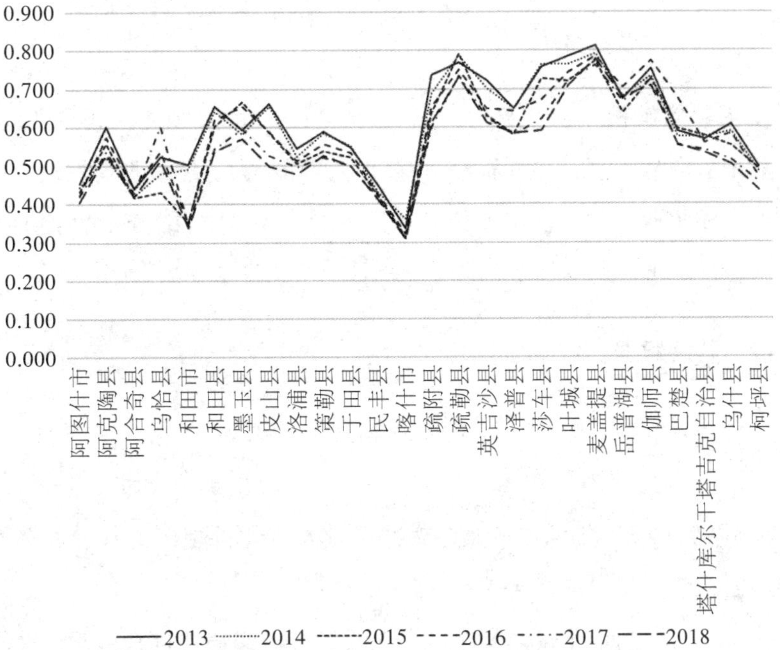

图4-2　南疆四地州26个地区2013—2018年间经济脆弱性指数

2）南疆四地州地区经济脆弱性的空间格局分析

按照ArcGIS自然断点法分类，从6年间各地区经济脆弱性的均值来看，属于低度脆弱类型的地区有6个，分别为阿图什市、和田市、喀什市、阿合奇县、民丰县、柯坪县，占比23.1%。这几个地区产业结构相对优化，地区生产总值总量、人均地区生产总值均处于高位，政府对基础设施建设较为重视，固定资产投资较高；属于中度脆弱类型的地区有4个，分别为乌恰县、洛浦县、策勒县、于田县，占比15.4%；属于重度脆弱类型的地区有11个，分别为阿克陶县、和田县、墨玉县、皮山县、疏附县、英吉沙县、泽普县、岳普湖县、巴楚县、塔什库尔干塔吉克自治县、乌什县，占比42.3%；属于极度脆弱类型的地区有5个，分别为疏勒县、莎车县、叶城县、麦盖提县、伽师县，占比19.2%。从空间格局而言，经济基础的悬殊加上经济投入、发展潜力的巨大差异致使南疆四地州26个地区经济脆弱性空间差异性明显。

从具体年份来看，部分年份26个地区的脆弱性类型偶有变动，部分地区向好发展，但脆弱性等级整体变动不大。经济脆弱性较为严重的区域主要集中在西南方位，且呈现出空间集聚的态势，而西北及东南区域脆弱性等级稍低。

4.3.2 社会脆弱性结果分析

1）南疆四地州26个地区社会脆弱性的测度与分析

基于南疆四地州26个地区2013—2018年社会脆弱性指标体系，采用熵权TOPSIS法求得南疆四地州各地州内研究地区的社会脆弱性平均值指数，结果如表4-5所示。

对于南疆四地州各地州内研究地区2013—2018年间社会脆弱性指数平均值而言（如表4-5、图4-3所示），各地州内研究地区社会脆弱性指数平均值呈现出和田地区>喀什地区>阿克苏地区>克州地区的态势。和田地区的社会脆弱性指数最高，达到0.614，属于重度脆弱类型。克州地区社会脆弱性指数最低，为0.490，属于中度脆弱类型。阿克苏地区、喀什地区的社会脆弱性指数分别为0.569、0.591，均属于重度脆弱类型。阿克苏地区、克州地区的社会脆弱性排名与经济脆弱性相同。经济系统脆弱性排名中，喀什地区第一，和田地区第二，而在社会系统脆弱性排名中，两地区则互换位置。从经济脆弱性与社会脆弱性的排名来看，经济脆弱性与社会脆弱性的相互影响性是在一定程度上客观存在的。良好的经济发展基础关乎社会发展的生产力和生产关系，社会发展需要经济基础作为支撑，经济脆弱性程度深，可能会使社会发展受阻。但社会进步的因素除了经济基础之外，还包含其他方面。以和田地区和喀什地区为例，和田地区整体经济脆弱性低于喀什地区，但和田地区的人口组成、生活条件、生活保障等各项因素相互叠加，导致和田地区社会脆弱性超越喀什地区。

表4-5　南疆四地州各地州内研究地区2013—2018年间社会脆弱性指数平均值

地区	2013年	2014年	2015年	2016年	2017年	2018年	均值
克州地区	0.510	0.516	0.508	0.478	0.468	0.460	0.490
和田地区	0.632	0.613	0.636	0.619	0.600	0.583	0.614
喀什地区	0.606	0.599	0.607	0.593	0.575	0.565	0.591
阿克苏地区	0.575	0.600	0.621	0.569	0.522	0.529	0.569
均值	0.581	0.582	0.593	0.565	0.541	0.534	

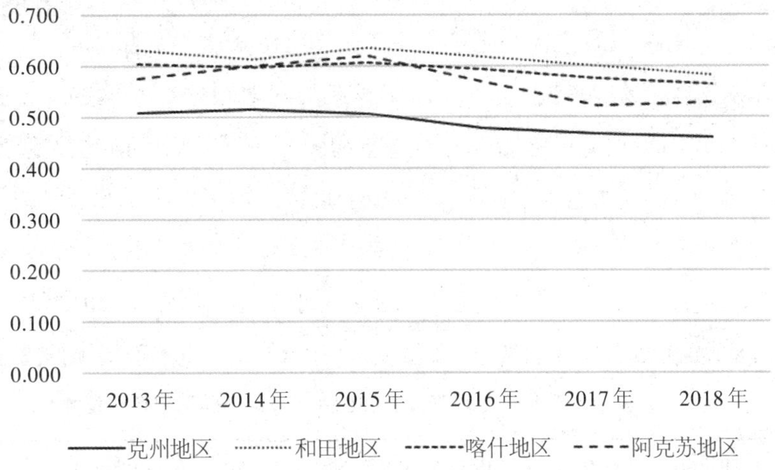

图4-3　南疆四地州各地州内研究地区2013—2018年间社会脆弱性指数平均值

从社会脆弱性的时间变化趋势来看，南疆四地州各地州内研究地区2013—2018年间社会脆弱性指数平均值整体呈现下降趋势，但在2015年短暂回升。通过回溯指标发现，2015年，南疆四地州人口自然增长率居高不下，农村人口占比也相对较高，与此同时，小学及初中阶段平均每名教师负担的学生数也呈现上升态势，对于原贫困地区而言，较高的人口自然增长率加重了人口抚养成本，较低的教育服务能力在一定程度上又反映出人口素质整体不高，亟待提升。2016年之后，整体情况好转，社会脆弱性降低。

如表4-6所示，从各地区社会脆弱性指数来看，6年间26个地区社会脆弱性指数的平均值为0.581，其中民丰县的社会脆弱性指数最低，为0.430，属于低度脆弱类型；和田县的社会脆弱性指数最高，为0.750，属于极度脆弱类型。26个地区中社会脆弱性指数在均值以上的地区有14个，占比53.8%。其中，和田地区6个地区，分别为和田县、墨玉县、皮山县、洛浦县、策勒县、于田县；喀什地区7个地区，分别为疏勒县、英吉沙县、莎车县、叶城县、伽师县、巴楚县、塔什库尔干塔吉克自治县；克州地区的乌什县社会脆弱性指数也在均值以上。剩余地区的社会脆弱性指数在均值以下，占比46.2%。

从时间序列来看，相比2013年，南疆四地州26个地区的社会脆弱性指数均呈现下降态势（如表4-6和图4-4所示）。精准扶贫政策实施以来，国家投入了大量的资源用于南疆四地州地区脱贫攻坚。结合“两不愁三保障”的攻坚目标，南疆四地州地区在产业、教育、医疗、易地搬迁等方面都制定了积极的扶贫措施。因此，自2013年后，南疆四地州26个地区的教育、医疗、民生保障等都取得了质的飞跃。

表4-6　**南疆四地州26个地区2013—2018年间社会脆弱性评价指数**

地区	2013年	2014年	2015年	2016年	2017年	2018年	均值
阿图什市	0.513	0.526	0.473	0.447	0.467	0.459	0.481
阿克陶县	0.538	0.527	0.534	0.537	0.533	0.530	0.533
阿合奇县	0.524	0.535	0.558	0.498	0.441	0.393	0.492
乌恰县	0.464	0.477	0.466	0.429	0.431	0.456	0.454
和田市	0.478	0.478	0.511	0.464	0.461	0.434	0.471

续表

地区	2013年	2014年	2015年	2016年	2017年	2018年	均值
和田县	0.750	0.757	0.747	0.766	0.739	0.739	0.750
墨玉县	0.726	0.681	0.714	0.718	0.679	0.690	0.701
皮山县	0.736	0.672	0.719	0.745	0.715	0.673	0.710
洛浦县	0.673	0.655	0.697	0.653	0.638	0.621	0.656
策勒县	0.602	0.612	0.635	0.604	0.552	0.530	0.589
于田县	0.646	0.623	0.609	0.574	0.590	0.564	0.601
民丰县	0.446	0.424	0.453	0.424	0.422	0.411	0.430
喀什市	0.533	0.530	0.531	0.498	0.468	0.480	0.507
疏附县	0.582	0.605	0.556	0.579	0.587	0.573	0.580
疏勒县	0.642	0.618	0.615	0.624	0.599	0.617	0.619
英吉沙县	0.705	0.692	0.667	0.665	0.648	0.669	0.674
泽普县	0.537	0.529	0.509	0.522	0.477	0.488	0.510
莎车县	0.614	0.593	0.667	0.662	0.625	0.601	0.627
叶城县	0.633	0.625	0.621	0.626	0.619	0.610	0.622
麦盖提县	0.554	0.557	0.557	0.506	0.522	0.511	0.535
岳普湖县	0.530	0.530	0.583	0.532	0.508	0.482	0.528
伽师县	0.685	0.687	0.703	0.697	0.650	0.624	0.674
巴楚县	0.637	0.603	0.716	0.628	0.616	0.561	0.627
塔什库尔干塔吉克自治县	0.614	0.616	0.556	0.581	0.582	0.567	0.586
乌什县	0.567	0.587	0.651	0.606	0.549	0.543	0.584
柯坪县	0.583	0.613	0.590	0.532	0.494	0.515	0.555
均值	0.597	0.590	0.601	0.581	0.562	0.552	0.581

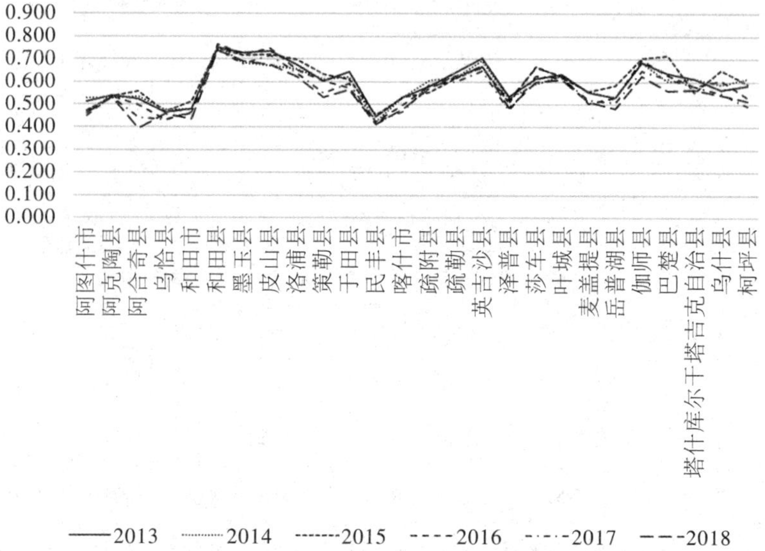

图4-4　南疆四地州26个地区2013—2018年社会脆弱性指数

2）南疆四地州26个地区社会脆弱性的空间格局分析

按照ArcGIS自然断点法分类，从6年间各地区社会脆弱性指数的均值来看，属于低度脆弱类型的地区有3个，分别为乌恰县、和田市、民丰县，占比11.5%；属于中度脆弱类型的地区有8个，分别为阿图什市、阿克陶县、阿合奇县、喀什市、泽普县、麦盖提县、岳普湖县、柯坪县，占比30.8%；属于重度脆弱类型的地区有9个，分别为策勒县、于田县、疏附县、疏勒县、莎车县、叶城县、巴楚县、塔什库尔干塔吉克自治县、乌什县，占比34.6%；属于极度脆弱类型的地区有6个，分别为和田县、墨玉县、皮山县、洛浦县、英吉沙县、伽师县，占比23.1%。

从空间格局而言，阿克苏地区中3个地区属于中度脆弱类型，1个属于重度脆弱类型；和田地区中2个地区属于低度脆弱类型，但大部分属于极度脆弱类型，表明和田地区内部地区发展差异性明显。以同属于和田地区的民丰县和和田县做对比分析，通过回溯指标发现，除2018年，其余年份和田县的人口自然增长率均高于民丰县，和田县的农村人口占比、少数民族人口占比也高于民丰县，而在社会保障层面，和田县的教育服务能力较弱，每名小学、初中教师承担的学生数较多。义务教育服务能力欠佳，医疗服务及供给能力也捉襟见肘，每千人拥有卫生技术人员数较少。和田县的固定电话用户及各种社会福利收养性单位床位数这两项指标远高于民丰县，但依然没改变社会脆弱性较高的现实。通过对比分析，表明造成社会脆弱性的因素是多方面的，各因素综合发力，才能有效降低地区的脆弱性程度。

从具体年份来看，6年间26个地区的社会脆弱性类型有所变动，部分地区向好发展，但脆弱性等级整体变动不大。社会脆弱性较为严重的区域主要集中在和田地区周边，位于南疆四地州西北及东南外围区域的地区社会脆弱性有减缓的趋势。

4.3.3 生态脆弱性结果分析

1）南疆四地州26个地区生态脆弱性的测度与分析

基于南疆四地州26个地区2013—2018年生态脆弱性指标体系，采用熵权TOPSIS法求得南疆四地州各地州内研究地区的生态脆弱性指数平均值，结果如表4-7所示。

南疆四地州各地州内研究地区2013—2018年间生态脆弱性指数平均值（如表4-7和图4-5所示）呈现出喀什地区>和田地区>克州地区>阿克苏地区的态势。喀什地区的生态脆弱性指数最高，达到0.235，属于中度脆弱类型。阿克苏地区生态脆弱性指数最低，为0.120，属于低度脆弱类型。和田地区、克州地区的生态脆弱性指数分别为0.234、0.177，均属于中度脆弱类型。各地州内研究地区的生态脆弱性指数平均值较大，脆弱性整体较强。喀什地区的生态脆弱性与经济脆弱性排名相同，均位列第一，尤以喀什市的生态脆弱性最为严重。经济社会的发展与生态环境保护不是对立的，“绿水青山就是金山银山”，良好的生态环境关乎经济社会的永续发展，但生态环境资源承载力是有限的，超越生态红线，不仅会使生态环境遭受破坏，还会制约经济社会发展。对于南疆四地州26个地区而言，以牺牲生态环境为代价来谋求短暂的经济增长是不可取的。

表4-7　**南疆四地州各地州内研究地区2013—2018年间生态脆弱性指数平均值**

地区	2013年	2014年	2015年	2016年	2017年	2018年	均值
克州地区	0.177	0.177	0.178	0.178	0.177	0.176	0.177
和田地区	0.236	0.234	0.235	0.239	0.231	0.230	0.234
喀什地区	0.251	0.232	0.237	0.233	0.230	0.226	0.235
阿克苏地区	0.126	0.125	0.122	0.118	0.117	0.116	0.120
均值	0.197	0.192	0.193	0.192	0.188	0.187	

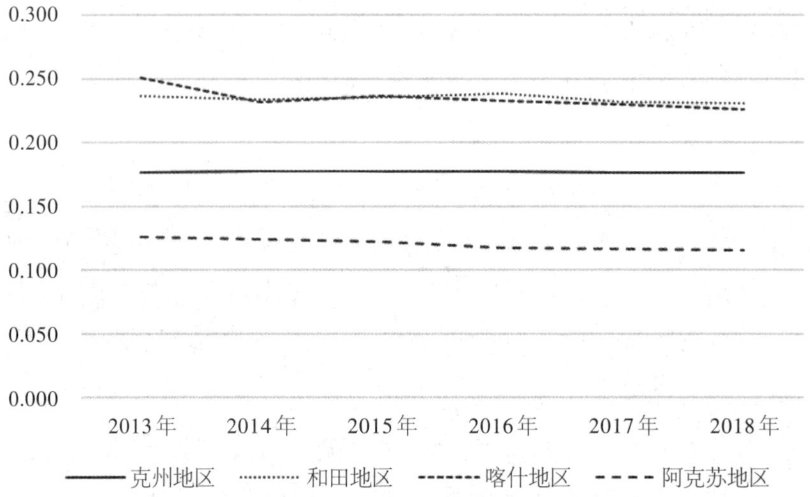

图4-5　南疆四地州各地州内研究地区2013—2018年间生态脆弱性指数平均值

从生态脆弱性的时间变化趋势来看，不难看出，研究期内，南疆四地州的生态脆弱性指数呈现下降态势。2013年南疆四地州26个地区的生态脆弱性指数均值为0.197，2018年降为0.187。南疆四地州整体自然条件恶劣，海拔较高，降水量较少，加之在经济社会发展过程中，对生态环境资源的不合理开发，导致南疆四地州生态环境脆弱性较高。精准扶贫以来，国家加大力度对南疆四地州原贫困地区进行生态扶贫，积极推进生态文明建设，秉承“绿水青山就是金山银山”的发展理念，健全生态补偿机制。同时，关注人为因素对生态环境的影响，使得南疆四地州26个地区的生态脆弱性得以缓解。

如表4-8所示，从各地区生态脆弱性指数来看，6年间26个地区生态脆弱性指数的平均值为0.217。其中，柯坪县的生态脆弱性指数最低，为0.083，属于低度脆弱类型；和田市的生态脆弱性指数最高，为0.594，属于极度脆弱类型。26个地区中生态脆弱性指数在均值以上的地区有8个，占比31%，其中克州地区的阿克陶县，生态脆弱性指数为0.269；和田地区2个地区，分别为和田市、和田县；喀什地区5个地区，分别为喀什市、泽普县、莎车县、叶城县、塔什库尔干塔吉克自治县。剩余地区的生态脆弱性指数在均值以下。阿克苏地区内2个地区生态脆弱性指数均在均值以下。

从时间序列来看，相比2013年，南疆四地州26个地区的生态脆弱性整体呈现下降态势（如表4-8和图4-6所示）。部分年份偶有上升，但上升幅度不大。通过回溯指标发现，南疆四地州26个地区的人口密度指标在研究期内呈现增长态势。人口密度上升，对生态环境造成一定的压力，加速了自然环境的恶化，使得生态环境脆弱性增强。

表4-8　　南疆四地州26个地区2013—2018年间生态脆弱性评价指数

地区	2013年	2014年	2015年	2016年	2017年	2018年	均值
阿图什市	0.109	0.110	0.110	0.111	0.109	0.107	0.109
阿克陶县	0.268	0.268	0.269	0.269	0.269	0.269	0.269
阿合奇县	0.170	0.170	0.170	0.170	0.169	0.169	0.170
乌恰县	0.160	0.160	0.161	0.161	0.159	0.159	0.160
和田市	0.601	0.595	0.597	0.626	0.572	0.570	0.594
和田县	0.351	0.351	0.352	0.352	0.351	0.351	0.351
墨玉县	0.114	0.110	0.114	0.113	0.114	0.113	0.113
皮山县	0.149	0.149	0.149	0.150	0.147	0.147	0.149
洛浦县	0.094	0.093	0.096	0.097	0.095	0.092	0.095
策勒县	0.195	0.194	0.195	0.195	0.194	0.193	0.194
于田县	0.173	0.172	0.171	0.171	0.171	0.170	0.171
民丰县	0.210	0.205	0.205	0.205	0.205	0.205	0.206
喀什市	0.583	0.503	0.515	0.515	0.526	0.528	0.528
疏附县	0.178	0.176	0.175	0.175	0.172	0.168	0.174
疏勒县	0.211	0.210	0.201	0.201	0.193	0.199	0.203
英吉沙县	0.161	0.154	0.153	0.157	0.156	0.155	0.156
泽普县	0.254	0.245	0.249	0.248	0.247	0.245	0.248
莎车县	0.226	0.220	0.221	0.224	0.213	0.211	0.219
叶城县	0.295	0.296	0.299	0.297	0.298	0.295	0.297

续表

地区	2013年	2014年	2015年	2016年	2017年	2018年	均值
麦盖提县	0.096	0.096	0.098	0.097	0.095	0.095	0.096
岳普湖县	0.170	0.166	0.176	0.178	0.167	0.166	0.171
伽师县	0.249	0.230	0.231	0.191	0.183	0.148	0.205
巴楚县	0.259	0.153	0.192	0.182	0.179	0.171	0.189
塔什库尔干塔吉克自治县	0.330	0.329	0.330	0.330	0.329	0.329	0.330
乌什县	0.166	0.165	0.157	0.154	0.154	0.152	0.158
柯坪县	0.086	0.084	0.087	0.081	0.079	0.079	0.083
均值	0.225	0.216	0.218	0.217	0.213	0.211	0.217

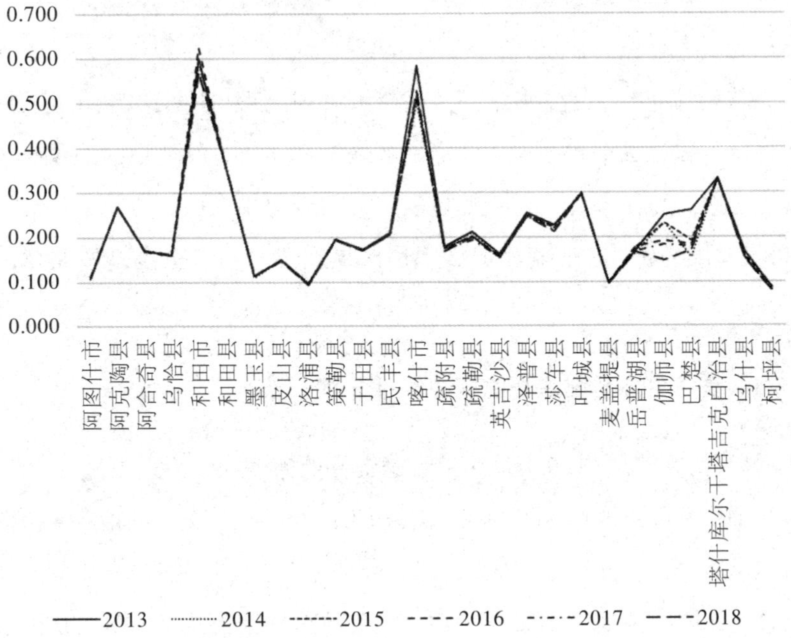

图 4-6　南疆四地州 26 个地区 2013—2018 年间生态脆弱性指数

2）南疆四地州26个地区生态脆弱性的空间格局分析

按照ArcGIS自然断点法分类，从6年间各地区生态脆弱性指数的均值来看，属于低度脆弱类型的地区有5个，分别为阿图什市、墨玉县、洛浦县、麦盖提县、柯坪县，占比19%；属于中度脆弱类型的地区有14个，分别为阿合奇县、乌恰县、皮山县、策勒县、于田县、民丰县、疏附县、疏勒县、英吉沙县、莎车县、岳普湖县、伽师县、巴楚县、乌什县，占比54%；属于重度脆弱类型的地区有5个，分别为阿克陶县、和田县、泽普县、叶城县、塔什库尔干塔吉克自治县，占比19%；属于极度脆弱类型的地区有2个，分别为和田市、喀什市，占比8%。喀什市、和田市一直处于生态极度脆弱区。喀什市的经济系统脆弱性排名靠后，但社会系统、生态系统的脆弱性均排名靠前。通过回溯指标发现，喀什市的人口密度极大。过大的人口密度，造成生态环境的压力过大，出现生态失衡和环境恶化。与此同时，也会引起资源紧张，出现过度开发的现象。

从具体年份来看，6年间26个地区的生态脆弱性类型除皮山县、泽普县、伽师县、巴楚县等4个地区偶有变动外，其他地区的生态脆弱性等级均稳定不变。重度脆弱的区域主要集中在西南方位的喀什地区内。中度脆弱及低度脆弱表现出区域交错分布、个别地区集中的特点。

4.3.4 复合生态系统综合脆弱性结果分析

1）南疆四地州26个地区综合脆弱性的测度与分析

基于南疆四地州26个地区2013—2018年间经济脆弱性指数、社会脆弱性指数、生态脆弱性指数，用三个系统的指数平均值算出南疆四地州各地州内研究地区2013—2018年的综合脆弱性指数平均值，结果如表4-9所示。

南疆四地州各地州内研究地区2013—2018年间综合脆弱性指数的平均值（如表4-9、图4-7所示），呈现出喀什地区>和田地区>阿克苏地区>克州地区的态势。喀什地区的综合脆弱性指数最高，达到0.439，属于重度脆弱类型。综合脆弱性指数最低的克州地区，为0.350，属于低度脆弱类型。和田地区、阿克苏地区的综合脆弱性指数分别为0.435和0.364，分别属于重度脆弱和中度脆弱类型。不难看出，南疆四地州综合脆弱性整体上较为严重，介于中度脆弱与重度脆弱之间。

表4-9　**南疆四地州各地州内研究地区2013—2018年间综合脆弱性指数平均值**

地区	2013年	2014年	2015年	2016年	2017年	2018年	均值
克州地区	0.361	0.360	0.356	0.346	0.342	0.334	0.350
和田地区	0.449	0.438	0.445	0.440	0.424	0.415	0.435
喀什地区	0.456	0.444	0.446	0.441	0.427	0.420	0.439
阿克苏地区	0.373	0.381	0.388	0.364	0.338	0.339	0.364
均值	0.410	0.406	0.409	0.398	0.382	0.377	

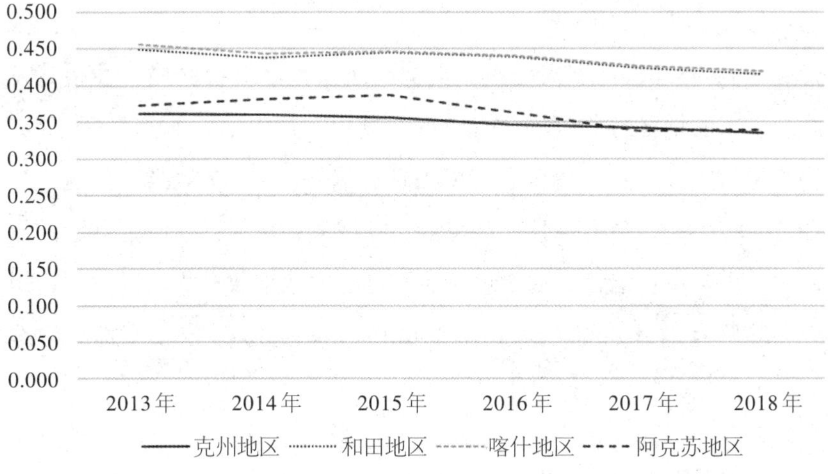

图4-7　南疆四地州各地州内研究地区2013—2018年间综合脆弱性指数平均值

从综合脆弱性的时间变化趋势来看，南疆四地州各地州内研究地区2013—2018年间综合脆弱性指数平均值呈现下降态势，2015年略有回升（如表4-9和图4-7所示）。这表明南疆四地州脱贫攻坚成效显著，有效降低了地区的综合脆弱性程度。南疆四地州原是全国深度贫困地区之一，贫困程度深，且呈现集中连片特困状态。南疆四地州的贫困是经济、社会、生态多种因素交织叠加的结果，需彻底解决经济、社会、生态等方面存在的脆弱性问题，才能防止返贫现象发生，实现南疆四地州26个地区可持续健康发展及高质量发展。

从2015年南疆四地州综合脆弱性指数的回升来看，尽管总体上经济脆弱性指数有所下降，但社会、生态脆弱性指数的上升将经济脆弱性指数下降的优势抵消，致使综合脆弱性出现上升，再次验证了经济、社会、生态三个系统的相互作用，需要准确识别各地区脆弱性的类型及致脆因子，精准发力，实现地区脆弱性的整体降低。

如表4-10所示，从各地区综合脆弱性指数来看，6年间26个地区综合脆弱性指数的平均值为0.418。其中，阿图什市的综合脆弱性指数最低，为0.310，属于低度脆弱类型；和田县的综合脆弱性指数最高，为0.556，属于极度脆弱类型。26个地区中综合脆弱性指数在均值以上的地区有12个，占比46%，其中，和田地区4个地区，分别为和田市、和田县、墨玉县、皮山县；喀什地区8个地区，分别为喀什市、疏勒县、英吉沙县、莎车县、叶城县、伽师县、巴楚县、塔什库尔干塔吉克自治县。剩余地区的综合脆弱性指数在均值以下。克州地区除阿克陶县外的其余3个县（市）、阿克苏地区内2个地区的综合脆弱性指数均在均值以下。

从时间序列来看，相比2013年，2018年南疆四地州26个地区的综合脆弱性呈现不同程度的下降趋势（如表4-10和图4-8所示）。这表明南疆四地州26个地区中大部分地区的综合脆弱性都是向好发展。以上数据表明，2013年之后，南疆四地州的经济取得了明显成效，与此同时，要将促进当前经济社会发展与保证未来持续发展统一起来，发展现代循环经济，解决经济增长和生态破坏之间的矛盾，同时关注民生改善，促进社会进步，最终实现经济、社会、生态的良性循环。

表4-10 2013—2018年南疆四地州26个地区综合脆弱性指数

地区	2013年	2014年	2015年	2016年	2017年	2018年	均值
阿图什市	0.327	0.332	0.307	0.295	0.303	0.297	0.310
阿克陶县	0.425	0.411	0.419	0.422	0.416	0.414	0.418
阿合奇县	0.357	0.360	0.370	0.346	0.319	0.296	0.341
乌恰县	0.335	0.336	0.326	0.322	0.329	0.330	0.330
和田市	0.535	0.532	0.532	0.523	0.498	0.484	0.517
和田县	0.562	0.564	0.555	0.566	0.545	0.544	0.556
墨玉县	0.439	0.416	0.442	0.442	0.419	0.420	0.430
皮山县	0.467	0.438	0.451	0.463	0.442	0.420	0.447
洛浦县	0.401	0.391	0.409	0.390	0.381	0.370	0.390
策勒县	0.420	0.423	0.429	0.417	0.389	0.380	0.410
于田县	0.425	0.414	0.405	0.390	0.394	0.381	0.402
民丰县	0.341	0.327	0.339	0.327	0.325	0.320	0.330
喀什市	0.533	0.499	0.500	0.486	0.476	0.482	0.496
疏附县	0.420	0.424	0.396	0.408	0.404	0.397	0.408
疏勒县	0.465	0.455	0.451	0.450	0.433	0.444	0.450
英吉沙县	0.465	0.454	0.434	0.437	0.427	0.434	0.442
泽普县	0.424	0.416	0.402	0.413	0.386	0.391	0.405
莎车县	0.457	0.446	0.475	0.468	0.441	0.427	0.453

续表

地区	2013年	2014年	2015年	2016年	2017年	2018年	均值
叶城县	0.500	0.494	0.489	0.493	0.488	0.481	0.491
麦盖提县	0.379	0.378	0.377	0.355	0.359	0.356	0.367
岳普湖县	0.386	0.385	0.408	0.394	0.374	0.363	0.385
伽师县	0.499	0.489	0.496	0.481	0.451	0.422	0.473
巴楚县	0.464	0.400	0.470	0.435	0.415	0.387	0.428
塔什库尔干塔吉克自治县	0.483	0.484	0.458	0.467	0.465	0.457	0.469
乌什县	0.393	0.399	0.420	0.403	0.370	0.365	0.392
柯坪县	0.352	0.363	0.355	0.325	0.305	0.312	0.336
均值	0.433	0.424	0.427	0.420	0.406	0.399	0.418

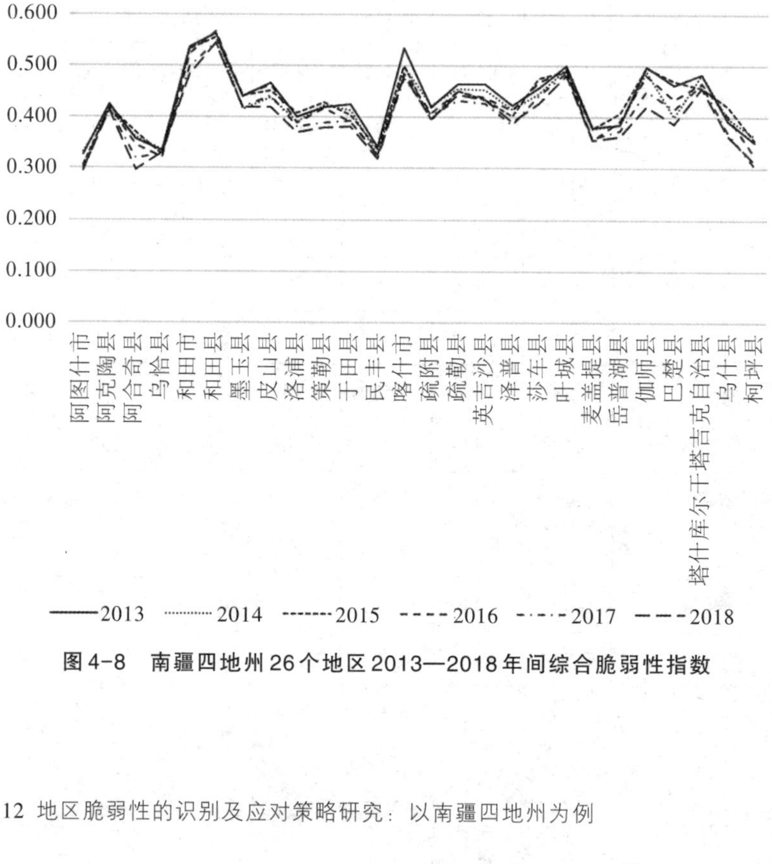

图 4-8　南疆四地州 26 个地区 2013—2018 年间综合脆弱性指数

2）南疆四地州26个地区综合脆弱性的空间格局分析

按照ArcGIS自然段点法分类，从6年间各地区综合脆弱性指数的均值来看，属于低度脆弱类型的地区有5个，分别为阿图什市、阿合奇县、乌恰县、民丰县、柯坪县，占比19%；属于中度脆弱类型的地区有8个，分别为洛浦县、策勒县、于田县、疏附县、泽普县、麦盖提县、岳普湖县、乌什县，占比31%；属于重度脆弱类型的地区有9个，分别为阿克陶县、墨玉县、皮山县、疏勒县、英吉沙县、莎车县、伽师县、巴楚县、塔什库尔干塔吉克自治县，占比35%；属于极度脆弱类型的地区有4个，分别为和田市、和田县、喀什市、叶城县，占比15%。

从具体年份来看，和田市、和田县、喀什市、叶城县等4个地区6年间一直处于综合极度脆弱区。大部分地区的综合脆弱性指数虽有降低，但脆弱性类型未发生变动，表明南疆四地州26个地区的脆弱性治理任重而道远。极度脆弱、重度脆弱、中度脆弱及低度脆弱都表现出一定范围内的空间集聚特点，本书推断南疆四地州26个地区的脆弱性呈现出空间相关性。

4.4 本章小结

借鉴相关文献研究成果，本章构建了南疆四地州地区社会-经济-自然复合生态系统脆弱性指标体系，并基于南疆四地州26个地区2013—2018年脆弱性面板数据，采用熵权TOPSIS法分别测算了经济系统、社会系统、生态系统脆弱性指数，并采用三个系统脆弱性的平均值进一步测算了社会-经济-自然复合生态系统的脆弱性指数，得出如下结论：

（1）研究期内，南疆四地州各地州内研究地区2013—2018年间经济脆弱性指数平均值呈现出喀什地区>和田地区>阿克苏地区>克州地区的态势。南疆四地州经济脆弱性整体上较为严重，介于中度脆弱与重度脆弱之间。从经济脆弱性的时间变化趋势来看，2013—2018年南疆四地州各地州内研究地区的经济脆弱性指数平均值普遍下降。从各地区经济脆弱性指数来看，6年间26个地区经济脆弱性指数的平均值为0.575，其中，喀什市的经济脆弱性指数最低，属于低度脆弱类型。26个地区中经济脆弱性指数在均值以上的地区有13个，占比50%，其中和田地区3个地区，喀什地区10个地区。克州地区4个地区、阿克苏地区2个地区的脆弱性指数均在均值以下。从空间格局来看，经济脆弱性较为严重的区域主要集中在西南方位，且呈现出空间集聚的态势，而西北及东南区域脆弱性等级稍低。

（2）研究期内，南疆四地州各地州内研究地区2013—2018年间社会脆弱性指数平均值呈现出和田地区>喀什地区>阿克苏地区>克州地区的态势。从社会脆弱性的时间变化趋势来看，南疆四地州各地州内研究地区2013—2018年间社会脆弱性指数平均值整体呈现下降趋势。从各地区社会脆弱性指数来看，6年间26个地区社会脆弱性指数的平均值为0.581，其中民丰县的社会脆弱性指数最低，为0.430，属于低度脆弱类型；和田县的社会脆弱性指数最高，为0.750，属于极度脆弱类型。26个地区中社会脆弱性指数在均值以上的地区有14个，占比53.8%。其中，和田地区6个地区、喀什地区7个地区，克州地区的乌什县社会脆弱性指数也在均值以上。剩余地区的社会脆弱性指数在均值以下，占比46.2%。从空间格局而言，社会脆弱性较为严重的区域主要集中在和田地区周边，位于南疆四地州西北及东南外围区域的地区社会脆弱性有减缓的趋势。

（3）研究期内，南疆四地州各地州内研究地区2013—2018年间生态脆弱性指数平均值呈现出喀什地区>和田地区>克州地区>阿克苏地区的态势。喀什地区的生态脆弱性指数最高，达到0.235，属于中度脆弱类型。阿克苏地区的生态脆弱性指数最低，为0.120，属于低度脆弱类型。和田地区、克州地区的生态脆弱性指数分别为0.234、0.177，均属于中度脆弱类型。各地州内研究地区的生态脆弱性指数平均值较大，脆弱性整体较强。从生态脆弱性的时间变化趋势来看，研究期内，南疆四地州的生态脆弱性指数呈现下降态势。从各地区生态脆弱性指数来看，6年间26个地区社会脆弱性指数的平均值为0.217。其中，柯坪县的生态脆弱性指数最低，为0.083，属于低度脆弱类型；和田市的生态脆弱性指数最高，为0.594，属于极度脆弱类型。26个地区中生态脆弱性指数在均值以上的地区有8个，占比31%。从空间层面来看，重度脆弱的区域主要集中在西南方位的喀什地区内。中度脆弱及低度脆弱表现出区域交错分布、个别地区集中的特点。

（4）基于南疆四地州26个地区2013—2018年间经济脆弱性指数、社会脆弱性指数、生态脆弱性指数，用三个系统的指数平均值测算出南疆四地州26个地区2013—2018年的综合脆弱性指数。南疆四地州各地州内研究地区2013—2018年间综合脆弱性指数的平均值呈现出喀什地区>和田地区>阿克苏地区>克州地区的态势。喀什地区的综合脆弱性指数最高，达到0.439，属于重度脆弱类型。综合脆弱性指数最低的克州地区，为0.350，属于低度脆弱类型。南疆四地州综合脆弱性整体上较为严重，介于中度脆弱与重度脆弱之间。从综合脆弱性的时间变化趋势来看，南疆四地州各地州内研究地区2013—2018年间综合脆弱性指数平均值呈现下降态势，2015年略有回升。从各地区综合脆弱性指数来看，26个地区中综合脆弱性在均值以上的地区有12个，占比46%。极度脆弱、重度脆弱、中度脆弱及低度脆弱都表现出一定范围内的空间集聚特点，初步断定南疆四地州26个地区的脆弱性呈现出空间相关性。

第5章

南疆四地州地区脆弱性的路径依赖现象识别

5.1 研究方法及数据来源

路径依赖是指人类社会中的技术演进或制度变迁均有类似于物理学中的惯性，即一旦进入某一路径就可能对这种路径产生依赖。自North（1990）将路径依赖概念从技术演进研究引入制度变迁问题的研究后，路径依赖的思想在经济学、社会学、政治学、管理学、历史学、心理学和地理学等社会科学领域得到了广泛应用和发展。区域锁定是指区域发展现有的路径及系统结构与原来的路径及系统结构相似，形成区域锁定现象。相关研究表明，区域发展中存在路径依赖及区域锁定现象[154]。长时间的路径依赖与区域锁定不利于区域发展。南疆四地州26个地区脱贫前贫困基础深，地区脆弱性强，总体上需要突破当前的脆弱性状态，通过路径创造实现并达到高质量的区域协调发展。因此，对南疆四地州26个地区脆弱性的深度和治理过程中路径依赖程度及表现形态的识别非常必要。

5.1.1 研究方法

1）灰色预测模型

灰色预测是一种对含有不确定因素的系统进行预测的方法。灰色预测通过鉴别系统因素之间的发展趋势的相关程度，即进行关联分析并对原始数据进行生成处理来寻找系统变化的规律，生成有较强规律性的数据序列，然后建立相应的微分方程模型，从而预测事物未来的发展趋势。一般用观察到的反应预测对象特征的时间序列来构造灰色预测模型，预测未来某一时刻的特征量，或达到某一特征量的时间。

灰色系统理论认为，任何随机过程都可看作是在一定时空区域内变化的，随机量可看作是灰色量，无规则的离散时间序列是潜在的有序序列的一种表现，因而通过生成变换可将无规则序列变成满足灰色建模条件的有序序列。本书采用灰色预测模型当中的GM(1，1)模型对2019—2021年各地区各系统的脆弱性指数进行预测，具体公式如下：

（1）设原始的序列 $x^{(0)}=\left(x^{(0)}(1),\ x^{(0)}(2),\ \cdots,\ x^{(0)}(n)\right)$，其中 $x^{(0)}(k)\geqslant 0,\ k=1,\ 2,\ \cdots,\ n$。

（2）对原始的序列 $x^{(0)}$ 做1-AGO，得 $x^{(1)}=\left(x^{(1)}(1),\ x^{(1)}(2),\ \cdots,\ x^{(1)}(n)\right)$。

（3）对 $x^{(0)}$ 做准光滑性检验：$\rho(k)=\dfrac{x^{(0)}(k)}{x^{(1)}(k+1)}$，若 $\rho_{(k)}<0.5$，则满足准光滑；对 $x^{(1)}$ 做准指数规律检验：$\sigma^{1}(k)=\dfrac{x^{1}(k)}{x^{1}(k-1)}$，若对 k 有 $\sigma^{1}(k)\in[1,\ 1.5]$，则满足准指数规律检验。当两个条件都满足时，则可以建立GM（1，1）模型。

（4）对 $x^{(1)}$ 做紧邻均值生成值得：$z^{(1)}=\left(z^{(1)}(2),\ z^{(1)}(3),\ \cdots,\ z^{(1)}(n)\right)$，其中 $z^{(1)}(k)=\dfrac{1}{2}\left(x^{1}(k)+x^{1}(k-1)\right)$。

（5）确定灰色模型发展系数 a 和灰色作用量 b，参数向量 $\hat{a}=[a,\ b]^{T}$ 可以运用最小二乘法估计 $\hat{a}=\left(B^{T}B\right)^{-1}B^{T}Y$，其中：

$$Y=\begin{bmatrix} x^{(0)}(2) \\ x^{(0)}(3) \\ \vdots \\ x^{(0)}(n) \end{bmatrix},\quad B=\begin{bmatrix} -z^{(1)}(2) & 1 \\ -z^{(1)}(3) & 1 \\ \vdots & \vdots \\ -z^{(1)}(n) & 1 \end{bmatrix}$$

（6）通过以上步骤，有白化微分方程 $\dfrac{\mathrm{d}x^{(1)}}{\mathrm{d}t}+ax^{(1)}=b$，即可得到

预测模型：

$$x^{(1)}(k)=\left(x^{(0)}(1)-\frac{b}{a}\right)e^{-a(k-1)}+\frac{b}{a} \tag{5-1}$$

（7）通过预测模型计算出预测值，将预测值与原始值比对进行误差检验。

2）皮尔逊相关系数方法

参照宓泽锋等的研究[154]，本书选用皮尔逊相关系数方法对南疆四地州26个地区的脆弱性进行结构相似度测度，进而依据结构相似度的大小判别脆弱性的深度及推断治理过程是否存在路径依赖与结构锁定现象。皮尔逊相关系数用来测度两个变量之间的线性关系，取值范围在-1到1之间。其值小于0，说明两个变量间呈现负相关关系，反之呈现正相关关系，而当皮尔逊相关系数为0时，表明两个变量之间不存在线性相关关系。本书采用皮尔逊相关系数方法测度经济脆弱性、社会脆弱性、生态脆弱性及综合脆弱性间的结构相似度，具体公式如下：

$$r_{xy}=\frac{\sum x_i y_i-n\bar{x}\bar{y}}{(n-1)s_x s_y}=\frac{n\sum x_i y_i-\sum x_i\sum y_i}{\sqrt{n\sum x_i^2-\left(\sum x_i\right)^2}\sqrt{n\sum y_i^2-\left(\sum y_i\right)^2}} \tag{5-2}$$

式中：r_{xy}为脆弱性在x阶段和y阶段的相关系数；x_i为地区在x阶段指标i的值；y_i为地区在y阶段指标i的值；n为样本量。皮尔逊相关系数的大小直接反映了不同阶段脆弱性之间的相关程度，值越大，相关性越强，表明脆弱性程度越深，也就反映出在脆弱性治理过程中可能存在路径依赖的现象，治理效果不明显。依据皮尔逊相关系数的取值范围，参照研究[142]，将皮尔逊相关系数分为四个层次：$|r_{xy}|\leqslant 0.3$表示极弱相关或不相关；$0.3<|r_{xy}|\leqslant 0.5$表示弱相关；$0.5<|r_{xy}|\leqslant 0.8$表示中等相关；$0.8<|r_{xy}|\leqslant 1$表示强相关。因为本书每个阶段的跨度为

3年，所以本书认为结构相似度在中等及以上的地区脆弱性程度较深，存在较强的路径依赖和结构锁定现象。

5.1.2 数据来源

本书以南疆四地州26个地区经济脆弱性、社会脆弱性、生态脆弱性和综合脆弱性为基础研究数据，2013年为精准扶贫政策提出年，2016年国务院印发《“十三五”脱贫攻坚规划》，因此本书将研究时段分为三个阶段，即2013—2015年为第一阶段，2016—2018年为第二阶段，2019—2021年为第三阶段，取脆弱性的三年平均值作为每一阶段的脆弱性指数得分，如喀什市在第一阶段的经济脆弱性指数即为喀什市2013—2015年间经济脆弱性的平均值，多年数据平均有利于增强数据的稳定性。按照此办法，可以得出南疆四地州26个地区经济脆弱性、社会脆弱性、生态脆弱性、综合脆弱性在第一、第二阶段的数据，由于第三阶段的数据无法直接用指标数据测算，因此采用灰色预测模型，根据各地区2013—2018年的脆弱性指数数据预测得出。根据三个阶段的脆弱性指数平均值数据进一步测算不同阶段脆弱性的结构相似度，相似度越高，该地区脆弱性程度越深，治理过程中路径依赖程度和结构锁定现象越明显。第三阶段虽然是预测数据，但可以在一定程度上检验第一阶段、第二阶段数据结构相似度是否具有时间上的延续性，进而更准确地判断地区脆弱性的治理是否存在路径依赖现象。

地区脆弱性大小变化是脆弱性程度的重要表征，若地区脆弱性治理陷入了极强的路径依赖当中，则地区原有的脆弱性特征难以改变。若实现了路径创造，则必然会导致原有的脆弱性结构发生改变。基于此，本书对第二阶段与第一阶段的脆弱性结构相似度、第三阶段与第二阶段的脆弱性结构相似度进行测度，皮尔逊相关系数能够很好地体现出两列变量的拟合程度。如皮尔逊相关系数较高，说明两列变量结构相似度较高，表明地区脆弱性治理过程中可能存在某种程度的路径依赖现象。

5.2 南疆四地州地区脆弱性预测结果分析

采用灰色预测模型中的GM(1，1)模型，根据26个地区2013—2018年的脆弱性指标数据进行预测，得出南疆四地州26个地区2019—2021年经济、社会、生态及综合脆弱性指数。

5.2.1 相关检验

采用灰色预测模型首先要分析南疆四地州26个地区2013—2018年经济、社会、生态及综合脆弱性数据是否适合做灰色预测，其中级比值在［0.075，1.331］之间适合采用GM(1，1)模型，后验差比C值小于0.35，表明模型精度等级好；小于0.5，表明模型精度合格；小于0.65，表明模型精度基本合格；大于0.65，表明模型精度不合格。相对误差最大值小于0.1，达到较高要求。级比偏差最大值小于0.1，达到较高要求；小于0.2，达到要求。

1）经济脆弱性数据检验结果

从表5-1可知，除乌恰县、和田市、墨玉县、岳普湖县、伽师县、巴楚县外，其他地区均通过相关检验，表明南疆四地州其余20个地区2013—2018年间经济脆弱性数据适合做灰色预测。而乌恰县、和田市、墨玉县、岳普湖县、伽师县、巴楚县没有通过相关检验，在后期做经济脆弱性结构相似度分析的时候将这些地区予以剔除。

表5-1　　经济脆弱性数据检验结果

地区	级比值	后验差比 C 值	相对误差	级比偏差
阿图什市	[1.007，1.040]	0.022	0.011	0.014
阿克陶县	[0.939，1.153]	0.367	0.051	0.062
阿合奇县	[0.945，1.045]	0.622	0.033	0.053
乌恰县	[0.802，1.173]	0.651	0.135	0.160
和田市	[1.003，1.398]	0.212	0.157	0.083
和田县	[0.974，1.013]	0.114	0.050	0.070
墨玉县	[0.871，1.103]	0.853	0.088	0.142
皮山县	[0.997，1.121]	0.043	0.037	0.067
洛浦县	[0.988，1.038]	0.066	0.017	0.031
策勒县	[0.969，1.084]	0.197	0.036	0.054
于田县	[0.981，1.068]	0.137	0.024	0.043
民丰县	[0.988，1.044]	0.050	0.011	0.021
喀什市	[0.928，1.157]	0.380	0.069	0.103
疏附县	[0.977，1.088]	0.095	0.032	0.052
疏勒县	[0.978，1.057]	0.155	0.022	0.043
英吉沙县	[0.974，1.114]	0.148	0.050	0.054
泽普县	[0.909，1.113]	0.486	0.064	0.110
莎车县	[0.991，1.082]	0.006	0.012	0.073
叶城县	[0.970，1.060]	0.168	0.030	0.044
麦盖提县	[0.981，1.029]	0.233	0.015	0.024
岳普湖县	[0.905，1.069]	0.974	0.053	0.092
伽师县	[0.938，1.069]	0.772	0.053	0.069

续表

地区	级比值	后验差比C值	相对误差	级比偏差
巴楚县	[0.965，1.225]	0.938	0.128	0.133
塔什库尔干塔吉克自治县	[0.990，1.035]	0.090	0.015	0.031
乌什县	[0.945，1.132]	0.201	0.062	0.089
柯坪县	[0.968，1.046]	0.098	0.022	0.041

2）社会脆弱性数据检验结果

从表5-2可知，除和田县、皮山县、疏附县、莎车县、巴楚县5个地区外，其余21个地区的级比值、后验差比C值、相对误差、级比偏差均通过检验，表明这些地区2013—2018年社会脆弱性数据适合做灰色预测。后面章节也将用这21个地区社会脆弱性的预测数据做结构相似度分析。

表5-2　　　　**社会脆弱性数据检验结果**

地区	级比值	后验差比C值	相对误差	级比偏差
阿图什市	[0.957，1.112]	0.341	0.060	0.071
阿克陶县	[0.987，1.021]	0.649	0.009	0.012
阿合奇县	[0.959，1.129]	0.143	0.064	0.115
乌恰县	[0.973，1.086]	0.621	0.053	0.071
和田市	[0.935，1.101]	0.399	0.055	0.091
和田县	[0.975，1.037]	0.652	0.021	0.030
墨玉县	[0.954，1.066]	0.637	0.030	0.049
皮山县	[0.935，1.095]	0.832	0.054	0.066
洛浦县	[0.940，1.067]	0.453	0.046	0.078

续表

地区	级比值	后验差比 C 值	相对误差	级比偏差
策勒县	[0.964，1.094]	0.217	0.039	0.075
于田县	[0.973，1.061]	0.100	0.031	0.049
民丰县	[0.936，1.068]	0.510	0.046	0.076
喀什市	[0.975，1.066]	0.149	0.036	0.056
疏附县	[0.960，1.088]	0.913	0.049	0.045
疏勒县	[0.971，1.042]	0.325	0.023	0.032
英吉沙县	[0.969，1.037]	0.264	0.021	0.041
泽普县	[0.975，1.094]	0.233	0.034	0.047
莎车县	[0.889，1.059]	0.945	0.070	0.114
叶城县	[0.992，1.015]	0.203	0.009	0.013
麦盖提县	[0.969，1.101]	0.285	0.048	0.054
岳普湖县	[0.909，1.096]	0.486	0.068	0.119
伽师县	[0.977，1.072]	0.307	0.036	0.048
巴楚县	[0.842，1.140]	0.742	0.103	0.181
塔什库尔干塔吉克自治县	[0.957，1.108]	0.509	0.057	0.055
乌什县	[0.902，1.104]	0.528	0.070	0.126
柯坪县	[0.951，1.109]	0.139	0.051	0.117

3）生态脆弱性数据检验结果

从表5-3可知，除和田市、和田县、洛浦县、民丰县、叶城县、岳普湖县、巴楚县、塔什库尔干塔吉克自治县8个地区外，其余18个地区的级比值、后验差比C值、相对误差、级比偏差均通过检验，表明这18个地区2013—2018年生态脆弱性数据适合做灰色预测。后面章节也将用这些地区的生态脆弱性预测数据做结构相似度分析。

表5-3　　生态脆弱性数据检验结果

地区	级比值	后验差比 C 值	相对误差	级比偏差
阿图什市	[0.991，1.019]	0.464	0.014	0.015
阿克陶县	[0.996，1.000]	0.300	0.001	0.003
阿合奇县	[1.000，1.006]	0.225	0.002	0.002
乌恰县	[0.994，1.013]	0.601	0.006	0.009
和田市	[0.954，1.094]	0.710	0.054	0.058
和田县	[0.997，1.003]	0.825	0.002	0.003
墨玉县	[0.965，1.036]	0.602	0.016	0.030
皮山县	[0.993，1.020]	0.481	0.011	0.011
洛浦县	[0.969，1.033]	0.932	0.025	0.034
策勒县	[0.995，1.005]	0.571	0.004	0.007
于田县	[1.000，1.006]	0.075	0.002	0.002
民丰县	[1.000，1.024]	155 121	0.200	0.000
喀什市	[0.977，1.159]	0.009	0.007	0.012
疏附县	[1.000，1.024]	0.111	0.010	0.011
疏勒县	[0.970，1.045]	0.246	0.025	0.045
英吉沙县	[0.975，1.045]	0.188	0.013	0.022
泽普县	[0.984，1.037]	0.222	0.009	0.017
莎车县	[0.987，1.052]	0.312	0.028	0.025
叶城县	[0.990，1.010]	0.683	0.006	0.011
麦盖提县	[0.980，1.021]	0.631	0.013	0.025
岳普湖县	[0.943，1.066]	0.941	0.042	0.062

续表

地区	级比值	后验差比 C 值	相对误差	级比偏差
伽师县	[0.996，1.236]	0.069	0.065	0.104
巴楚县	[0.797，1.693]	0.120	0.118	0.193
塔什库尔干塔吉克自治县	[0.997，1.003]	0.733	0.002	0.003
乌什县	[1.000，1.051]	0.112	0.016	0.019
柯坪县	[0.966，1.025]	0.256	0.037	0.055

4）综合脆弱性数据检验结果

从表5-4可知，除乌恰县、墨玉县、莎车县3个地区外，其余23个地区的级比值、后验差比 C 值、相对误差、级比偏差通过检验，表明这些地区2013—2018年综合脆弱性数据适合做灰色预测，后面章节也将用这23个地区综合脆弱性的预测数据做结构相似度分析。

表5-4　**综合脆弱性数据检验结果**

地区	级比值	后验差比 C 值	相对误差	级比偏差
阿图什市	[0.974，1.081]	0.267	0.039	0.050
阿克陶县	[0.981，1.034]	0.536	0.013	0.018
阿合奇县	[0.973，1.085]	0.140	0.040	0.076
乌恰县	[0.976，1.031]	0.701	0.020	0.024
和田市	[1.000，1.050]	0.093	0.018	0.025
和田县	[0.981，1.039]	0.373	0.020	0.028
墨玉县	[0.941，1.055]	0.839	0.035	0.062
皮山县	[0.971，1.066]	0.545	0.044	0.038
洛浦县	[0.956，1.049]	0.356	0.034	0.061

续表

地区	级比值	后验差比 C 值	相对误差	级比偏差
策勒县	[0.986，1.072]	0.160	0.024	0.044
于田县	[0.990，1.038]	0.054	0.017	0.029
民丰县	[0.965，1.043]	0.340	0.025	0.044
喀什市	[0.988，1.068]	0.053	0.014	0.024
疏附县	[0.971，1.071]	0.440	0.036	0.040
疏勒县	[0.975，1.039]	0.231	0.022	0.033
英吉沙县	[0.984，1.046]	0.175	0.018	0.027
泽普县	[0.973，1.070]	0.232	0.028	0.042
莎车县	[0.939，1.061]	0.665	0.044	0.076
叶城县	[0.992，1.015]	0.161	0.008	0.014
麦盖提县	[0.989，1.062]	0.207	0.028	0.028
岳普湖县	[0.944，1.053]	0.508	0.040	0.075
伽师县	[0.986，1.069]	0.142	0.030	0.050
巴楚县	[0.851，1.160]	0.627	0.093	0.164
塔什库尔干塔吉克自治县	[0.981，1.057]	0.352	0.028	0.029
乌什县	[0.950，1.089]	0.368	0.041	0.078
柯坪县	[0.970，1.092]	0.111	0.037	0.074

5.2.2 预测结果

南疆四地州26个地区2019—2021年脆弱性指数预测值，见表5-5。

表 5-5　南疆四地州 26 个地区 2019—2021 年脆弱性指数预测值

地区	经济脆弱性			社会脆弱性			生态脆弱性			综合脆弱性		
	2019	2020	2021	2019	2020	2021	2019	2020	2021	2019	2020	2021
阿图什市	0.400	0.392	0.384	0.433	0.420	0.407	0.107	0.107	0.106	0.285	0.278	0.271
阿克陶县	0.543	0.542	0.542	0.534	0.534	0.535	0.269	0.270	0.270	0.417	0.418	0.418
阿合奇县	0.428	0.429	0.430	0.379	0.350	0.323	0.169	0.168	0.168	0.289	0.274	0.260
乌恰县	0.587	0.615	0.644	0.429	0.421	0.414	0.159	0.158	0.158	0.326	0.325	0.324
和田市	0.285	0.261	0.239	0.430	0.418	0.406	0.570	0.563	0.559	0.476	0.464	0.453
和田县	0.511	0.489	0.467	0.737	0.732	0.728	0.351	0.351	0.351	0.540	0.535	0.530
墨玉县	0.587	0.578	0.569	0.691	0.690	0.688	0.115	0.115	0.116	0.423	0.422	0.420
皮山县	0.467	0.437	0.409	0.704	0.704	0.704	0.147	0.146	0.145	0.430	0.426	0.421
洛浦县	0.474	0.464	0.455	0.616	0.604	0.593	0.094	0.093	0.093	0.368	0.361	0.355
策勒县	0.506	0.493	0.481	0.517	0.496	0.476	0.193	0.193	0.193	0.372	0.360	0.350
于田县	0.482	0.470	0.458	0.522	0.539	0.527	0.170	0.169	0.169	0.374	0.367	0.360
民丰县	0.410	0.406	0.403	0.410	0.405	0.399	0.000	0.000	0.000	0.319	0.317	0.314
喀什市	0.291	0.282	0.273	0.454	0.440	0.425	0.536	0.542	0.549	0.471	0.466	0.460

续表

地区	经济脆弱性			社会脆弱性			生态脆弱性			综合脆弱性		
	2019	2020	2021	2019	2020	2021	2019	2020	2021	2019	2020	2021
疏附县	0.582	0.565	0.548	0.570	0.567	0.564	0.168	0.166	0.164	0.392	0.388	0.383
疏勒县	0.709	0.694	0.679	0.609	0.607	0.606	0.192	0.189	0.186	0.435	0.431	0.427
英吉沙县	0.589	0.573	0.556	0.649	0.642	0.636	0.157	0.157	0.158	0.423	0.419	0.414
泽普县	0.568	0.555	0.543	0.472	0.461	0.451	0.246	0.246	0.246	0.382	0.376	0.370
莎车县	0.550	0.514	0.481	0.622	0.620	0.617	0.210	0.208	0.205	0.431	0.424	0.417
叶城县	0.700	0.690	0.680	0.611	0.608	0.604	0.296	0.296	0.296	0.481	0.478	0.476
麦盖提县	0.766	0.762	0.758	0.493	0.481	0.470	0.095	0.094	0.094	0.347	0.341	0.335
岳普湖县	0.681	0.683	0.686	0.479	0.464	0.449	0.168	0.167	0.166	0.362	0.355	0.348
伽师县	0.717	0.711	0.706	0.621	0.605	0.589	0.142	0.128	0.115	0.417	0.402	0.387
巴楚县	0.566	0.559	0.551	0.574	0.558	0.542	0.182	0.184	0.187	0.399	0.391	0.384
塔什库尔干塔吉克自治县	0.522	0.512	0.501	0.559	0.552	0.545	0.329	0.329	0.329	0.452	0.448	0.443
乌什县	0.490	0.472	0.455	0.534	0.517	0.501	0.148	0.145	0.142	0.358	0.347	0.337
柯坪县	0.430	0.418	0.407	0.465	0.440	0.417	0.077	0.075	0.073	0.288	0.275	0.263

5.3 脆弱性路径依赖的类型分析

5.3.1 数据检验

本章第一阶段与第二阶段的结构相似度用实际求得的脆弱性指数计算，而第三阶段与第二阶段的结构相似度则通过检验地区的经济、社会、生态、综合脆弱性指数预测值进行分析。

本章在进行皮尔逊相关系数分析前，先对数据进行检验，通过图5-1、图5-2初步判断，南疆四地州26个地区各阶段脆弱性之间呈现线性相关关系。同时，本章对数据进行正态分布检验，三个阶段的经济、社会、生态及综合脆弱性指数通过了显著性检验，从数据的偏度与峰度来看，峰度绝对值小于3，偏度绝对值小于10，故认定经济、社会、生态及综合脆弱性指数均符合正态分布特征。

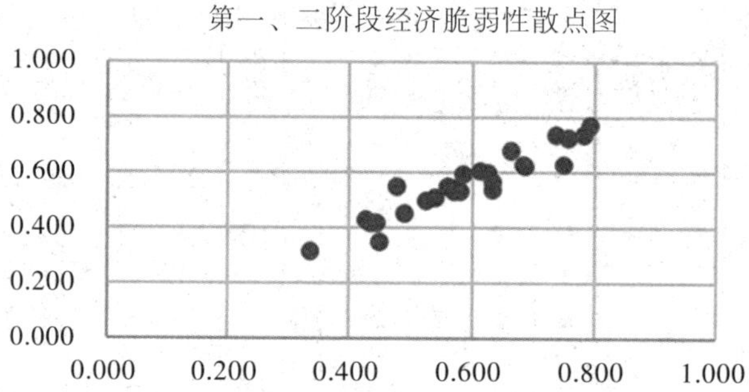

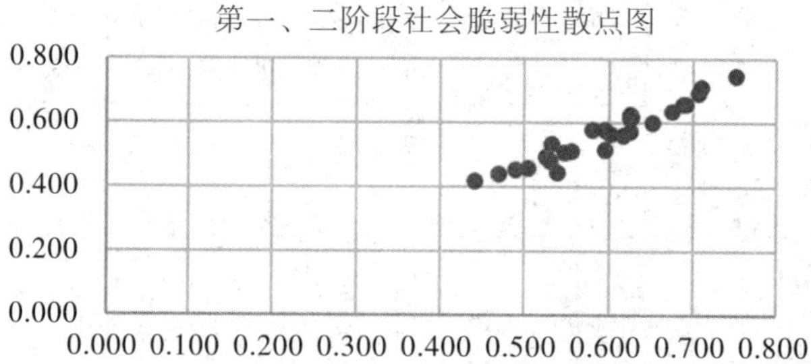

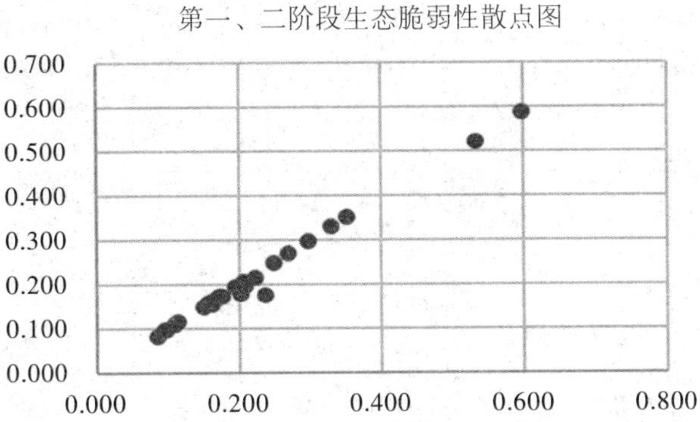

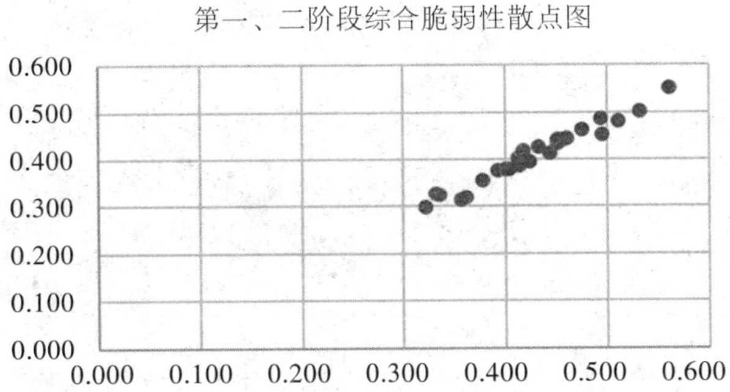

图5-1　南疆四地州26个地区第一、二阶段脆弱性散点图

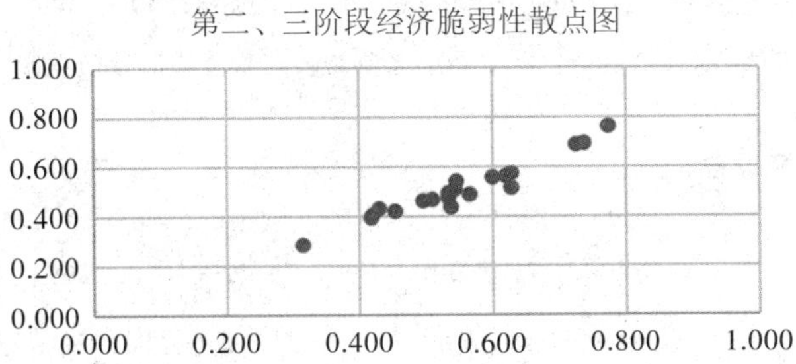

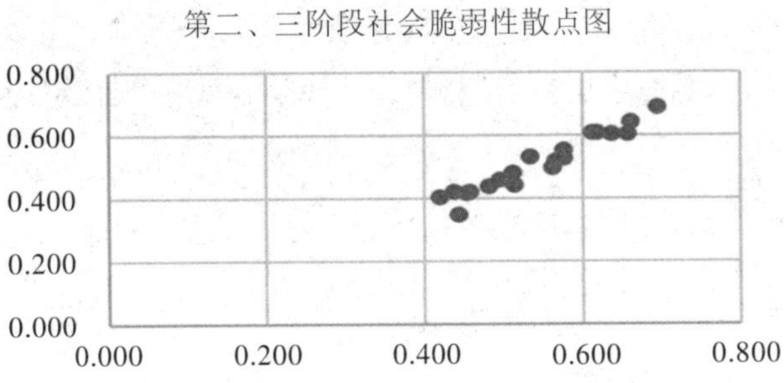

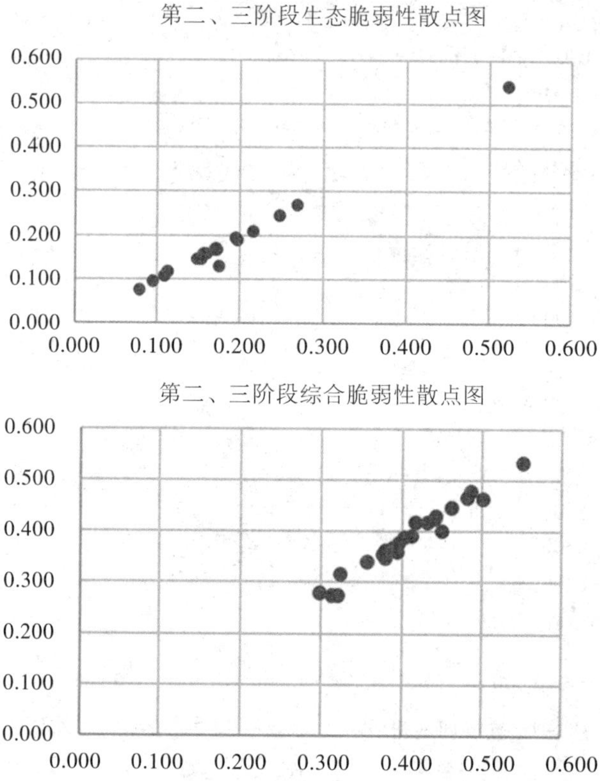

图 5-2　南疆四地州 26 个地区第二、三阶段脆弱性散点图

5.3.2　结果分析

在进行皮尔逊相关系数测算的同时，根据经济、社会、生态系统的结构相似度情况，对南疆四地州26个地区的结构锁定类型加以划分。用P_e、P_s、P_n分别代表经济脆弱性、社会脆弱性、生态脆弱性的结构相似度，可排列出8种结构锁定类型：类型一为经济脆弱性、社会脆弱性、生态脆弱性均不存在结构锁定（$|P_e|\leqslant 0.5$，$|P_s|\leqslant 0.5$，$|P_n|\leqslant 0.5$）；类型二为经济脆弱性结构锁定（$|P_e|>0.5$，$|P_s|\leqslant 0.5$，$|P_n|\leqslant 0.5$）；类型三为社会脆弱性结构锁定（$|P_e|\leqslant 0.5$，$|P_s|>0.5$，$|P_n|\leqslant 0.5$）；类型四

为生态脆弱性结构锁定（$|P_e|\leqslant0.5$，$|P_s|\leqslant0.5$，$|P_n|>0.5$）；类型五为经济脆弱性、社会脆弱性结构锁定（$|P_e|>0.5$，$|P_s|>0.5$，$|P_n|\leqslant0.5$）；类型六为经济脆弱性、生态脆弱性结构锁定（$|P_e|>0.5$，$|P_s|\leqslant0.5$，$|P_n|>0.5$）；类型七为社会脆弱性、生态脆弱性结构锁定（$|P_e|\leqslant0.5$，$|P_s|>0.5$，$|P_n|>0.5$）；类型八为经济脆弱性、社会脆弱性、生态脆弱性均出现锁定（$|P_e|>0.5$，$|P_s|>0.5$，$|P_n|>0.5$）。

如表5-6所示，南疆四地州26个地区第一与第二阶段、第二与第三阶段的经济脆弱性、社会脆弱性、生态脆弱性、综合脆弱性指数均通过显著性检验，且皮尔逊相关系数均大于0.5，达到0.9以上，南疆四地州26个地区整体上三个阶段的经济脆弱性、社会脆弱性、生态脆弱性、综合脆弱性结构相似度普遍较强，表明南疆四地州26个地区脆弱性影响程度深，在脆弱性治理过程中可能存在一定的路径依赖现象，属于类型八范畴。对比不同阶段、不同系统的皮尔逊相关系数，本书发现南疆四地州26个地区综合脆弱性第二、三阶段皮尔逊相关系数比第一、二阶段皮尔逊相关系数略有上升，有相同变动趋势的还有经济脆弱性和社会脆弱性，生态脆弱性第二、三阶段皮尔逊相关系数与第一、二阶段皮尔逊相关系数相比基本稳定，略下降。

表5-6　　**南疆四地州26个地区两阶段皮尔逊相关系数**

脆弱性类型	第一、二阶段皮尔逊相关系数	第二、三阶段皮尔逊相关系数	P值
综合脆弱性	0.982	0.983	0
经济脆弱性	0.945	0.969	0
社会脆弱性	0.965	0.968	0
生态脆弱性	0.995	0.994	0

南疆四地州26个地区脆弱性较强，而且不同时间阶段的脆弱性

指数存在较强的相似度，表明在脆弱性治理过程中可能存在一定的路径依赖现象。结构相似度的变化趋势符合路径依赖的演化趋势。一旦脆弱性治理陷入到路径依赖，随着路径的不断强化就会形成路径“锁定”，导致依赖程度的加深。南疆四地州脆弱性治理过程是循序渐进的，地区脆弱性治理受到较强的区域脆弱性治理基础的影响，因此，在地区脆弱性治理过程中，要结合地区发展情况，积极打破原有治理中的路径依赖现象，探寻发展新路径。

5.4 本章小结

（1）采用灰色预测模型，根据南疆四地州26个地区2013—2018年的脆弱性指标数据进行预测，得出2019—2021年各地区经济、社会、生态及综合系统的脆弱性指数。

（2）以南疆四地州26个地区经济脆弱性、社会脆弱性、生态脆弱性和综合脆弱性为基础研究数据，将研究时段分为三个阶段，即2013—2015年为第一阶段，2016—2018年为第二阶段，2019—2021年为第三阶段，取脆弱性的三年平均值作为每一阶段的脆弱性指数得分，为结构相似度的测度打下基础。

（3）南疆四地州26个地区整体上三个阶段的经济脆弱性、社会脆弱性、生态脆弱性、综合脆弱性结构相似度普遍较强，表明南疆四地州26个地区脆弱性影响程度深，可能存在路径依赖现象，属于经济脆弱性、社会脆弱性、生态脆弱性均出现锁定现象的类型八范畴。南疆四地州26个地区脆弱性较强，而且路径依赖明显，因此，在地区发展过程中要积极打破路径依赖现象，探寻发展新路径。

第6章

南疆四地州地区脆弱性的空间效应识别

地区脆弱性是一个复杂而综合的社会现象，区域脆弱性具有相互影响性。2020年全面脱贫后，南疆四地州各地区经济、社会发展取得了一系列可喜的成绩，但就南疆四地州区域内部发展而言，各地区因经济基础、地区发展条件、生态环境等因素的不同，各地区间发展并不均衡，地区差异性较为明显。根据“木桶理论”原理，如果区域发展存在“短板”，即部分地区发展滞后，将会影响到区域整体经济发展。因此，统筹南疆四地州26个地区协调发展，对于缩小地区发展差异，实现各地区可持续脱贫及乡村振兴战略意义重大。

复合生态系统中的经济系统、社会系统、生态系统的脆弱性存在相互影响性，因此为较为全面地反映地区脆弱性的空间效应，本章选用南疆四地州26个地区的综合脆弱性进行脆弱性的空间效应识别，分为空间演化和空间关联性两部分。

6.1 南疆四地州地区脆弱性的空间演化分析

6.1.1 测度方法（标准差椭圆）

标准差椭圆是由美国南加州大学（Universityof Southern California）社会学教授利菲弗（D.W.Lefever）于1926年提出的，该算法称为利菲弗方向性分布，是分析空间分布方向性特征的经典方法之一。使用该方法可以从全局、空间的角度定量解释要素空间分布的中心性、展布性、方向性和空间形态等整体性特征。

本书对南疆四地州综合脆弱性重心演变路径的研究是基于ArcGIS10.2进行计算的。在ArcGIS10.2中计算出26个地区的几何中心坐标(x_i，y_i)，同时将26个地区的综合脆弱性指数代入重心坐标($\bar{x}$，$\bar{y}$)公式：

$$\bar{x} = \frac{\sum M_i x_i}{\sum M_i} \tag{6-1}$$

$$\bar{y} = \frac{\sum M_i y_i}{\sum M_i} \tag{6-2}$$

式中：M_i为综合脆弱性指数的相对接近度。

标准差椭圆的形式：

$$SDE_x = \sqrt{\frac{\sum_{i=1}^{n}\left(x_i - \overline{X}\right)^2}{n}} \tag{6-3}$$

$$SDE_y = \sqrt{\frac{\sum_{i=1}^{n}\left(y_i - \overline{Y}\right)^2}{n}} \tag{6-4}$$

式中：x_i和y_i为要素的坐标；$\bar{x}$和$\bar{y}$为要素的平均中心坐标；n为要素总数。

旋转角的计算方法为：

$$\tan\theta = \frac{A + B}{C} \tag{6-5}$$

$$A = \left(\sum_{i=1}^{n}\bar{x}_i^2 - \sum_{i=1}^{n}\bar{y}_i^2\right) \tag{6-6}$$

$$B = \sqrt{\left(\sum_{i=1}^{n}\bar{x}_i^2 - \sum_{i=1}^{n}\bar{y}_i^2\right)^2 + 4\left(\sum_{i=1}^{n}\bar{x}_i\bar{y}_i\right)^2} \tag{6-7}$$

$$C = 2\sum_{i=1}^{n}\bar{x}_i - \bar{y}_i \tag{6-8}$$

式中：$\bar{x}_i$和$\bar{y}_i$为要素的平均中心和XY坐标的差。

X轴和Y轴的标准差为：

$$\sigma_x = \sqrt{2}\sqrt{\frac{\sum_{i=1}^{n}\left(\bar{x}_i\cos\theta - \bar{y}_i\sin\theta\right)^2}{n}} \tag{6-9}$$

$$\sigma_y = \sqrt{2}\sqrt{\frac{\sum_{i=1}^{n}\left(\bar{x}_i \sin\theta - \bar{y}_i \cos\theta\right)^2}{n}} \tag{6-10}$$

在标准差椭圆中，椭圆长轴代表属性分布较多的方向，短轴代表属性分布较少的方向，长短轴的差越大，代表方向性越明显。通过长短轴的大小、椭圆的面积、扁率、旋转角等参数可以较为客观地判断出脆弱性的空间特征，而通过不同年份各参数的变化可以判断出各地区脆弱性的空间演化特点。

6.1.2 结果分析

本书研究的区域为南疆四地州中的26个地区，主要选取这些地区的综合脆弱性指数作为主要要素指标，通过分析椭圆重心、椭圆面积、椭圆周长等参数判断综合脆弱性的空间分布特征和空间演化过程，通过椭圆长短轴变化、椭圆旋转角、椭圆移动方位等参数来判断综合脆弱性变动的主趋势和形状、方位。本书空间参考维度主要基于ArcGIS10.2进行计算，所选取的椭圆标准差数为1。

2013—2018年南疆四地州26个地区综合脆弱性空间分布格局见表6-1。2013—2018年南疆四地州26个地区综合脆弱性空间分布整体呈北（偏西）—南（偏东）的空间格局。分布在椭圆内部的区域是26个地区中综合脆弱性较强的区域，整体来看，2014—2016年，标准差椭圆的面积呈下降趋势，表明标准差椭圆呈现出空间收缩状态，即南疆四地州26个地区中分布在椭圆内部的地区的综合脆弱性增长速度较快，对南疆四地州26个地区整体的影响较大，椭圆外围地区综合脆弱性的增长速度较慢，综合脆弱性对南疆四地州26个地区整体的影响相对较小。2017年相对于2016年椭圆面积略有增大，表明分布在椭圆外围的地区对综合脆弱性整体影响较强，综合脆弱性增长速度加快，呈现出空间扩张态势。

表6-1　2013—2018年南疆四地州26个地区综合脆弱性的标准差椭圆

Time	CenterX	CenterY	XStdDist	YStdDist	Oblateness	Shape-Area	Rotation	偏移方向
2013年	78.091	38.485	3.036	1.718	0.434	16.391	111.168	—
2014年	78.085	38.487	3.036	1.733	0.429	16.525	111.391	西北
2015年	78.117	38.496	3.026	1.733	0.427	16.478	111.255	东北
2016年	78.094	38.473	3.025	1.730	0.428	16.478	111.246	西南
2017年	78.083	38.465	3.048	1.718	0.436	16.450	111.020	西南
2018年	78.070	38.464	3.051	1.717	0.437	16.457	110.937	西南

1）南疆四地州26个地区综合脆弱性分布重心的变化

南疆四地州26个地区综合脆弱性标准差椭圆的重心变化趋势可以反映综合脆弱性在空间上分布的重心偏移。2013—2018年南疆四地州26个地区的重心移动路线如图6-1所示。不难看出，整体而言，2013—2018年南疆四地州26个地区综合脆弱性重心变化趋势明显，总体由东北向西南方位移动。其中，2014年较2013年向西北方位偏移，2015年较2014年向东北方向偏移，2015年后向西南方向偏移。虽然2013—2018年南疆四地州26个地区综合脆弱性重心变化趋势明显，但重心一直保持在麦盖提县，并没有跨区域的范围波动。南疆四地州26个地区综合脆弱性重心整体向西南方位移动，表明南疆四地州26个地区综合脆弱性整体向西南方位倾斜，西南方位综合脆弱性较为严重的地区较多。

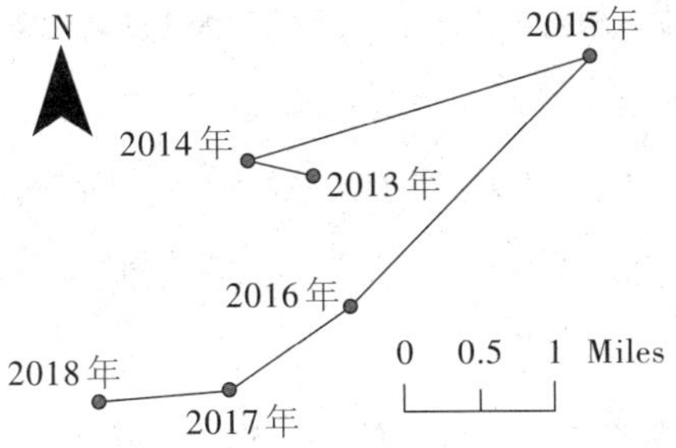

图6-1　南疆四地州26个地区综合脆弱性的重心变化

2）南疆四地州26个地区综合脆弱性分布方向的变化

标准差椭圆旋转角是指椭圆正北方位与顺时针旋转的长轴之间的夹角，其大小可以反映经济要素空间分布的主趋势方向。如图6-2所示，2013—2018年间南疆四地州26个地区综合脆弱性空间分布标准差椭圆旋转角的变动较大。2014年有明显的峰值点，2015年、2016年相对平稳，2016—2018年旋转角逐年缩小。旋转角缩小，椭圆正北方位与顺时针旋转的长轴之间的夹角变小，椭圆向西南、东北方向倾斜，这与重心偏移的方向保持一致。这表明南疆四地州26个地区中，综合脆弱性的分布在北（偏西）—南（偏东）方向上有增强的趋势。

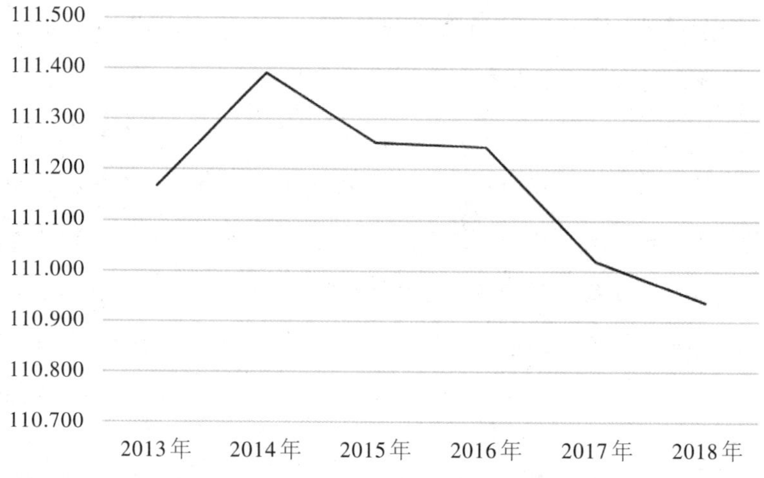

图6-2　2013—2018年南疆四地州26个地区综合脆弱性空间分布旋转角变化

3）南疆四地州26个地区综合脆弱性分布形状的变化

图6-3、图6-4反映南疆四地州26个地区椭圆长短半轴和扁率的变化情况。椭圆长短半轴差值越大，表明南疆四地州26个地区综合脆弱性的方向性越明显；反之，长短半轴越接近，椭圆越趋向于圆形，表明南疆四地州26个地区综合脆弱性的方向性越不明显。

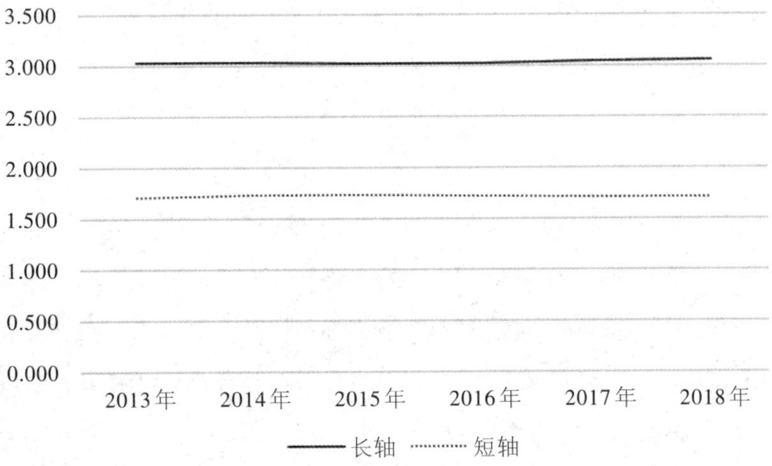

图6-3　2013—2018年南疆四地州26个地区综合脆弱性空间分布长短轴变化

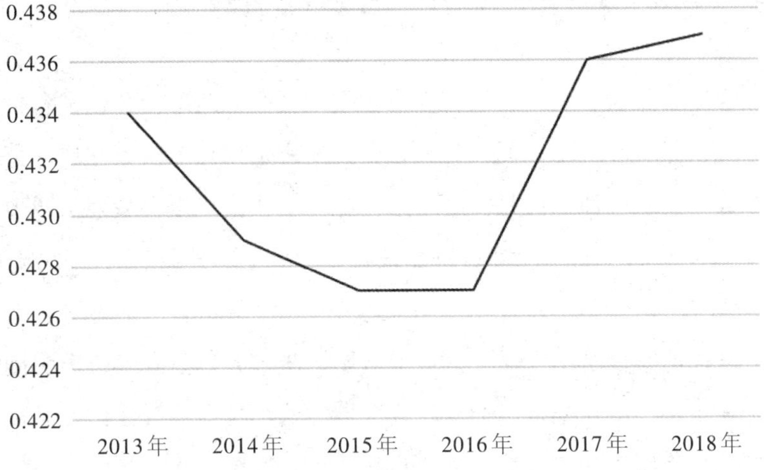

图6-4　2013—2018年南疆四地州26个地区综合脆弱性空间分布扁率变化

如图6-3所示，2013—2018年南疆四地州26个地区综合脆弱性空间分布标准差椭圆的长轴整体呈先降再升的趋势，长轴降低表明南疆四地州26个地区综合脆弱性在东西方向上的分布呈集聚状态，其中2017年后长半轴上升，表明该年份内南疆四地州26个地区综合脆弱性在东西方向上的分布呈分散状态；而南疆四地州26个地区综合脆弱性标准差椭圆的短半轴在2013—2015年呈上升趋势，表明南疆四地州26个地区综合脆弱性在南北方向上的分布呈分散态势，2016年后短半轴下降，表明南疆四地州26个地区综合脆弱性在南北方向上的分布呈集聚态势。

从图6-4可以看出，扁率增大表示脆弱性分布的方向性越强。2013—2018年标准差椭圆的扁率波动较大。2013—2015年扁率降低，表明该段时间内南疆四地州26个地区综合脆弱性分布的方向性变弱。2016—2018年标准差椭圆扁率增大，表明该时段内南疆四地州26个地区综合脆弱性的方向性变强。

6.2 南疆四地州地区脆弱性的空间相关性分析

空间自相关主要用在地理要素的空间关联性测度上，通常包括全局空间自相关和局部空间自相关，分别采用全局莫兰指数和局部莫兰指数表示。地区脆弱性是一个复杂而综合的社会现象，从南疆四地州26个地区脆弱性的空间分布特征来看，区域脆弱性具有相互影响性。全面脱贫之前，南疆四地州为集中连片特困地区，贫困类型多表现为跨区域性的整体贫困。对于区域性贫困，学术界目前尚未给出明确的概念和定义，但在实践中通常认为区域性贫困是在经济社会发展过程中，某些地域相邻、社情相近、自然连片的区域，因经济水平远低于社会平均发展水平、贫困人口比例远高于其他地区的现象。脆弱性是衡量区域发展水平的一种量度。脆弱性积累到一定程度，会使区域向负向发展，使该区域乃至大区域的发展发生振荡。如果这种负向发展的区域不能遏制，超过风险阈值，大区域的发展就会出现危机，而地区与地区间脆弱性的交互影响，也会加剧地区脆弱性的程度。本书采用空间自相关方法对南疆四地州26个地区的综合脆弱性的空间相关性进行研判。

6.2.1 方法介绍

空间自相关分析是认识空间分布特征的一种常用方法，它可以检测两种现象的变化是否存在相关性。一种现象的观测值如果在空间分布上呈现出高的地方周围也高，低的地方周围也低，称为空间正相关，表明这种现象具有空间扩散的特性；如果呈现出高的地方周围低，低的地方周围高，则称为空间负相关，表明这种现象具有空间极化的特性；如果观测值在空间分布上呈现出随机性，表明空间相关性不明显，是一种随机分布的现象。

空间自相关分析分为全局空间自相关分析与局部空间自相关分析。本书中全局空间自相关是南疆四地州26个地区综合脆弱性在整个区域空间特征的描述；局部空间自相关是南疆四地州26个地区各空间位置与各自周围邻近位置的综合脆弱性的相关性。

全局Moran's I指数计算公式如下：

$$\text{Moran's I} = \frac{n\sum_{i=1}^{n}\sum_{j=1}^{n}W_{ij}Z_iZ_j}{\sum_{i=1}^{n}\sum_{j=1}^{n}W_{ij}\sum_{i=1}^{n}Z_i^2} \tag{6-11}$$

局部Moran's I指数计算公式如下：

$$\text{Moran's I} = \frac{Z_i\sum_{j\neq i}^{n}W_{ij}Z_j}{S^2} \tag{6-12}$$

$$S^2 = \frac{1}{n}\sum_{i=1}^{n}Z_i^2 \tag{6-13}$$

式中：$Z_i = X_i - \overline{X}$，$Z_j = X_j - \overline{X}$；n为参与分析的单元总数；X_i和X_j分别为i和j位置的属性值；$\overline{X}$为所有位置属性值的平均值；W_{ij}为空间权重；S为标准方差。

6.2.2 结果分析

1）全局自相关

从图6-5可知，6年间南疆四地州26个地区综合脆弱性全局莫兰指数通过显著性检验，表明南疆四地州26个地区综合脆弱性存在显著的空间相关性。同时，全局莫兰指数为正值，表明南疆四地州26个地区综合脆弱性存在正的空间相关性，在空间分布上呈现集聚状态。具体表现为：综合脆弱性较高的地区，其相邻地区的综合脆弱性也较高；相反，综合脆弱性较低的地区，其相邻地区的综合脆弱性也较低。

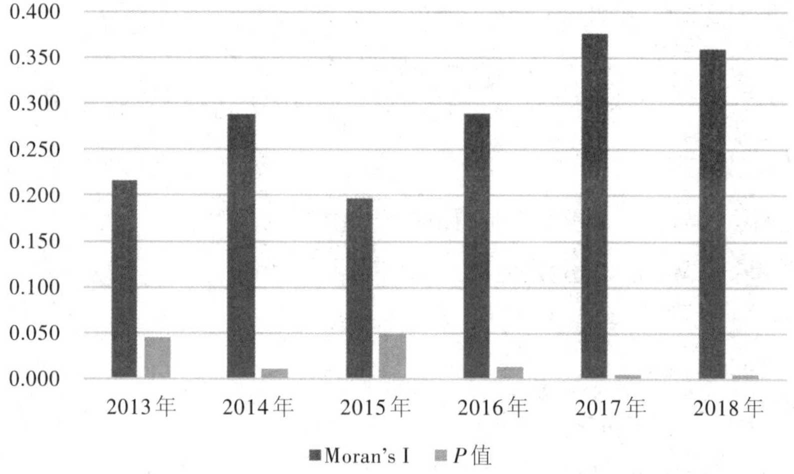

图6-5　2013—2018年南疆四地州26个地区综合脆弱性全局莫兰指数

2017年、2018年的全局莫兰指数较大，其空间正相关性较其他年份显著，地区综合脆弱性集聚效应较明显。南疆四地州各地区贫困程度深，致贫原因复杂，治理难度大，且空间上相互关联，26个地区综合脆弱性较高。相较于2017年，2018年全局莫兰指数下降，表明2018年南疆四地州26个地区综合脆弱性集聚效应增强。究其原因，可能是近年来我国出台了一系列新的扶贫措施，打破地域界限，加快了人口和资本跨区域流动，区域整体合作更为频繁。但整体而言，南疆四地州26个地区综合脆弱性的全局莫兰指数在0.197之上，26个地区综合脆弱性的空间集聚效应明显，但从2016年“十三五”开局以来到2018年整体变化幅度不大，具有一定层面的时间惯性及空间稳定性。

2）局部自相关

图6-6展示了南疆四地州26个地区局部莫兰指数的散点图。莫兰指数散点图分为四个象限：第一象限（HH）代表在该区域内的地区，其综合脆弱性指数较高，同时被周边综合脆弱性较高的地区包围；第二象限（LH）代表在该区域内的地区，其综合脆弱性指数较低，但被周边综合脆弱性较高的地区包围；第三象限（LL）代表在该区域的地区，其综合脆弱性评价指数较低，同时被周边综合脆弱性较低的地区包围；第四象限（HL）代表在该区域内的地区，其综合脆弱性指数较高，但周边地区的综合脆弱性指数较低。2013—2018年南疆四地州26个地区综合脆弱性的局部空间自相关在四个象限内均有分布，表示南疆四地州26个地区综合脆弱性既有正相关的高高（HH）型和低低（LL）型，也有负相关的高低（HL）型和低高（LH）型。

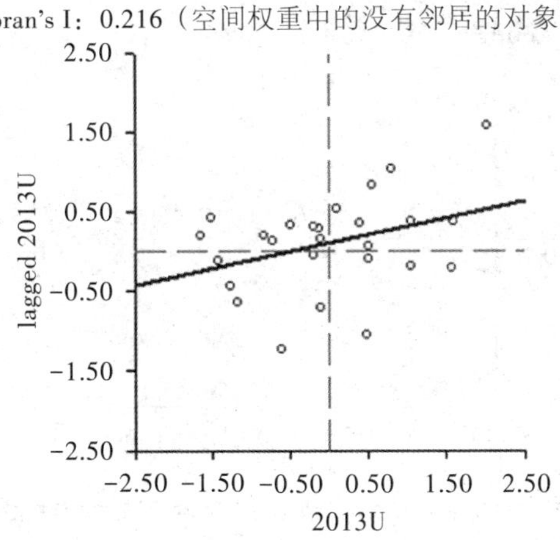

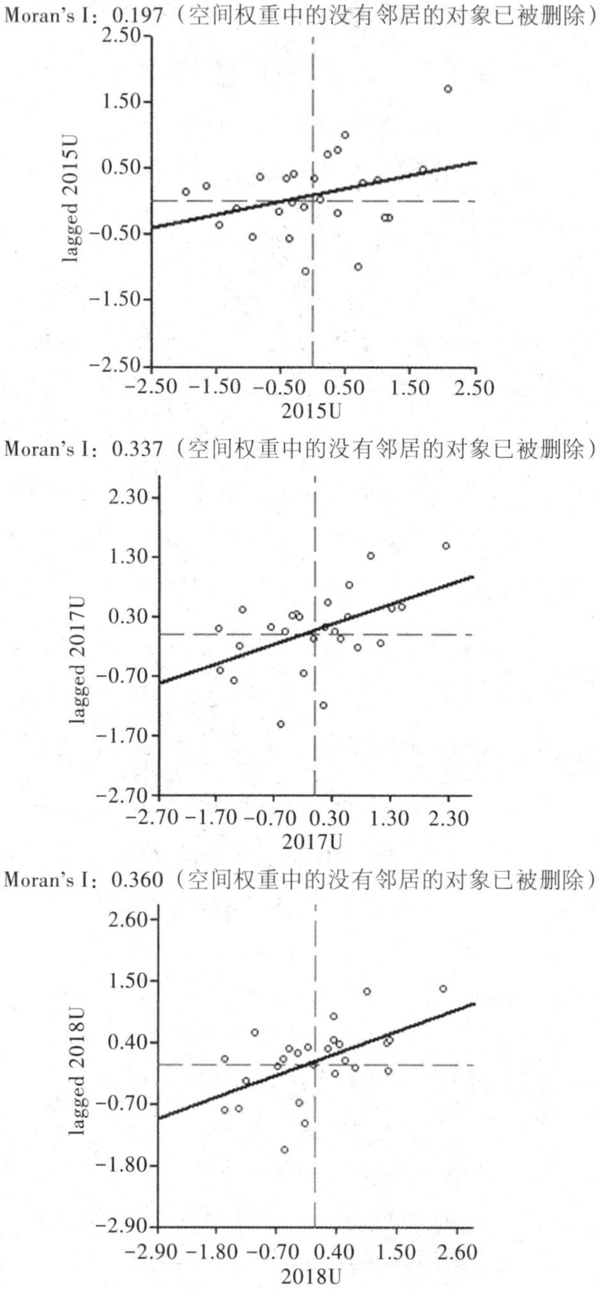

图6-6　2013—2018年南疆四地州26个地区莫兰指数散点图

从表6-2可以看出，位于第一象限内的县域大多分布在和田地区和喀什地区。

表6-2　　南疆四地州26个地区2013—2018年间综合脆弱性局部自相关类型

	HH	LH	LL	HL
2013年	和田县、塔什库尔干塔吉克自治县、皮山县、墨玉县、莎车县、叶城县、和田市、英吉沙县（8）	阿克陶县、泽普县、策勒县、洛浦县、岳普湖县、麦盖提县、乌恰县、阿图什市（8）	民丰县、柯坪县、阿合奇县、乌什县、于田县、疏附县（6）	巴楚县、疏勒县、伽师县、喀什市（4）
2015年	和田县、塔什库尔干塔吉克自治县、皮山县、墨玉县、莎车县、策勒县、英吉沙县、叶城县、和田市（9）	洛浦县、泽普县、麦盖提县、乌恰县、阿图什市（5）	柯坪县、民丰县、阿合奇县、乌什县、于田县、疏附县、阿克陶县、岳普湖县（8）	疏勒县、巴楚县、伽师县、喀什市（4）
2017年	和田县、塔什库尔干塔吉克自治县、皮山县、墨玉县、莎车县、英吉沙县、叶城县、和田市、阿克陶县（9）	策勒县、泽普县、洛浦县、岳普湖县、麦盖提县、乌恰县、阿图什市（7）	民丰县、柯坪县、阿合奇县、乌什县、于田县、疏附县（6）	巴楚县、疏勒县、伽师县、喀什市（4）
2018年	和田县、塔什库尔干塔吉克自治县、和田市、皮山县、莎车县、墨玉县、阿克陶县、英吉沙县、叶城县（9）	泽普县、策勒县、洛浦县、岳普湖县、乌恰县、阿图什市（6）	麦盖提县、民丰县、阿合奇县、柯坪县、乌什县、巴楚县、于田县、疏附县（8）	伽师县、疏勒县、喀什市（3）

和田县、塔什库尔干塔吉克自治县、皮山县、莎车县、墨玉县、叶城县、和田市、英吉沙县等8个地区基本都稳定在第一象限，阿克陶县在2017年、2018年也分布在第一象限。策勒县在2015年曾出现在第一象限内，表明这些地区的综合脆弱性指数较高，同时周边地区的综合脆弱性也较高。

位于第二象限内的地区，从时间变化趋势上来看，区域较为分散，有克州地区的阿图什市、乌恰县，也有和田地区的策勒县、洛浦县，同时喀什地区的泽普县、岳普湖县也出现在第二象限。从稳定性上分析，泽普县、洛浦县、乌恰县和阿克图市几年间一直稳定在第二象限，表明这些地区综合脆弱性相对较低，但周边地区的综合脆弱性较高。

第三象限与第二象限较为相似，阿克苏地区、克州地区、喀什地区、和田地区的县域均有分布，阿克苏地区的乌什县、柯坪县，克州地区的阿合奇县，喀什地区的疏附县，和田地区的于田县、民丰县一直位于第三象限，表明这些地区与周边地区的综合脆弱性低关联。

伽师县、疏勒县、喀什市数年间一直位于第四象限，表明这些地区综合脆弱性较高，但被周边综合脆弱性较低的地区包围。

总体来说，南疆四地州26个地区中多数地区的局部自相关类型以高高（HH）型、低低（LL）型等同质性特征为主，异质性为辅。这表明虽然南疆四地州26个地区的综合脆弱性指数处于下降态势，但综合脆弱性高的地区周边地区综合脆弱性也高，不利于区域脆弱性的治理。几年间岳普湖县综合脆弱性较低，但周边地区综合脆弱性较高，不利于地区发展。

6.3 本章小结

本章基于2013—2018年南疆四地州26个地区综合脆弱性数据，采用标准差椭圆分析了南疆四地州26个地区综合脆弱性的空间演化，进一步采用空间自相关的方法验证了南疆四地州26个地区综合脆弱性的空间关联性，并得出如下结论：

（1）2013—2018年南疆四地州26个地区综合脆弱性空间分布整体呈北（偏西）—南（偏东）的空间格局。整体来看，标准差椭圆呈现出空间收缩状态，同时南疆四地州26个地区综合脆弱性重心变化趋势明显，总体由东北向西南方位移动，但重心一直保持在麦盖提县，并没有跨区域的范围波动，表明西南方位的综合脆弱性较为严重的地区较多。2016—2018年南疆四地州26个地区中，综合脆弱性的分布在北（偏西）—南（偏东）方向上有增强的趋势。综合脆弱性在东西方向上增长相对较快，在南北方向上增长较慢。

（2）采用全局莫兰指数对南疆四地州26个地区进行了全局自相关分析，结果表明南疆四地州26个地区综合脆弱性存在显著的空间正相关性，在空间分布上呈现集聚状态。

（3）采用局部莫兰指数对南疆四地州26个地区局部相关性进行分析，总体来说，南疆四地州26个地区中多数地区的局部自相关类型以高高（HH）型、低低（LL）型等同质性特征为主，异质性为辅。这表明虽然南疆四地州26个地区的综合脆弱性指数处于下降态势，但综合脆弱性高的地区周边地区综合脆弱性也高，不利于区域脆弱性的治理。几年间岳普湖县综合脆弱性较低，但周边地区综合脆弱性较高，不利于地区发展。

第7章

南疆四地州地区复合生态系统耦合协调性识别

南疆四地州地处塔克拉玛干沙漠西南边缘，三面环山，生态环境恶劣，同时周边缺乏大中型城市带动，远离中心市场，和田地区、喀什地区、克州地区等地州政府所在地距离新疆首府乌鲁木齐市均超过1 000公里，信息、交通等一度相对闭塞。南疆四地州经济结构为农业主导型经济，发展带动力不强，加之民族、宗教、文化、稳定等问题交织，致使南疆四地州地区经济社会发展缓慢。随着“一带一路”倡议的不断深入推进，南疆四地州区位优势逐渐凸显，成为向西开放重要门户，然而，现阶段南疆四地州的经济社会发展、生态环境建设等方面的落后状态均不利于其区位优势的全面发挥，也不利于脆弱性的治理工作，因此研究经济、社会、生态的关系意义重大。

7.1 社会-经济-生态系统耦合协调发展的含义及作用机理

7.1.1 社会-经济-生态系统耦合协调发展的含义

“耦合”源于物理学，指系统包含两个或两个以上的电路，当其中一个电路发生变化时，会使另外一个电路受到影响。后来，该理论被广泛用到经济学、管理学、社会学等多个领域。耦合指两个或两个以上系统或运动形式通过相互作用、相互依赖、相互协调、相互促进而彼此影响的现象。当一个系统发生改变，其他系统则会受到较大的影响，此时属于紧密耦合状态；如果一个系统发生改变，另外一个系统受影响程度较小，则属于松散耦合状态。从系统发展层面而言，当系统之间或系统内部要素之间相互配合、相互促进时，属于良性耦合状态，而系统之间或系统内部要素之间相互摩擦、相互掣肘时，属于恶性耦合状态。

协调发展体现了两个或多个系统或系统内部要素间相互配合的一种状态，是优质系统关系的体现，很显然单个系统或要素发展良好，不见得就实现了协调发展；相反，某个系统或要素发展滞后，则会制约系统间或要素间的整体协调性。因此，协调发展强调的是整体性的、综合性的、全面性的发展，是各系统间或要素间在和谐一致、配合得当、良性循环的基础上由低级到高级、由简单到复杂、由无序到有序的总体演化过程，追求的是在整体提高基础上的全局优化、结构优化和个体共同发展的理想状态。

经济脆弱性、社会脆弱性、生态脆弱性之间在一定程度上存在相互影响、相互依存的关系。南疆四地州26个地区是经济、社会、生态多系统组成的复合生态系统，经济是社会发展的决定条件，生态为经济及社会发展提供了物质基础，而经济发展与社会进步又不能逾越生态红线，地区经济系统、社会系统、生态系统的协调发展决定了地区复合生态系统的稳定可持续发展。

基于此，本书从经济、社会、生态三系统构建指标体系，采用耦合协调度模型测度三系统间的耦合协调度指数，用耦合协调度指数代表经济系统、社会系统、生态系统间相互影响、相互依赖、相互配合、相互协调的状态。耦合协调度指数高，代表经济系统、社会系统、生态系统间协调发展程度较好；反之，则说明三系统间相互配合不足，影响了整个系统的良性发展。

7.1.2 社会-经济-生态系统耦合协调发展的作用机理

通过前文分析，可以发现南疆四地州的地区脆弱性不只是经济脆弱性，而是经济基础差、社会保障不健全、生态环境相对恶劣等多种因素相互交织造成的多维度脆弱。对于南疆四地州而言，2020年全面脱贫后，要综合考虑防止贫困户的返贫问题，造成返贫的因素可能有很多，诸如医疗、教育等社会系统因素，也有干旱等自然灾害造成的生态贫困，而这些因素都会导致贫困户经济负担过重，无力应对，进而造成返贫现象。因此，南疆四地州26个地区社会–经济–生态复合生态系统的协调发展具有综合性、多维度、不确定等特点，构成该系统的经济、社会、生态三系统相互依存又相互制约，因此促进社会–经济–生态系统耦合协调发展的重要前提是研究三系统的相互作用机理（如图7–1所示）。

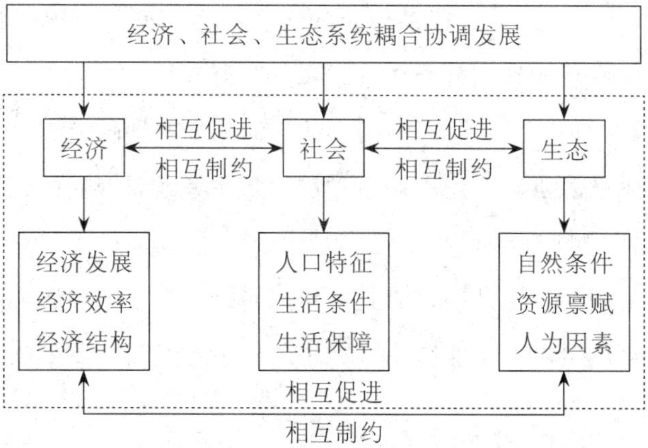

图7–1　经济、社会、生态系统耦合作用机理

生态环境与人类的生产、生活密切相关，为经济社会的发展提供资源物质保障和活动空间场所。良好的生态环境是地区发展的资源优势，恶劣的生态环境不仅不能为经济社会发展提供充足的资源，反而加重了治理的负担。经济社会的发展可以为人类生活创造更丰富的物质财富，使人们摆脱“愁吃愁穿”的贫困现状，也有更多的时间、精力与资金投入到生态文明建设当中，满足人们对良好生态环境的需求，但经济社会的发展离不开对生态资源的开发和利用，过度的资源开发又会触及生态红线，造成生态环境的破坏，甚至会引发新的生态贫困问题。对于原贫困地区而言，经济状态的改善可以从根本上改变人们的生活状态，使人们不再为“吃穿”发愁，而是开始考虑如何提高持续脱贫的能力，改善生存环境。社会系统状态的改变，一方面，可以提高人们利用资源的能力，增加人群收入，改善经济状态；另一方面，可以为改善生态系统提供资金支持和技术保障。生态系统的改善为人们的生活和社会经济活动的发展提供了良好的环境和资源。因此，将社会经济发展和生态环境保护有机地结合起来，协调人地关系，建立可持续发展模式显得十分重要。

南疆四地州26个地区是包含经济、社会、生态等因素在内的复合体系，而南疆四地州曾是“三区三州”深度贫困地区之一，经济落后，也是新疆地区乃至全国生态环境最为恶劣的地区，干旱少雨、海拔较高、水资源匮乏、三面环山、较为封闭等问题饱受社会诟病。因此，南疆四地州26个地区经济、社会、生态协同发展，不仅关乎本地区经济发展和转型升级，更关乎当地居民的基本生存环境和生存权利，也是高质量发展中兼顾生产、生活与生态的内在要求。

7.2　研究方法和数据来源

经济、社会、生态耦合协调性的指标性质与经济、社会、生态脆弱性评价指标性质恰好相反。如每千人拥有的卫生技术人员数在社会脆弱性指标系统中呈现负向影响，该指标数值越大，表明社会保障脆弱性越低；但在社会协调性指标体系中，每千人拥有的卫生技术人员数为正向指标，该指标代表了医疗服务能力，其数值越大，表明医疗服务能力越高。因此，经济、社会、生态耦合协调性的指标体系共用经济、社会、生态脆弱性指标体系，指标性质则反向。数据标准化方法、权重的确定及经济、社会、生态脆弱性评价指数的测算方法同脆弱性测度模型中的方法。

7.2.1 研究方法

耦合协调度常被用来测量系统间的协调发展水平。耦合度指两个或两个以上系统之间相互作用影响，实现协调发展的动态关联关系，可以反映系统之间的相互依赖、相互制约程度。协调度指耦合相互作用关系中良性耦合程度的大小，它可体现出协调状况的好坏。耦合度的公式如下：

$$C = \left\{ \frac{U_1 \times U_2 \times U_3}{\left(\frac{U_1 + U_2 + U_3}{3} \right)^3} \right\}^{1/3} \tag{7-1}$$

式中：C为耦合度，且$C \in [0,\ 1]$。当$C = 1$时，表明经济、社会、生态三系统之间的相互配合程度已达到最佳水平；当$C = 0$时，表明经济、社会、生态三系统之间互不影响，地区整体的发展水平处于最低级状态。U_1、U_2、U_3分别为经济系统、社会系统、生态系统评价指数得分，公式如下：

$$T = \alpha U_1 + \beta U_2 + \gamma U_3 \tag{7-2}$$

$$D = \sqrt{C \times D} \tag{7-3}$$

$$T \in [0,\ 1],\ D \in [0,\ 1]$$

式中：T为南疆四地州各地区综合协调指数；D为三者耦合协调度；α、β、γ为待定系数。本书认为经济、社会、生态三者同等重要，故取值均为1/3。

耦合协调发展分类体系与判断标准：为了精确反映各地区经济、社会、生态三个系统的协调发展状况和发展水平，结合有关学者对协调性评价的研究工作，采用均匀分布函数判定各地区经济、社会、生态三系统的协调发展状况，评判标准和基本类型见表7-1。

表7-1 **耦合协调类型划分**

耦合阶段	耦合协调度	耦合类型	相对发展度	相对发展阶段及特征
低水平耦合	$0 \leqslant D < 0.30$	严重失调衰退	$0 < E \leqslant 0.8$	滞后，系统退化
			$0.8 < E \leqslant 1.2$	同步，系统优化
			$E > 1.2$	超前，系统退化
拮抗	$0.30 \leqslant D < 0.40$	轻度失调衰退	$0 < E \leqslant 0.8$	滞后，系统退化
			$0.8 < E \leqslant 1.2$	同步，系统优化
			$E > 1.2$	超前，系统退化
	$0.40 \leqslant D < 0.50$	濒临失调衰退	$0 < E \leqslant 0.8$	滞后，系统退化
			$0.8 < E \leqslant 1.2$	同步，系统优化
			$E > 1.2$	超前，系统退化
磨合	$0.50 \leqslant D < 0.60$	勉强协调发展	$0 < E \leqslant 0.8$	滞后，系统退化
			$0.8 < E \leqslant 1.2$	同步，系统优化
			$E > 1.2$	超前，系统退化
	$0.60 \leqslant D < 0.70$	中级协调发展	$0 < E \leqslant 0.8$	滞后，系统退化
			$0.8 < E \leqslant 1.2$	同步，系统优化
			$E > 1.2$	超前，系统退化
	$0.70 \leqslant D < 0.80$	良好协调发展	$0 < E \leqslant 0.8$	滞后，系统退化
			$0.8 < E \leqslant 1.2$	同步，系统优化
			$E > 1.2$	超前，系统退化
高水平耦合	$0.80 \leqslant D < 1$	优质协调发展	$0 < E \leqslant 0.8$	滞后，系统退化
			$0.8 < E \leqslant 1.2$	同步，系统优化
			$E > 1.2$	超前，系统退化

7.2.2 数据来源

如前所述，经济、社会、生态耦合协调性的指标体系共用经济、社会、生态脆弱性指标体系，指标性质则反向。数据主要来源于2014—2019年《中国县域统计年鉴》、《克孜勒苏柯尔克孜自治州统计年鉴》、《和田统计年鉴》及《喀什统计年鉴》。部分数据通过简单计算而得，计算方法同第4章，不再赘述。

7.3 结果分析

7.3.1 耦合协调发展程度识别

基于南疆四地州26个地区2013—2018年经济评价指数、社会评价指数、生态评价指数，采用耦合协调度模型测算南疆四地州各地州内研究地区2013—2018年间社会-经济-生态的耦合协调度指数平均值，结果如表7-2所示。

整体而言，如表7-2和图7-2所示，耦合协调度指数呈现出喀什地区>克州地区>阿克苏地区>和田地区的态势。喀什地区内各研究地区的耦合协调度指数平均值最高，达到0.447，属于濒临失调衰退范畴；和田地区各研究地区的耦合协调度指数平均值最低，为0.299，属于严重失调衰退范畴。克州地区、阿克苏地区的耦合协调度指数平均值分别为0.437和0.341，分别属于濒临失调衰退和轻度失调衰退范畴。不难看出，南疆四地州地区社会-经济-生态耦合协调整体水平不高，介于濒临失调衰退和严重失调衰退之间。从社会-经济-生态耦合协调度的时间变化趋势来看，2013—2018年间南疆四地州地区社会-经济-生态耦合协调度呈现上升态势，表明南疆四地州26个地区经济系统、社会系统、生态系统的协调发展水平稳步提高。

表7-2　　南疆四地州各地州内研究地区2013—2018年间耦合协调度指数平均值

地区	2013年	2014年	2015年	2016年	2017年	2018年	均值
克州地区	0.415	0.441	0.421	0.434	0.451	0.462	0.437
和田地区	0.263	0.281	0.285	0.291	0.330	0.345	0.299
喀什地区	0.412	0.431	0.443	0.451	0.470	0.477	0.447
阿克苏地区	0.305	0.311	0.312	0.349	0.378	0.388	0.341
均值	0.349	0.366	0.365	0.381	0.407	0.418	

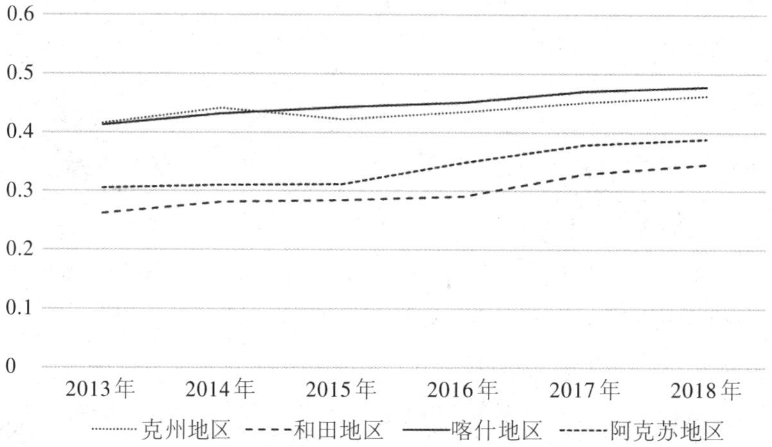

图7-2　南疆四地州各地州内研究地区2013—2018年间耦合协调度指数平均值

如表7-3所示，从各地区社会-经济-生态耦合协调度指数来看，6年间26个地区耦合协调度指数的平均值为0.392，其中，皮山县的耦合协调度指数最低，为0.214，属于严重失调衰退类型；麦盖提县的耦合协调度指数最高，为0.628，属于中级协调发展类型。26个地区中耦合协调度指数在均值以上的地区有12个，占比46%，其中，克地区除阿克陶县外，其余地区的耦合协调度指数均在均值以上；喀什地区耦合协调度指数在均值以上的有8个地区，分别为喀什市、疏勒县、泽普县、莎车县、麦盖提县、塔什库尔干塔吉克自治县、巴楚县、岳普湖县，剩余地区的耦合协调度指数在均值以下；和田地区除和田市外的其余地区、阿克苏地区2个地区的耦合协调度指数均在均值以下。大部分地区的耦合协调度指数都不高，表明南疆四地州26个地区社会–经济–生态协调发展水平不高，特别是和田地区、阿克苏地区，实现社会–经济–生态高质量协调发展任重而道远。

从时间序列来看，相比2013年，2018年南疆四地州26个地区的耦合协调度指数呈现不同程度的上升趋势（如表7–3和图7–3所示）。这表明南疆四地州26个地区中大部分地区的社会–经济–生态协调性水平有所提升，但变化幅度不大。

表7–3　**南疆四地州26个地区2013—2018年间社会–经济–生态耦合协调度指数**

地区	2013年	2014年	2015年	2016年	2017年	2018年	均值
阿图什市	0.391	0.403	0.397	0.406	0.411	0.422	0.405
阿克陶县	0.351	0.427	0.351	0.361	0.379	0.393	0.377
阿合奇县	0.438	0.439	0.444	0.454	0.476	0.483	0.456
乌恰县	0.478	0.496	0.490	0.515	0.539	0.551	0.512
和田市	0.390	0.429	0.455	0.461	0.485	0.479	0.450
和田县	0.233	0.248	0.240	0.260	0.282	0.298	0.260
墨玉县	0.262	0.275	0.266	0.270	0.337	0.353	0.294
皮山县	0.165	0.196	0.194	0.172	0.263	0.293	0.214

续表

地区	2013年	2014年	2015年	2016年	2017年	2018年	均值
洛浦县	0.237	0.251	0.240	0.257	0.309	0.343	0.273
策勒县	0.225	0.237	0.252	0.246	0.277	0.289	0.254
于田县	0.245	0.256	0.272	0.291	0.301	0.308	0.279
民丰县	0.345	0.356	0.360	0.371	0.382	0.395	0.368
喀什市	0.557	0.573	0.584	0.609	0.616	0.618	0.593
疏附县	0.286	0.298	0.351	0.350	0.361	0.378	0.337
疏勒县	0.441	0.442	0.439	0.421	0.447	0.448	0.440
英吉沙县	0.330	0.369	0.385	0.396	0.403	0.394	0.380
泽普县	0.508	0.528	0.548	0.531	0.538	0.544	0.533
莎车县	0.403	0.418	0.433	0.521	0.542	0.558	0.479
叶城县	0.317	0.357	0.370	0.377	0.385	0.395	0.367
麦盖提县	0.578	0.608	0.630	0.648	0.643	0.658	0.628
岳普湖县	0.386	0.406	0.389	0.391	0.419	0.426	0.403
伽师县	0.316	0.317	0.351	0.341	0.397	0.397	0.353
巴楚县	0.382	0.404	0.387	0.384	0.438	0.452	0.408
塔什库尔干塔吉克自治县	0.440	0.449	0.448	0.440	0.453	0.454	0.447
乌什县	0.307	0.327	0.314	0.318	0.356	0.365	0.331
柯坪县	0.302	0.295	0.310	0.379	0.399	0.411	0.349
均值	0.358	0.377	0.381	0.391	0.417	0.427	0.392

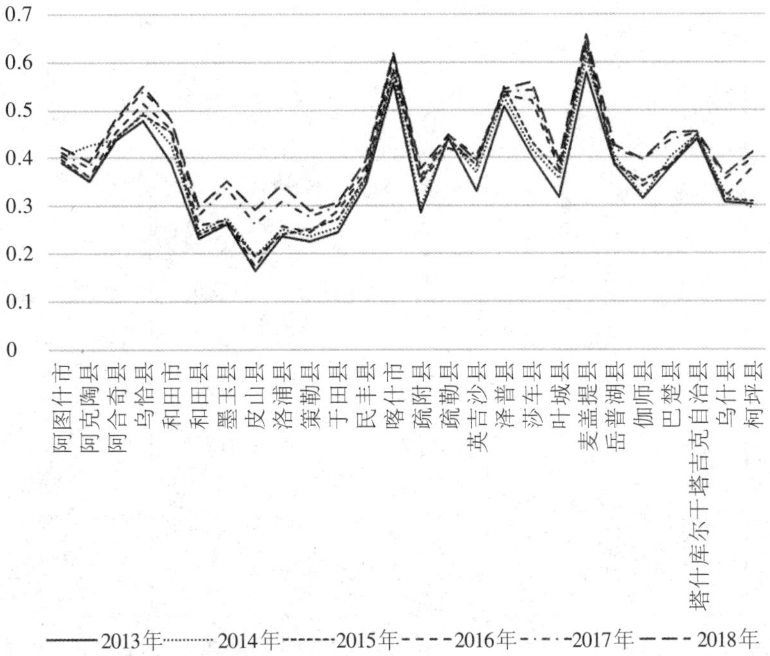

图7-3　南疆四地州26个地区2013—2018年社会-经济-生态耦合协调度指数

7.3.2　耦合协调类型识别

依据前文划分的耦合协调的7种类型，将南疆四地州26个地区社会-经济-生态耦合协调度指数进行空间可视化处理（见表7-4），其中，没有地区属于磨合-良好协调发展类型与高水平耦合-优质协调发展类型，故在表7-4中未将这两个类型列出。2013—2018年，南疆四地州26个地区社会-经济-生态耦合协调类型存在稳定和动态两种空间特征。和田县、皮山县、策勒县等3个地区始终处于低水平耦合-严重失调衰退类型；民丰县、叶城县、伽师县、乌什县始终处于拮抗-轻度失调衰退类型；阿合奇县、疏勒县、塔什库尔干塔吉克自治县始终处于拮抗-濒临失调衰退类型；泽普县始终处于磨合-勉强协调发展类型。

表 7-4 南疆四地州 26 个地区社会-经济-生态耦合协调度空间分布

年份	低水平耦合-严重失调衰退	拮抗-轻度失调衰退	拮抗-濒临失调衰退	磨合-勉强协调发展	磨合-中级协调发展
2013 年	和田县、墨玉县、皮山县、洛浦县、策勒县、于田县、疏附县（7）	阿图什市、阿克陶县、和田市、民丰县、英吉沙县、叶城县、岳普湖县、伽师县、巴楚县、乌什县、柯坪县（11）	阿合奇县、乌恰县、疏勒县、莎车县、塔什库尔干塔吉克自治县（5）	喀什市、泽普县、麦盖提县（3）	
2015 年	和田县、墨玉县、皮山县、洛浦县、策勒县、于田县（6）	阿图什市、阿克陶县、民丰县、疏附县、英吉沙县、叶城县、岳普湖县、伽师县、巴楚县、乌什县、柯坪县（11）	阿合奇县、乌恰县、和田市、疏勒县、莎车县、塔什库尔干塔吉克自治县（6）	喀什市、泽普县（2）	麦盖提县（1）
2017 年	和田县、皮山县、策勒县（3）	阿克陶县、墨玉县、洛浦县、于田县、民丰县、疏附县、叶城县、伽师县、乌什县、柯坪县（10）	阿图什市、阿合奇县、和田市、疏勒县、英吉沙县、岳普湖县、巴楚县、塔什库尔干塔吉克自治县（8）	乌恰县、泽普县、莎车县（3）	喀什市、麦盖提县（2）
2018 年	和田县、皮山县、策勒县（3）	阿克陶县、墨玉县、洛浦县、于田县、民丰县、疏附县、英吉沙县、叶城县、伽师县、乌什县（10）	阿图什市、阿合奇县、和田市、疏勒县、岳普湖县、巴楚县、塔什库尔干塔吉克自治县、柯坪县（8）	乌恰县、泽普县、莎车县（3）	喀什市、麦盖提县（2）

除此之外，其他地区的社会-经济-生态耦合协调类型随时间的推移表现出动态变化的特征。具体有：2013—2015年，疏附县从低水平耦合-严重失调衰退类型跃迁至拮抗-轻度失调衰退类型；和田市从拮抗-轻度失调衰退类型跃迁至拮抗-濒临失调衰退类型，麦盖提县由磨合-勉强协调发展类型跃迁至磨合-中级协调发展类型。2015—2017年，墨玉县、洛浦县、于田县3个地区从低水平耦合-严重失调衰退类型跃迁至拮抗-轻度失调衰退类型；阿图什市、英吉沙县、岳普湖县、巴楚县从拮抗-轻度失调衰退类型跃迁至拮抗-濒临失调衰退类型；乌恰县、莎车县由拮抗-濒临失调衰退类型跃迁至磨合-勉强协调发展类型；喀什市由磨合-勉强协调发展类型跃迁至磨合-中级协调发展类型。2017—2018年，柯坪县由拮抗-轻度失调衰退类型跃迁至拮抗-濒临失调衰退类型；英吉沙县的耦合协调类型降低，由拮抗-濒临失调衰退类型调动至拮抗-轻度失调衰退类型。截至2018年，仅喀什市、麦盖提县达到磨合-中级协调发展类型，未有地区进入更高层次的耦合协调类型。

为兼顾各地区耦合协调等级的时间变动趋势，准确体现26个地区的耦合协调类型，本书选取26个地区6年耦合协调度指数均值加以判断，结果如下：和田县、墨玉县、皮山县、洛浦县、策勒县、于田县等6个地区属于低水平耦合-严重失调衰退类型，占比23.1%；阿克陶县、民丰县、疏附县、英吉沙县、叶城县、伽师县、乌什县、柯坪县等8个地区属于拮抗-轻度失调衰退类型，占比30.8%；阿图什市、阿合奇县、和田市、疏勒县、莎车县、岳普湖县、巴楚县、塔什库尔干塔吉克自治县等8个地区属于拮抗-濒临失调衰退类型，占比30.8%；乌恰县、泽普县、喀什市等3个地区属于磨合-勉强协调发展类型，占比11.5%；麦盖提县属于磨合-中级协调发展类型，占比3.8%。

26个地区社会-经济-生态耦合协调有5种类型，耦合协调等级整体不高。6年间处于拮抗-轻度失调衰退类型和拮抗-濒临失调衰退类型的较多（如图7-4所示）。随着时间的推移，部分地区发生耦合协调等级的跃迁，但未有跨级跃迁的地区。南疆四地州26个地区社会-经济-生态耦合协调发展空间差异明显，相对而言，和田地区的耦合协调等级不高，喀什地区的泽普县、喀什市、麦盖提县耦合协调度等级较高，这与前文关于南疆四地州各地区总体耦合协调度指数的研究结论一致。南疆四地州26个地区社会-经济-生态耦合协调发展虽有改善的趋势，但截至2018年，达到较高水平耦合协调等级的地区较少，仍有很大的进步空间。

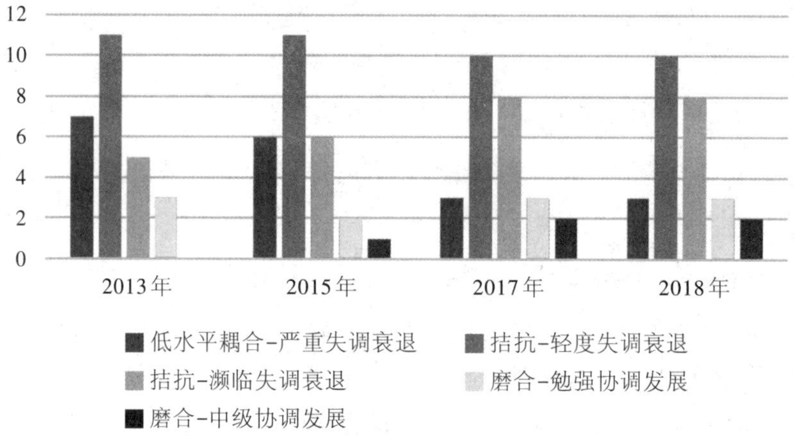

图7-4　南疆四地州26个地区2013—2018年间社会-经济-生态耦合协调等级数量变动

7.4　本章小结

本章采用耦合协调度模型，测算了南疆四地州26个地区2013—2018年间社会-经济-生态三系统间的耦合协调度指数及耦合协调类型，结论如下：

（1）耦合协调度指数呈现出喀什地区>克州地区>阿克苏地区>和田地区的态势。喀什地区内各研究地区的耦合协调度指数平均值最高，和田地区各研究地区的耦合协调度指数平均值最低，南疆四地州地区社会-经济-生态耦合协调整体水平不高，介于濒临失调衰退和严重失调衰退之间。

（2）从社会-经济-生态耦合协调度的时间变化趋势来看，2013—2018年间南疆四地州地区社会-经济-生态耦合协调度指数呈现上升态势，表明南疆四地州26个地区经济系统、社会系统、生态系统的协调发展水平稳步提高。6年间26个地区中耦合协调度指数在均值以上的城市有12个，占比46%，大部分地区的耦合协调度发展水平不高，特别是和田地区、阿克苏地区，实现社会-经济-生态高质量协调发展任重而道远。

（3）2013—2018年，南疆四地州26个地区社会-经济-生态耦合协调类型存在稳定和动态两种空间特征。26个地区社会-经济-生态耦合协调有5种类型，耦合协调等级整体不高。6年间处于拮抗-轻度失调衰退类型和拮抗-濒临失调衰退类型的地区较多。随着时间的推移，部分地区发生耦合协调等级的跃迁，但未有跨级跃迁的地区。南疆四地州26个地区社会-经济-生态耦合协调发展空间差异明显，相对而言，和田地区的耦合协调等级不高。喀什地区的喀什市、麦盖提县耦合协调等级较高。但截至2018年，达到较高水平耦合协调等级的地区较少，仍有很大的进步空间。

第8章

南疆四地州地区致脆成因识别

本书第4章测算了南疆四地州26个地区的脆弱性等级及类型，含经济脆弱性、社会脆弱性、生态脆弱性和综合脆弱性，初步判断出各地区脆弱性类型；第5章对南疆四地州脆弱性路径依赖现象进行识别，发现不同时间阶段的脆弱性之间关联性较强；第6章分析了南疆四地州26个地区综合脆弱性的时空演化特点及空间关联性，从时间与空间双维视角分析了脆弱性的变动趋势、演化特点与关联关系；第7章又进一步研究了26个地区社会-经济-生态三系统的耦合协调关系。本书通过以上研究发现：一是南疆四地州26个地区脆弱性较强；二是南疆四地州26个地区不同时间阶段内结构相似度较高，路径依赖现象明显；三是综合脆弱性存在一定程度的空间关联性；四是各地区社会-经济-生态耦合协调度水平对地区脆弱性的治理有一定的促进作用。地区各系统脆弱性关系的复杂性、较明显的路径依赖现象、区域脆弱性的相互关联性及社会-经济-生态耦合协调关系的协调程度对脆弱性的影响都要求必须精准识别致脆成因，针对性施策，才能在一定程度上缓解南疆四地州26个地区的脆弱性，实现可持续脱贫。

8.1 基于脆弱性关键指标视角识别致脆成因

关键致脆指标是影响地区脆弱性的最直接的因素，对关键致脆指标进行识别，可以精确判断影响地区复合生态系统脆弱性的成因，更有利于提出有针对性的对策建议。本节选用障碍度模型对各系统关键致脆指标进行识别，以此判断南疆四地州26个地区脆弱性的一些诱因。

8.1.1 方法介绍

障碍度模型：利用熵权TOPSIS法所得数据建立障碍度模型，通过对各指标的障碍度进行诊断，得到各指标的障碍度，以此来分析南疆四地州26个地区脆弱性的致脆指标。具体公式是：

$$I_i = 1 - X_i \tag{8-1}$$

$$Z_p = \frac{\left(W_p \times I_i\right)}{\left[\sum_{i=1}^{16}\left(W_p \times I_i\right)\right] \times 100\%} \tag{8-2}$$

式中：I_i为指标偏离度；W_p为单个指标的权重；X_i为单个指标采用正向化法得到的标准化值；Z_p为单个指标对脆弱性的影响程度。

8.1.2 结果分析

本书的研究区域为南疆四地州26个地区，每个地区研究时间范围为2013—2018年6年，在致脆指标计算时总体研究样本共计156个。

1）经济系统关键致脆因子分析

基于2013—2018年6年间南疆四地州156个样本数据，采用障碍度模型识别南疆四地州各地区经济脆弱性的关键致脆因子，用*X*1至*X*5分别代表第二产业增加值占地区生产总值比重、第三产业增加值占地区生产总值比重、地区生产总值总量、人均地区生产总值、固定资产投资等指标，结果如表8-1所示。

表8-1 **南疆四地州26个地区2013—2018年经济脆弱性关键致脆指标**

地区	2013年	2014年	2015年	2016年	2017年	2018年
阿图什市	*X*1*X*2*X*4	*X*1*X*2*X*4	*X*1*X*2*X*4	*X*1*X*2*X*4	*X*1*X*2*X*5	*X*1*X*2*X*5
阿克陶县	*X*1*X*2*X*5	*X*1*X*2*X*3	*X*1*X*2*X*5	*X*1*X*2*X*5	*X*1*X*2*X*5	*X*1*X*2*X*5
阿合奇县	*X*1*X*2*X*4	*X*1*X*2*X*4	*X*1*X*2*X*4	*X*1*X*2*X*4	*X*1*X*2*X*4	*X*1*X*2*X*4
乌恰县	*X*2*X*1*X*4	*X*2*X*1*X*4	*X*2*X*1*X*4	*X*1*X*2*X*4	*X*1*X*2*X*4	*X*1*X*2*X*4
和田市	*X*2*X*1*X*5	*X*2*X*1*X*5	*X*2*X*1*X*5	*X*2*X*1*X*5	*X*2*X*5*X*1	*X*2*X*1*X*5

续表

地区	2013年	2014年	2015年	2016年	2017年	2018年
和田县	X2X1X5	X2X1X5	X2X1X5	X2X1X5	X2X1X5	X2X1X5
墨玉县	X2X3X5	X2X3X5	X2X5X3	X2X5X3	X2X5X3	X2X5X3
皮山县	X2X1X3	X2X1X5	X2X5X1	X2X1X5	X2X5X1	X2X1X5
洛浦县	X2X1X5	X2X1X5	X2X1X5	X2X1X5	X2X1X5	X2X1X5
策勒县	X2X1X4	X2X1X4	X2X1X4	X2X1X4	X2X1X4	X2X1X4
于田县	X2X1X5	X2X1X5	X2X1X5	X2X1X5	X2X1X5	X2X1X5
民丰县	X2X1X4	X2X1X4	X2X4X1	X2X1X4	X2X4X1	X2X4X1
喀什市	X2X1X3	X2X1X3	X2X1X5	X2X1X5	X2X5X1	X2X5X1
疏附县	X2X1X5	X2X1X5	X2X1X5	X2X1X5	X2X1X5	X2X1X5
疏勒县	X1X5X4	X1X5X4	X1X5X2	X1X2X5	X1X2X5	X1X2X5
英吉沙县	X2X1X5	X2X1X5	X2X1X5	X2X1X5	X2X1X5	X2X1X5
泽普县	X2X1X4	X2X1X4	X2X1X4	X2X1X4	X2X1X4	X2X1X4
莎车县	X2X1X3	X2X1X3	X2X3X1	X2X3X1	X2X4X5	X2X4X5
叶城县	X2X1X3	X2X1X3	X2X1X3	X2X1X5	X2X1X5	X2X1X5
麦盖提县	X2X1X4	X2X1X4	X2X1X4	X2X1X4	X2X1X4	X2X1X4
岳普湖县	X1X2X4	X1X2X4	X1X2X4	X1X2X4	X1X2X5	X1X2X5
伽师县	X1X2X3	X1X2X5	X1X2X5	X1X2X5	X1X2X5	X1X2X5
巴楚县	X2X1X4	X2X1X4	X2X1X5	X2X1X5	X2X1X5	X2X1X5
塔什库尔干塔吉克自治县	X1X2X4	X1X2X4	X1X2X4	X1X2X4	X1X2X4	X1X2X4
乌什县	X2X1X4	X2X1X4	X2X1X4	X2X1X5	X2X1X4	X2X1X4
柯坪县	X2X1X4	X2X1X4	X2X1X4	X2X1X4	X2X1X4	X2X1X4

从表8-1可以看出，阿合奇县、塔什库尔干塔吉克自治县等地区

经济脆弱性影响因素排名前三的指标为X1（第二产业增加值占地区生产总值比重）、X2（第三产业增加值占地区生产总值比重）和X4（人均地区生产总值）；疏勒县、伽师县经济脆弱性影响因素排名前三的指标为X1（第二产业增加值占地区生产总值比重）、X2（第三产业增加值占地区生产总值比重）和X5（固定资产投资）；和田市、和田县、洛浦县、于田县、疏附县、英吉沙县、叶城县、巴楚县等地区经济脆弱性影响因素排名前三的指标主要为X2（第三产业增加值占地区生产总值比重）、X1（第二产业增加值占地区生产总值比重）和X5（固定资产投资），其中，叶城县2013—2015年排名第三的影响指标为X3（地区生产总值总量），巴楚县2013—2014年排名第三的影响指标为X4（人均地区生产总值总量）；泽普县、麦盖提县、策勒县、柯坪县等地区经济脆弱性影响因素排名前三的指标主要为X2（第三产业增加值占地区生产总值比重）、X1（第二产业增加值占地区生产总值比重）和X4（人均地区生产总值）；乌恰县、民丰县、乌什县（2016年除外）等地区经济脆弱性排名前三的影响指标同样为X2（第三产业增加值占地区生产总值比重）、X1（第二产业增加值占地区生产总值比重）和X4（人均地区生产总值），只是排名顺序上不同年份表现不同；墨玉县经济脆弱性排名第一的影响指标为X2（第三产业增加值占地区生产总值比重），其余两个影响指标为X3（地区生产总值总量）、X5（固定资产投资），不同年份这个指标的排序不同；而皮山县、喀什市、莎车县经济脆弱性排名第一的影响指标同样为X2（第三产业增加值占地区生产总值比重）。

不难看出，经济结构成为影响南疆四地州26个地区经济脆弱性的主要致脆指标，部分地区的固定资产投资和人均地区生产总值则需要提升。本书的经济结构用产业结构指标代表，产业结构在每个具体的经济发展阶段、发展时点上，组成国民经济的产业部门是大不一样的。各产业部门的构成及相互之间的联系、比例关系不尽相同，对经济增长的贡献大小也不同。产业结构成为制约南疆四地州26个地区的主要障碍因子，表明南疆四地州各地区的产业结构不合理。南疆四地州26个地区生态环境相对恶劣，干旱、少雨、风沙大，某种程度上限制了农作物的生长和农业的发展。而在发展第二产业和第三产业方面，较弱的经济基础、所在区域远离市场、基础设施瓶颈、资源限制等都影响了其产业的发展，尤其是随着科技的发展，经济创新能力不足的短板也逐渐显现。这些因素导致南疆四地州26个地区经济结构不够合理，影响了经济系统的脆弱性程度。农业在南疆四地州原贫困地区产业占比较重，而丰富的民族元素是南疆四地州的优势，因此全面脱贫后，在经济发展基础仍然较弱的前提下，既要传承和弘扬精耕细作的农耕文化和农作农艺，也要着力把民族因素当作资源要素融入种植、生产、包装、营销等各环节当中，选择符合民族地区的本土化、民族化、特色化的农业。同时，应积极加强与科研机构的合作和科技成果的转化运用，着力培育肉苁蓉、酿酒葡萄、沙棘、枸杞、沙漠玫瑰、甘草、黑加仑等特色沙产业，使沙产业逐步发展成为调整产业结构、转变经济增长方式、促进农牧民增收的新兴产业，通过转型升级激活经济发展新动能。另外，应进行持续的科技创新，并将其积极地运用到解决现实问题中，实现经济的质量变革、效率变革和动力变革。

而对阿克陶县、和田市、皮山县、洛浦县、于田县、喀什市、疏附县、英吉沙县、伽师县等地区而言，固定资产投入不足成为经济脆弱性的主要影响指标。如前文所言，全社会固定资产投资是社会固定资产再生产的主要手段。通过建造和购置固定资产的活动，不断采用先进技术装备，建立新兴部门，进一步调整经济结构和生产力的地区分布，增强经济实力，为改善人民物质文化生活创造物质条件。这对地区现代化建设具有重要意义。南疆四地州26个地区公共基础设施建设相对落后，经济水平较低，政府层面的固定资产投资很大程度上可以有效提供社会发展所需的基础建设，减轻经济脆弱性。以上地区急需加大固定资产投资，改善经济发展条件。

人均地区生产总值指标成为南疆四地州26个地区中部分地区经济系统脆弱性排名第二或第三的影响因素。人均地区生产总值是人民生活条件的直观体现，人均地区生产总值不足，当地人民将更多的精力投入在“吃饱穿暖”的基本生活保障层面，社会活动匮乏，生态环境可能因为资源的过分掠夺而受到破坏，更别提进行生态保护。

2）社会系统关键致脆因子分析

基于2013—2018年6年间南疆四地州156个样本数据，采用障碍度模型识别南疆四地州各地区社会脆弱性的关键致脆因子，用*Y*1至*Y*10分别代表人口自然增长率、农村人口占比、少数民族人口比例、居民储蓄存款余额、人均粮食拥有量、固定电话用户、小学（初中）阶段平均每名教师负担学生数、每千人拥有卫生技术人员数、每千人拥有卫生技术床位数、各种社会福利收养性单位床位数等指标，结果如表8-2所示。

表8-2 **南疆四地州26个地区2013—2018年社会脆弱性关键致脆指标**

地区	2013年	2014年	2015年	2016年	2017年	2018年
阿图什市	*Y*7*Y*3*Y*8	*Y*7*Y*8*Y*3	*Y*7*Y*1*Y*2	*Y*7*Y*1*Y*8	*Y*7*Y*1*Y*8	*Y*7*Y*1*Y*8
阿克陶县	*Y*7*Y*5*Y*1	*Y*7*Y*5*Y*1	*Y*7*Y*5*Y*1	*Y*7*Y*5*Y*1	*Y*7*Y*5*Y*1	*Y*7*Y*5*Y*1
阿合奇县	*Y*7*Y*3*Y*1	*Y*7*Y*3*Y*1	*Y*7*Y*3*Y*1	*Y*7*Y*1*Y*3	*Y*7*Y*1*Y*3	*Y*7*Y*1*Y*3
乌恰县	*Y*7*Y*3*Y*1	*Y*7*Y*3*Y*8	*Y*7*Y*3*Y*1	*Y*7*Y*1*Y*3	*Y*7*Y*1*Y*3	*Y*7*Y*1*Y*3
和田市	*Y*2*Y*1*Y*8	*Y*2*Y*1*Y*8	*Y*8*Y*2*Y*1	*Y*8*Y*2*Y*1	*Y*8*Y*2*Y*1	*Y*1*Y*8*Y*2

续表

地区	2013年	2014年	2015年	2016年	2017年	2018年
和田县	Y1Y7Y5	Y1Y5Y2	Y1Y5Y7	Y1Y5Y7	Y1Y5Y9	Y1Y5Y9
墨玉县	Y7Y1Y2	Y1Y7Y5	Y1Y5Y7	Y1Y5Y7	Y1Y5Y7	Y1Y5Y7
皮山县	Y1Y2Y7	Y7Y1Y2	Y1Y7Y5	Y1Y5Y2	Y1Y5Y7	Y1Y5Y2
洛浦县	Y7Y5Y1	Y7Y5Y1	Y7Y1Y5	Y1Y7Y5	Y1Y7Y5	Y1Y7Y5
策勒县	Y7Y1Y5	Y7Y1Y5	Y7Y1Y5	Y1Y7Y5	Y7Y1Y5	Y1Y7Y5
于田县	Y7Y5Y2	Y7Y1Y5	Y7Y2Y5	Y7Y1Y2	Y1Y7Y2	Y1Y7Y5
民丰县	Y7Y1Y2	Y7Y1Y2	Y7Y1Y3	Y7Y1Y3	Y7Y1Y3	Y7Y1Y2
喀什市	Y3Y2Y8	Y3Y8Y2	Y3Y8Y2	Y8Y3Y2	Y8Y3Y2	Y8Y3Y1
疏附县	Y7Y5Y1	Y7Y5Y1	Y7Y5Y1	Y5Y7Y1	Y5Y7Y1	Y5Y1Y7
疏勒县	Y7Y5Y1	Y7Y5Y1	Y7Y1Y5	Y5Y1Y7	Y7Y5Y1	Y1Y5Y7
英吉沙县	Y7Y5Y2	Y7Y5Y2	Y7Y5Y1	Y5Y1Y7	Y5Y1Y7	Y5Y1Y7
泽普县	Y3Y7Y5	Y3Y7Y5	Y3Y7Y5	Y3Y5Y7	Y3Y5Y1	Y1Y3Y5
莎车县	Y2Y7Y1	Y1Y2Y7	Y1Y5Y2	Y1Y5Y10	Y1Y5Y2	Y1Y5Y7
叶城县	Y5Y1Y7	Y5Y1Y7	Y5Y1Y7	Y5Y1Y2	Y5Y1Y2	Y5Y1Y2
麦盖提县	Y3Y1Y7	Y3Y7Y1	Y3Y1Y7	Y3Y7Y1	Y3Y7Y1	Y1Y3Y5
岳普湖县	Y7Y2Y5	Y7Y5Y2	Y7Y5Y3	Y7Y5Y1	Y7Y1Y5	Y7Y1Y5
伽师县	Y7Y5Y1	Y7Y5Y1	Y5Y7Y1	Y5Y1Y7	Y1Y5Y7	Y1Y5Y7
巴楚县	Y7Y2Y5	Y7Y2Y5	Y5Y7Y1	Y1Y5Y7	Y1Y5Y7	Y1Y7Y5
塔什库尔干塔吉克自治县	Y1Y2Y3	Y2Y1Y3	Y1Y7Y3	Y1Y7Y8	Y1Y7Y8	Y1Y7Y8
乌什县	Y1Y5Y7	Y5Y1Y7	Y5Y1Y7	Y1Y5Y7	Y1Y5Y7	Y1Y5Y7
柯坪县	Y7Y1Y5	Y7Y1Y5	Y1Y7Y5	Y2Y1Y7	Y1Y2Y7	Y1Y2Y7

从表8-2可以发现，相较于经济脆弱性的影响因素排名，南疆四

地州26个地区社会脆弱性影响指标地区间存在差异，且各地区内部指标相对稳定，但排名变化较大。从26个地区的整体情况来看，*Y*7（小学（初中）阶段平均每名教师负担学生数）、*Y*1（人口自然增长率）、*Y*5（人均粮食拥有量）在156个的样本中出现的次数较多。除和田市、喀什市外，其余地区在研究期内社会脆弱性影响因素排名前三的指标中*Y*7（小学（初中）阶段平均每名教师负担学生数）均出现过，其中该指标在阿图什市、阿克陶县、阿合奇县、乌恰县、于田县、民丰县、疏附县、疏勒县、岳普湖县等地区在研究期内数年排名第一。这表明这些地区在教师的供给能力上需要提升幅度较大。对于南疆四地州26个地区而言，开发利用地区教育资源，是缩小当地与相对发达地区教育差距的关键。小学（初中）阶段平均每名教师负担学生数代表了地区教育供给能力，我国现阶段实行义务教育，义务教育阶段适龄儿童要求全部入校学习，但师资力量不足成为阻碍当地教育发展的现实瓶颈。师资力量结构性短缺导致教师在教学工作中出现跨学科教学、多学科教学现象，师资力量功能性短缺导致教师除了承担教学任务外，还需要承担额外的行政任务，二者并存导致当地学校教师工作任务繁重、工作压力过大，学校整体教学质量下降。

和田县、墨玉县、皮山县、洛浦县、莎车县、塔什库尔干塔吉克自治县、乌什县、柯坪县等地区的*Y*1（人口自然增长率）对社会脆弱性的影响较大。人是构成社会的基本要素，也是社会活动的基本单位。南疆四地州26个地区2020年全面脱贫前是贫困地区，大部分是深度贫困地区，人口自然增长率与全国平均水平相比较高。人口的增长与当地的经济增长不相适应，地区生产总值增量被新增人口抵消，人口总量的压力不缓解，就会过多增加社会管理成本，使生态环境和社会环境失衡，使经济、社会和人难以全面协调发展；人口结构不合理，高智力人群比重偏低，知识创新的原动力、集聚度就难以增强，科教功能的主导地位就难以确立；人口整体素质不高，就会降低社会文明程度[145]。过高的人口自然增长率也会导致有限的资源更加稀缺，对生态资源造成过度掠夺，而使生态环境遭受破坏。与此同时，人口增长过快，超过了当地经济发展所能提供的就业岗位，会使乡村出现大量的剩余劳动力，人口与就业矛盾加剧，影响社会稳定。对于贫困地区而言，应将经济、社会、生态统筹考虑，注重人口规模的适度增长。

*Y*5（人均粮食拥有量）也成为大部分地区排名前三的主要影响指标。人均粮食拥有量是综合了粮食生产总量与地区人口两项指标后的数据体现，可以作为地区粮食供需状态的一项重要评估指标，人均粮食拥有量的稳定增长是粮食安全的一个重要体现，关乎地区人民生活、经济社会的健康可持续发展，如果地区人均粮食拥有量不足，则很可能导致地区脆弱性增强。

3）生态系统关键致脆因子分析

基于2013—2018年6年间南疆四地州156个样本数据，采用障碍度模型识别南疆四地州各地区生态脆弱性的关键致脆因子，用*Z*1至*Z*8分别代表高程、坡度、年均温度、年均降水量、森林覆盖率、人均耕地面积、化肥施用量、人口密度等指标，结果如表8-3所示。

表8-3 **南疆四地州26个地区2013—2018年生态脆弱性关键致脆指标**

地区	2013年	2014年	2015年	2016年	2017年	2018年
阿图什市	*Z*8*Z*1*Z*7	*Z*8*Z*1*Z*7	*Z*8*Z*1*Z*7	*Z*8*Z*1*Z*7	*Z*8*Z*1*Z*7	*Z*8*Z*1*Z*7
阿克陶县	*Z*8*Z*7*Z*1	*Z*8*Z*7*Z*1	*Z*8*Z*7*Z*1	*Z*8*Z*7*Z*1	*Z*8*Z*7*Z*1	*Z*8*Z*7*Z*1
阿合奇县	*Z*8*Z*7*Z*1	*Z*8*Z*7*Z*1	*Z*8*Z*7*Z*1	*Z*8*Z*7*Z*1	*Z*8*Z*7*Z*1	*Z*8*Z*7*Z*1
乌恰县	*Z*8*Z*1*Z*7	*Z*8*Z*1*Z*7	*Z*8*Z*1*Z*7	*Z*8*Z*1*Z*7	*Z*8*Z*1*Z*7	*Z*8*Z*1*Z*7

续表

地区	2013年	2014年	2015年	2016年	2017年	2018年
和田市	Z1Z7Z8	Z1Z7Z8	Z1Z7Z8	Z1Z7Z8	Z1Z7Z8	Z1Z7Z8
和田县	Z8Z7Z6	Z8Z7Z3	Z8Z7Z6	Z8Z7Z3	Z8Z7Z3	Z8Z7Z3
墨玉县	Z8Z1Z7	Z8Z1Z7	Z8Z1Z7	Z8Z1Z7	Z8Z1Z7	Z8Z1Z7
皮山县	Z8Z1Z7	Z8Z1Z7	Z8Z1Z7	Z8Z1Z7	Z8Z1Z7	Z8Z1Z7
洛浦县	Z8Z1Z7	Z8Z1Z7	Z8Z1Z7	Z8Z1Z7	Z8Z1Z7	Z8Z1Z7
策勒县	Z8Z7Z1	Z8Z7Z1	Z8Z7Z1	Z8Z7Z1	Z8Z7Z1	Z8Z7Z1
于田县	Z8Z1Z7	Z8Z1Z7	Z8Z1Z7	Z8Z1Z7	Z8Z1Z7	Z8Z1Z7
民丰县	Z8Z7Z1	Z8Z7Z1	Z8Z7Z1	Z8Z7Z1	Z8Z7Z1	Z8Z7Z1
喀什市	Z1Z7Z8	Z1Z7Z8	Z1Z7Z8	Z1Z7Z8	Z1Z7Z8	Z1Z7Z8
疏附县	Z8Z1Z7	Z8Z1Z7	Z8Z1Z7	Z8Z1Z7	Z8Z1Z7	Z8Z1Z7
疏勒县	Z8Z1Z7	Z8Z1Z7	Z8Z1Z7	Z8Z1Z7	Z8Z1Z7	Z8Z1Z7
英吉沙县	Z8Z1Z7	Z8Z1Z7	Z8Z1Z7	Z8Z1Z7	Z8Z1Z7	Z8Z1Z7
泽普县	Z8Z1Z7	Z8Z1Z7	Z8Z1Z7	Z8Z1Z7	Z8Z1Z7	Z8Z1Z7
莎车县	Z8Z1Z7	Z8Z1Z7	Z8Z1Z7	Z8Z1Z7	Z8Z1Z7	Z8Z1Z7
叶城县	Z8Z1Z7	Z8Z1Z7	Z8Z1Z7	Z8Z1Z7	Z8Z1Z7	Z8Z1Z7
麦盖提县	Z8Z1Z7	Z8Z1Z7	Z8Z1Z7	Z8Z1Z7	Z8Z1Z7	Z8Z1Z7
岳普湖县	Z8Z1Z7	Z8Z1Z7	Z8Z1Z7	Z8Z1Z7	Z8Z1Z7	Z8Z1Z7
伽师县	Z8Z1Z7	Z8Z1Z7	Z8Z1Z7	Z8Z1Z6	Z8Z1Z7	Z8Z1Z7
巴楚县	Z8Z1Z7	Z8Z1Z7	Z8Z1Z7	Z8Z1Z7	Z8Z1Z7	Z8Z1Z6
塔什库尔干塔吉克自治县	Z8Z7Z3	Z8Z7Z3	Z8Z7Z3	Z8Z7Z3	Z8Z7Z3	Z8Z7Z3
乌什县	Z8Z1Z7	Z8Z1Z7	Z8Z1Z7	Z8Z1Z7	Z8Z1Z7	Z8Z1Z7
柯坪县	Z8Z1Z7	Z8Z1Z7	Z8Z1Z7	Z8Z1Z7	Z8Z1Z7	Z8Z1Z7

通过表8-3可知，阿图什市、乌恰县、墨玉县、皮山县、洛浦

县、于田县、疏附县、疏勒县、英吉沙县、泽普县、莎车县、叶城县、麦盖提县、岳普湖县、伽师县（2016年除外）、巴楚县（2018年除外）、乌什县、柯坪县等地区生态系统脆弱性影响排名前三的指标为$Z8$（人口密度）、$Z1$（高程）和$Z7$（化肥施用量）；阿克陶县、阿合奇县、策勒县、民丰县等地区生态系统脆弱性影响排名前三的指标为$Z8$（人口密度）、$Z7$（化肥施用量）和$Z1$（高程）；和田市、喀什市生态系统脆弱性影响排名前三的指标为$Z1$（高程）、$Z7$（化肥施用量）和$Z8$（人口密度）；和田县、塔什库尔干塔吉克自治县生态系统脆弱性影响排名前三的指标为$Z8$（人口密度）、$Z7$（化肥施用量）和$Z3$（年均温度），其中和田县2013年、2015年排名第三的指标为$Z6$（人均耕地面积）。不难看出，人口密度成为影响南疆四地州26个地区生态脆弱性的主要指标，其次为化肥施用量和高程，人为因素对生态脆弱性的影响较大，加上各地区本身生态环境基础条件差，使得南疆四地州26个地区生态脆弱性较强。

高程表征地表条件，高程高对植被生命力有明显的影响。就南疆四地州26个地区而言，较高的高程使得空气稀薄，气候会变得干燥寒冷，不利于植物生长，也加大了人为开发的难度。现实中南疆四地州普遍海拔较高，在一定程度上加剧了地区生态脆弱性。与此同时，人为因素对生态脆弱性影响较大，致脆指标中人为因素分为化肥施用量和人口密度两个层面。农业是南疆四地州26个地区发展的重要产业，也是重要收入来源，但农业发展要统筹生态环境建设，过量的化肥施用会使原来的农业生态环境遭到破坏，从长远的角度看不利于当地经济社会的发展。随着我国农业供给侧结构性改革的不断深入推进，减少化肥施用量，推进绿色农业可持续发展已经成为趋势。随着当下消费者消费意识的改变，绿色、无污染的天然农副产品已成为广大消费者的新追求，对于南疆四地州26个地区而言，不能停留在使用化肥增加农作物产量的浅层次追求上，而应从长远发展谋规划。人口密度大，人类生产和生活活动频繁，对环境影响大（利用和改造环境深度、广度大，产生的废弃物多），从而造成了较严重的环境问题，同时采育失调、毁林开荒、乱砍滥伐、森林火灾、居民烧柴等行为造成森林资源的破坏，牲畜的大量集中，过度放牧现象严重，使草场破坏严重，导致土地荒漠化。

总体而言，相对较差的自然环境条件，加上人为因素的不当影响，致使南疆四地州26个地区生态脆弱性问题严峻，需要在自然环境和人为因素两个方面双向发力，才能减缓地区脆弱性程度。

8.2 基于路径依赖视角识别致脆成因

依据第5章的研究结论，南疆四地州26个地区整体上三个阶段内的经济脆弱性、社会脆弱性、生态脆弱性、综合脆弱性结构相似度普遍较强，表明南疆四地州26个地区脆弱性与前期的脆弱性基础关联性较强，地区在脆弱性的治理过程中可能存在路径依赖现象。

8.2.1 南疆四地州地区脆弱性治理路径依赖的形成

从南疆四地州地区脆弱性治理的路径依赖的形成逻辑上来看，是由几个具有契合关系的阶段性过程构成的，这一过程起始于有意识或随机的脆弱性治理初始地区阶段的选择（萌芽阶段）。

南疆四地州地区脆弱性治理初始地区选择阶段后，在地区范围内自我强化机制的作用下，规模报酬递增，形成脆弱性治理的群体共识，形成脆弱性治理的路径依赖（形成阶段）。

脆弱性治理路径依赖形成后，伴随着脆弱性治理的发展惯性，中央和地区的扶持资金、政策等逐步向此地区聚集，脆弱性治理路径依赖的地位进一步强化，进入脆弱性治理路径依赖的“锁定”阶段。

8.2.2 南疆四地州地区脆弱性治理路径依赖成因

脆弱性治理路径依赖现象形成后，将不利于后续脆弱性的减缓，如此造成地区脆弱性基础一直处于较高的状态，而后期的脆弱性指数不会受到前期基础指数的影响，如此往复，致使地区脆弱性较其他地区偏高，且治理难度较大。脆弱性治理路径依赖成因分析如下：

（1）技术层面原因分析。转化成本、规模报酬递增机制、帮扶主体思维惰性、有限理性及信息不完全性等因素都可能导致脆弱性治理中路径依赖现象的产生。自精准扶贫政策颁布以来，政府在帮扶南疆四地州26个地区脆弱性治理过程中做了大量的努力。但脆弱性治理措施或手段一旦被选用，如果要改变这种手段或模式就要付出一定的代价，而这种代价的大小也会影响路径的选择，从而造成路径依赖。

（2）制度层面原因分析。南疆四地州地区26个地区曾处于集中连片特困地区，经济基础薄弱，文化环境相对落后，政策系统相对封闭。传统的科层制度在南疆四地州脆弱性治理制度的制定、治理措施的实施等方面有所体现。例如，对于某些措施或脆弱性治理政策的审批流程较为严格，项目审批制度的严密性较好，但容易导致执行层面的主体产生路径依赖问题，如对于一些风险性较高的决策，组织较难做出决策或不愿意做出决策。在脆弱性治理政策或措施制定过程中，下属单位可能产生狭隘的自我服务意识，难以突破自身利益的限制，以致走上政策执行的路径依赖。这种制度缺陷对地方政府政策执行的路径依赖的影响尤为明显。

（3）自我强化原因分析。组织间的自我强化，是导致南疆四地州脆弱性治理过程中出现路径依赖现象的又一原因。在脆弱性治理过程中，需要各个部门之间互相合作，做到以政府为主导，各个行业相互联动，政府各个部门积极参与，整个社会普遍帮扶。但精准扶贫期间，南疆四地州26个地区还面临着脱贫攻坚的任务，因此治理压力较大，容易导致一些地区出现虚假帮扶、不当治理等现象。这一系列的不当治理也需要大量的资金投入，从而形成转化成本，使得治理方案或模式难以改变，主要是因为存在着利益主体间的自我强化。

（4）系统因素原因分析。南疆四地州26个地区地处新疆南疆偏远地区，资源型贫困、地缘型贫困、生态型贫困及内生型贫困曾同时存在，这样的初始环境限定了脆弱性治理方式的选择，在治理的思想观念、固有经验、转化成本、历史制度等方面容易产生路径依赖。

8.3 基于区域脆弱性视角识别致脆成因

从第6章的研究结论可以发现，南疆四地州26个地区综合脆弱性存在显著的空间正相关性，同时在空间分布上呈现集聚状态。南疆四地州26个地区中多数地区的局部自相关类型以高高（HH）型、低低（LL）型等同质性特征为主，异质性为辅。这表明虽然南疆四地州26个地区的综合脆弱性指数处于下降态势，但综合脆弱性高的地区周边地区综合脆弱性也高，不难发现，区域整体脆弱性也会对单个地区的脆弱性产生影响。

8.3.1 区域整体脆弱性的影响

研究期内，南疆四地州26个地区复合生态系统脆弱性存在显著的空间正相关性，同时在空间分布上呈现集聚状态。这与现实状况是相符合的，研究期内南疆四地州26个地区均处于贫困或部分脱贫的状态，但都曾属于贫困地区，同时伴随集中连片贫困状态，区域整体脆弱性较为严重，对单个地区的脆弱性也会产生一定的影响。

第一，区域整体复合生态系统脆弱性强，不利于区域内各地区经济平稳发展，极易使单个地区经济系统脆弱性增强。

第二，区域整体复合生态系统脆弱性强，会加重社会系统的不稳定性，使社会系统脆弱性增强。南疆四地州26个地区具备一定的资源优势，随着区位优势的不断凸显和一系列帮扶政策的“助力”，各地区迎来发展机遇。但碍于区域整体脆弱性较强，而各地区发展基础又存在差异，因此容易出现区域内利益分配不均的现象，进而产生不利于各地区社会系统稳定性的因素，使社会系统脆弱性增强。

第三，区域整体复合生态系统脆弱性强，不利于区域内各地区生态环境建设。南疆四地州地区干旱、少雨、风沙大，生态环境相对恶劣，加上经济发展基础薄弱，人们的生活水平普遍不高，这与南疆四地州地区中多数地区为深度贫困地区的现实状况相吻合。也正因为如此，可能会出现过度开垦等行为，这种行为加速了生态环境的进一步恶化，使得地区生态系统脆弱性增强。

8.3.2 相邻地区脆弱性的影响

从第6章的研究结论中可以发现，南疆四地州26个地区的空间自相关类型多数呈现出高高、低低等同质性特点，表明相邻地区的脆弱性对本地区脆弱性的影响更为明显。为了维持生产、生活的正常运转，相邻地区间在物质、能量、人员、信息等方面的交换更为频繁。

第一，从经济系统脆弱性角度分析，一个地区的经济产出除了受到本地区影响之外，还受到区域尤其是相邻地区经济的影响。如果相邻地区脆弱性较强，并且地区间在经济上缺乏互补性和密切联系，会对经济产出造成不利影响，进而削弱经济系统抗干扰的能力，使本地区经济系统脆弱性受到影响。

第二，从社会系统脆弱性角度分析，南疆四地州26个地区人口特征相似，生活条件整体不高，生活保障有待提高。较高的社会脆弱性致使经济持续发展动力不足，进而影响经济增长的质量与速度。为降低社会系统的脆弱性，又必须发展经济，而发展经济又需要与自然生态发生关联，经济在空间上交换、分工，生态在空间上相互影响，社会脆弱性间也因此产生空间影响性。

第三，从生态系统脆弱性分析，相邻地区间生态环境的彼此影响较大，相邻地区的生态环境遭受破坏会直接影响到本地区生态系统，如因水资源缺乏而引起相邻地区对水资源的开发。因各地区自然生态资源基础不同，人类生产生活中对自然生态资源的开发利用程度也就不同，对地区生态脆弱性的影响程度也不同。

8.4 基于复合系统短板系统视角识别致脆成因

复合生态系统耦合和协调发展中的短板系统是引起复合系统协调度不高的重要因素，而地区复合生态系统耦合协调度不高又会导致地区复合生态系统抗干扰能力变弱，进而影响地区的脆弱性，因此，识别出南疆四地州地区复合系统的短板系统，有利于更全面地分析出致脆成因。

8.4.1 方法介绍

相对发展模型：耦合协调度模型在评价系统之间的耦合协调发展状况时比较准确，但无法评价相对发展程度，由于经济、社会、生态的发展基础和发展速度不同，现实中很难实现完全同步发展，所以研究相对发展水平具有一定的实际意义。因此，本书引进相对发展模型，用字母E表示相对发展度，参照前人研究[155-157]，评判标准和基本类型参见表7-1。以经济系统和生态系统为例，设定当$0.8 < E \leqslant 1.2$时，经济系统与生态系统相互促进、耦合系统优化发展；当$E > 1.2$时，经济发展水平超出生态供给能力，对生态环境造成一定负担；当$0 < E \leqslant 0.8$时，经济发展落后于生态供给，生态资源未被充分开发利用。相对发展模型的公式如下：

$$E = \frac{U_1}{U_3} \tag{8-3}$$

8.4.2 结果分析

以2013—2018年6年经济、社会、生态评价指数得分的平均值代表某地区经济系统、社会系统及生态系统的发展水平，依据相对发展模型公式，测算南疆四地州26个地区各系统间的相对发展度，结果如表8-4所示。

表8-4 **南疆四地州26个地区各系统相对发展度**

地区	$U1/U2$	$U1/U3$	$U2/U3$	滞后系统
阿图什市	0.723	4.093	5.665	U_3
阿克陶县	1.767	4.725	2.674	U_3
阿合奇县	0.817	1.434	1.756	U_3
乌恰县	1.284	2.834	2.208	U_3
和田市	0.632	5.873	9.291	U_3
和田县	0.935	5.151	5.508	U_3
墨玉县	0.985	2.485	2.523	U_3
皮山县	1.022	2.253	2.204	U_3
洛浦县	1.161	2.901	2.499	U_3

续表

地区	U1/U2	U1/U3	U2/U3	滞后系统
策勒县	0.846	2.674	3.162	U_3
于田县	0.846	2.674	3.162	U_3
民丰县	0.754	3.435	4.557	U_3
喀什市	0.917	9.736	10.619	U_3
疏附县	1.198	2.181	1.821	U_3
疏勒县	1.198	2.181	1.821	U_3
英吉沙县	1.569	2.042	1.302	U_3
泽普县	0.669	0.909	1.359	U_1
莎车县	0.979	3.012	3.075	U_3
叶城县	1.594	5.353	3.359	U_3
麦盖提县	0.604	0.241	0.399	U_1
岳普湖县	1.547	3.404	2.200	U_3
伽师县	1.898	2.761	1.455	U_3
巴楚县	1.206	3.298	2.734	U_3
塔什库尔干塔吉克自治县	1.586	2.972	1.874	U_3
乌什县	0.800	1.430	1.787	U_3
柯坪县	1.086	1.875	1.726	U_3

从表8-4可知，26个地区中泽普县、麦盖提县2个地区为经济滞后型，其余地区均为生态滞后型。不难发现，生态系统成为制约南疆四地州整体协调发展的关键系统。部分地区需要补经济系统短板。

2013—2018年南疆四地州26个地区大部分处于未脱贫状态，解决深度贫困的现状是南疆四地州面临的棘手难题，而较为严峻的生态环境成为脱贫攻坚的主要瓶颈，因此，南疆四地州26个地区社会-经济-生态三系统耦合协调度整体不高。

本书进一步分析了26个地区除第一滞后系统外的第二滞后系统，发现除泽普县表现为生态系统滞后外，其余地区的第二滞后系统分布在经济系统和社会系统当中。其中，阿图什市、阿合奇县、和田市、和田县、墨玉县、策勒县、于田县、民丰县、喀什市、莎车县、乌什县等地区第二滞后系统为经济系统；阿克陶县、乌恰县、皮山县、洛浦县、疏附县、疏勒县、英吉沙县、叶城县、麦盖提县、岳普湖县、伽师县、巴楚县、塔什库尔干塔吉克自治县、柯坪县等地区的第二滞后系统为社会系统。从相对发展度得分来看，大部分地区的经济系统与生态系统、社会系统与生态系统的发展都相差较大，而经济系统与社会系统的对比当中，阿合奇县、和田县、墨玉县、皮山县、洛浦县、策勒县、于田县、喀什市、疏附县、疏勒县、巴楚县、乌什县、柯坪县等地区的经济系统与社会系统的发展处于同步发展类型当中。

不难看出，在经济、社会发展过程中，要注重生态文明建设与经济、社会发展的同步性。与此同时，在经济持续快速健康发展的基础上，注重社会建设，加强公共财政对社会事业的支持，着力改善民生，促进社会和谐。如果短板明显，可能会引起复合生态系统敏感度的变化，进而影响整个系统的脆弱性应对能力。因此，应加强对短板系统的建设，促进复合系统耦合协调发展，以此来降低各系统的变动对复合生态系统敏感程度的影响。

8.5 本章小结

本章根据第4、5、6、7章的实证分析，从关键致脆指标、脆弱性治理路径依赖、区域内脆弱性的相互影响、复合生态系统的短板系统等四个层面对南疆四地州26个地区致脆成因进行分析，结论如下：

（1）南疆四地州经济脆弱性系统中，第三产业增加值占地区生产总值比重、第二产业增加值占地区生产总值比重、固定资产投资三项指标出现频率最高，而各地区排名靠前的致脆因子大部分都包含了产业结构因素，但在第三个致脆因子上略有差异；南疆四地州社会脆弱性系统中，小学（初中）阶段平均每名教师负担学生数、人口自然增长率和人均粮食拥有量三项指标出现频率最高；南疆四地州生态脆弱性系统中，人口密度、化肥施用量、高程三项指标出现频率最高。

（2）地区脆弱性治理的路径依赖现象将不利于后续脆弱性的减缓，造成地区脆弱性基础一直处于较高的状态，而后期的脆弱性指数受前期基础指数的影响，致使地区脆弱性较其他地区偏高，且治理难度较大。

（3）区域整体复合生态系统脆弱性强，会妨碍经济系统内各生产要素的流动，限制区域交流合作；加重社会系统的不稳定性，使社会系统脆弱性增强；也不利于区域内各地区生态环境建设，使得地区生态系统脆弱性增强。相邻地区间脆弱性的影响则更为明显。

（4）整体而言，生态系统成为影响复合生态系统耦合协调发展第一的短板系统，而在第二滞后系统中，部分地区表现为经济系统滞后，部分地区则表现为社会系统滞后。短板系统可能会引起复合生态系统敏感度的变化，进而影响整个系统的脆弱性应对能力。

第9章

南疆四地州地区脆弱性应对策略

9.1 从降脆视角谈应对策略

9.1.1 经济系统降脆

从第8章的相关结论中得知，南疆四地州各地区经济脆弱性系统中，各地区排名靠前的致脆因子大都包含了产业结构因素，但在第三个致脆因子上略有差异。固定资产投资、人均地区生产总值都曾成为部分地区的第三致脆指标。针对以上致脆指标，提出以下应对策略：

（1）深化产业结构调整，加快产业结构优化升级，提升人均地区生产总值。一是精准扶贫以来，南疆四地州的产业结构得到一定的优化，但依然存在产业层次较低、三次产业结构不合理等现象，因此在以农业为主的农村产业结构中，应充分发挥资源优势，结合各县市发展特点，打造适合本地种植的石榴、大枣、核桃、樱桃等特色林果产业，同时注重品牌建设，全面打造县市地标性林果产业，形成特色林果产业优势产区。依托科技进步与发展，部分地区可以尝试积极引入新品种种植产业，拓宽当地增收渠道。

二是加快第二产业的发展，依托南疆农业优势资源，延伸农业产业化经营产业链，持续加强农业项目与市场的精准对接，将更大的精力投入到农产品的深加工当中，增加农产品的附加价值，促使农产品生产、加工、销售、服务等环节有效衔接，建立农业、农产品供应链优势，进而形成农产品的规模化、产业化运营。从政府层面而言，要积极加强政策扶持与规划引导，落实培育发展新型经营主体，加大对其财政、税收等政策扶持力度，形成市场竞争力较强的农业合作社与龙头企业。与此同时，政府要统筹协调，避免区域内各地区在发展产业时闭门造车，各自决策，导致各地在同一时段内发展类似甚至相同的产业项目，出现较为明显的农业产业发展同质化现象，会形成小范围内的恶性竞争局面，不利于产业的发展。引进电子商务、数字经济等现代化营销模式，夯实当地增收基础。

三是借助南疆四地州的特色文化资源，进一步发展“文化+旅游”等项目，充分挖掘南疆四地州旅游中的“文化吸引力”，以旅游业带动餐饮、住宿等其他产业的联动发展。

四是大力发展劳动密集型产业，如纺织服装、地毯编织等，将扶持产业发展与促进当地就业结合起来，拓宽就业渠道，解决富余劳动力不能就业的现状，促进人均地区生产总值的提升。

（2）依靠科技创新促进地区产业结构的不断优化升级。科技是经济创新的一项重要支撑，可以有效地推动经济社会发展。南疆四地州26个地区经济基础相对薄弱，如何依靠科技创新实现产业结构升级需合理规划。但科技创新需要人才支撑，因此建设和打造高素质的科技从业人员队伍，尤其是培养南疆四地州26个地区本土高素质的科技人才队伍，对于南疆四地州各地区产业结构优化升级意义重大。

习近平总书记提出创新驱动实质上是人才驱动，指出要择天下英才而用之。他在全国科技创新大会、中国科学院第十八次院士大会和中国工程院第十三次院士大会、中国科学技术协会第九次全国代表大会上均强调，我国要建设世界科技强国，关键是要建设一支规模宏大、结构合理、素质优良的创新人才队伍，激发各类人才创新活力和潜力[158]。

南疆四地州26个地区的科技从业者相对匮乏，这些地区更应该将科技人才工作贯穿并服务于经济社会发展全过程，做好科技人才顶层设计，在人才政策创新、体制机制创新等方面取得新的突破和进展。一是要高度重视科技人才的培育工作，把制定科技人才政策提高到战略高度，努力打造一支高质量、高水平的科技人才队伍，为地区发展和脆弱性的应对夯实人才基础。二是要增强科技人才政策的吸引力，确保科技人才“愿意来”且“留得住”，同时在科技人才引进、培养、流动、职称评定、激励机制、平台搭建、环境营造等诸多方面做好全方位工作，使得政策措施更具效力。三是充分依托新一轮对口援疆、兵团向南发展等发展机遇，调动科技人才支援南疆四地州地区经济社会发展的积极性，同时做好与高校、科研机构等的有效合作，多措并举汇聚人才，实现经济的发展，降低地区经济发展的脆弱性。

（3）适度增加固定资产投资，注重投资结构的优化及投资效益的提高。对于阿克陶县、和田市、皮山县、洛浦县、于田县、喀什市、疏附县、英吉沙县、伽师县等地区而言，固定资产投入不足成为经济脆弱性的主要影响指标。因此，这些地区不但要适度增加固定资产投资，也要注重投资结构的优化及投资效益的提高。

固定资产投资是经济发展的重要组成力量，不仅可以在一定程度上使生产能力得以扩大，促进经济的发展，也可以使居民的生活空间得以扩展，但固定资产投资更应该解决经济社会发展中所面临的痛难点及盲点、堵点问题。一方面，为突破地区发展财力不足的现实瓶颈，地方政府应紧盯国家投向领域，围绕国家重大战略部署和投资重点，开发适合当地发展的重点投资项目、重大建设项目等以争取国家资金支持；另一方面，要积极拓宽融资渠道、创新融资方式，多渠道、多方式筹集资金。政府要出台促进民间投资、社会投资等的优惠政策，引导民间及社会资本进入投资领域，激发相关投资活力，使得投资体系与机制更具多元化、多渠道与多层次。

南疆四地州要加大重大项目和优质项目的招商引资力度，根据产业定位，加大宣传，出台更优惠的招商引资政策，加大招商力度，引入更多的大项目、好项目，增强经济发展内生动力，推动南疆四地州26个地区固定资产投资稳步增长。

南疆四地州要关注固定资产投资的速度与结构。投资速度过快会影响投资的质量，使得投资效益下降，也会影响投资结构的合理化。从可持续发展而言，过快的投资使得资源消耗严重，环境可能因此遭到破坏，因此必须保持合理的增长速度，适度增加固定资产投资。而对投资结构而言，要持续完善投资结构，统筹城乡投资均衡化，避免城市固定资产投入多而农村投入少的现象，对于城市或农村内部的固定资产投资，要将较多的投资投入到市政道路、经济适用房、垃圾处理、“三农”等用于改善民生的薄弱环节，提高投资效益。与此同时，要优化工业投资、民间投资、创新型投资、补短板投资等的投资比例等，为南疆四地州26个地区的发展注入持久的发展动力。

9.1.2 社会系统降脆

在南疆四地州社会脆弱性系统中，小学和初中阶段平均每名教师负担学生数、人口自然增长率和人均粮食拥有量三项指标出现频率最高，而农村人口占比、每千人拥有卫生技术人员数等指标也曾成为部分地区社会脆弱性的致脆指标。针对上述致脆指标，提出如下应对策略：

（1）多措并举保障教师资源供给，提升整体教师队伍质量。除和田市、喀什市外，其余24个地区在研究期内社会脆弱性影响因素排名前三的指标中都含有小学和初中阶段平均每名教师负担的学生数这一指标，尤其是对阿图什市、阿克陶县、阿合奇县、乌恰县、于田县、民丰县、疏附县、疏勒县、岳普湖县等地区社会脆弱性的影响最大，在研究期内数年排名第一。这表明这些地区的教师资源供给能力不足，面对这种现象，部分学校很可能采取一些影响教育质量与教学水平的不当措施，如将班级学生规模加大、延长现有教师的正常授课时间、招聘不符合条件的代课教师等，这些措施非但不能解决根本问题，而且会影响教育的长远发展。

基于此，南疆四地州26个地区需多措并举保障教师资源供给，同时注重教师队伍质量的提升。第一，积极制定因地制宜的教育保障政策，加大对南疆四地州教育落后地区教师的政策倾斜力度，从政策保障和资金支持层面双向保障教师在南疆四地州任教，使任教教师在工资、福利待遇、工作生活环境、职称评定、社会地位、居住条件、子女上学、养老问题等各个方面得到保障，努力打造“留得住”教师的政策保障体系。第二，加大教育财政资金的投入力度。南疆四地州26个地区经济基础薄弱，政府应划拨专项教育基金用于改善教育教学环境及解决教育中遇到的实际困难。第三，加强与对口支援省市的交流合作及南北疆教育资源的合理流动。充分依托新一轮对口援疆的政策优势，借助援疆省市的优质教育资源，培养适合地区教育发展的专门人才和高学历人才。与此同时，也不能忽略教师质量的提升，诸如定向培养、定向招聘、特岗教师、顶岗支教、对口援疆省市培养计划、优秀退休教师返聘等系列措施不仅可以壮大南疆四地州26个地区教师队伍，缓解南疆四地州26个地区教师供给不足的现实困境，还可以提升教师的整体质量，促进教育水平的提升。

（2）将人口自然增长率控制在合理范围，增强人口整体素质。人口问题是区域经济社会乃至生态环境良性发展必须重视的问题，当人口问题与区域经济社会发展不相适应时，就会给区域经济、社会、生态环境的可持续发展带来危害及威胁，从前文的研究结论中不难发现，研究期内人口自然增长率是社会系统脆弱性的关键致脆因子。首先，南疆四地州26个地区人口自然增长率相对较快、经济发展相对落后、生存环境相对恶劣，人口的增长与经济社会的发展不匹配，全面脱贫后，更需重视人口与资源环境、经济社会等的协调发展。过快的人口自然增长率会减少人均资源占有量，也会对生态环境资源造成一定的压力，但过低的人口自然增长率同样不利于区域的可持续发展，因此应结合当地人口规模、经济社会发展条件、生态环境资源等现实状况，将人口自然增长率管控在合理范围内。同时，政府在制定人口政策时，应逐步完善南疆四地州计生工作网络信息系统，将南疆四地州地区间与地区内部的人口状况统筹考虑，做好地区间人口政策的协调，防止地区间人口数量的不均衡发展。

其次，南疆四地州26个地区全面脱贫后，应花大力气提升人口的整体素质。在教育、医疗保障、公民道德建设等诸多方面发力，如加大基础教育投资力度，发展职业教育培训、成人教育培训以提升农村劳动力素质，发展高等教育以创设优良的社会文化环境，加大引进高素质人才政策支持力度，优化南疆人口结构等。扎实推进医疗卫生保障工程，提升人口的整体身体素质，为经济社会发展提供更优质的劳动力供给等。同时，要进行引导与宣传，避免部分地区陷入“越穷越生，越生越穷”的怪圈。

（3）保障人均粮食拥有量，降低社会系统脆弱性，实现地区经济、社会可持续发展。阿克陶县、和田县、墨玉县、皮山县、疏附县、疏勒县、英吉沙县、莎车县、岳普湖县、伽师县、巴楚县、乌什县等地区的社会脆弱性关键致脆指标中都曾出现人均粮食拥有量这一指标。人均粮食拥有量是综合了粮食生产总量与地区人口两项指标后的数据体现，可以作为地区粮食供需状态的一项重要评估指标，人均粮食拥有量的稳定增长是粮食安全的一个重要体现，关乎地区人民生活、经济社会的健康可持续发展，如果地区人均粮食拥有量不足，则很可能导致地区脆弱性增强。

为保障人均粮食拥有量，降低社会系统脆弱性，可采取如下措施：第一，实行严格的耕地保护制度，将现有的粮食播种面积保持在一定的水平并得到有效的保护和利用，避免城镇化进程中对耕地的过度占用，出现粮食大减产等现象，同时关注耕地质量的提升，推进土地整治、中低产田改造，使耕地面积和耕地质量实现占补平衡。南疆四地州26个地区自然环境较为恶劣，对于部分地区耕地质量较差的情况，可以适时考虑退耕封育。第二，充分发挥科技在促进粮食生产中的重要作用，增强粮食生产能力。加强农田等基础设施建设，在新型农业科技、节水灌溉、培育优良品种、粮食生产的抗灾能力等技术方面取得新进展。第三，南疆四地州26个地区整体水资源紧缺，应做好粮食生产与经济社会发展、生态环境的协调发展，不能逾越生态红线，更不能为追求粮食产量的提升而过度使用化肥、农药等，不但会对生态环境造成破坏，从长远来看，也会降低耕地质量。政府应发挥统筹协调作用，积极制定相应的激励措施，如投入资金、采取优惠政策措施等提升农户种植粮食的积极性，保护粮食的安全生产和粮农的实际利益，同时积极培育新型农业经营主体，提升劳动力素质，进而使得农业劳动生产率得以提升。南疆四地州26个地区经济社会发展状况和自然资源条件等不尽相同，各地区应结合自身发展特点，因地制宜发展粮食生产。

（4）加强基层卫生技术人才队伍建设，增强医疗服务供给能力，全面提升南疆四地州26个地区的医疗覆盖率和医疗服务水平，尤其是阿图什市、和田市、喀什市和塔什库尔干塔吉克自治县等地区，卫生技术人员数量相对于需求而言，仍有提升的空间。基层医疗卫生人员是群众健康的“守门员”，应高度重视基层卫生人员队伍建设，这与人民群众的切身利益息息相关。因此，应将人民健康作为重要奋斗目标，坚持医疗卫生行业的高质量发展，改善卫生技术人员供给不足、医疗卫生服务体系不完善、医疗卫生资源配置不合理等现象，提升南疆四地州26个地区的医疗卫生服务能力，为地区经济社会的可持续发展保驾护航。

第一，加强基层卫生人才引进培养。加大农村定向医学生免费培养力度，落实好定向医学生就业安置和履约管理工作；对于经济条件落后的农村地区，可以实施定向培养乡村医生工作，持续开展南疆四地州地区乡村医生事业编招聘工作，提供更有利的职称晋升通道及优厚的福利待遇，以此吸引更多的卫生技术人才。第二，充分利用“互联网+医疗”，使大多数地区能够享受到优质的医疗资源，能在一定程度上缓解南疆四地州卫生技术人员不足的问题。第三，医疗援疆为南疆四地州26个地区带来新的发展动力，不仅为南疆四地州各地区提供人才支撑，更提升了当地医疗卫生服务能力，使当地仪器设备、医疗基础设施条件得以改善，尤其是“组团式”医疗援疆，效果明显。

9.1.3 生态系统降脆

南疆四地州26个地区生态脆弱性系统中，人口密度、化肥施用量、高程三项指标出现频率最高，成为主要致脆指标，针对这些指标，提出如下降脆策略：

（1）合理调控人口密度，使其与经济社会发展和生态自然、资源等相适应。人类无法在戈壁、荒漠和沙漠化的土地居住，只能在有限的绿洲生产生活，造成南疆四地州部分地区人口密度较大。南疆四地州经济基础一般，社会发展相对落后，而过密的人口使得人均资源占有量减少，生态负荷过重，过度的开垦或污染物排放，又加重了地区生态脆弱性，恢复和改善生态环境就要求对人口密度实行合理的管控。

第一，依据人地关系，划定生态红线，加大对生态环境的保护力度，全面考虑生态脆弱性的特点。第二，可以对人口超载的地区进行人口异地安置，引导人口的重新分布，实现人与生态自然的和谐共处。加快城乡统筹步伐，缩小城乡收入差距，将农村剩余劳动力吸引过来，缓解生态脆弱性因人口密度大带来的生态压力，同时，加强对劳动力的职业技能培训，使其具备外出就业的能力。与此同时，加强对人口超载地区生态保护意识的培育，提高民众的生态保护意识，让民众学会在发展经济的同时，注重对生态环境的保护，寻求与自然和谐相处的生产生活方式。第三，可尝试在进行产业结构调整时，将劳动密集型产业从人口密度较大的地区转出，引导人口的合理流动。第四，避免人口数量增长过快，要将人口增长控制在与经济社会发展和生态环境承载力相适应的范畴内。第五，加强生态环境保护的政策制度建设，从政府层面顶层设计，精准施策，将生态环境保护工作做实、做细、做好。

（2）大力推进化肥减量提效。克州地区生态脆弱性致脆因子中化肥使用量位列第三。化肥是粮食的“粮食”，合理使用化肥可以增加粮食产量，提高土地生产力。但若施肥过多，不仅达不到增加产量的功效，甚至会造成耕地板结、土壤酸化等不良现象，增加农业生产成本，造成资源浪费及生态环境污染。因此，在确保农产品产量和粮食安全的前提下，应大力推进化肥减量提效。一是推进测土配方施肥。测土配方施肥可以根据耕地土样情况，科学配方，精准施肥，避免盲目跟风施肥和过度施肥现象。二是积极开展有机肥代替化肥行动，重点推广畜禽粪便资源化处理、秸秆还田替代化肥、有机肥+配方肥等模式。政府制定鼓励和引导农户实施有机肥的补贴政策，以及施用有机肥补助和耕地质量提升奖励政策，同时强化增施有机肥、秸秆还田、水肥一体化等技术的推广。三是加大新型经营主体培育，壮大社会化服务组织，实行集中供肥、统一施肥、专业化服务，推动化肥、农药使用量零增长。与此同时，要将化肥使用量零增长目标任务列入对地方的延伸绩效管理，加强督促督查，检验实施成效。

耕地是化肥最主要的实施对象，因此也可以尝试从提高耕地质量的层面减少化肥的使用量。从经济社会发展的角度而言，一定数量的耕地占比可以有效保障粮食安全，不能盲目减少必要耕地的数量。新疆维吾尔自治区农业农村厅《2020年新疆耕地质量等级情况公报》显示:“2020年南疆农牧林区耕地质量平均等级为5.22等，评价为四至六等的中等级耕地面积为1 572.13万亩，占该二级区耕地面积的45.26%。这部分耕地以灌淤土、草甸土和潮土为主，耕地基础地力中等，该等级部分耕地受盐碱、障碍层次等障碍因素影响导致供肥性能较差。评价为七至十等的低等级耕地面积为1 028.86万亩，占该二级区耕地面积的29.62%。这部分耕地以草甸土、潮土和灌淤土为主，耕地基础地力相对较差，水资源及农田基础设施缺乏，障碍因素以盐碱和障碍层次较为突出，生产力水平低。”不难看出，南疆整体耕地质量中等及以下的占比较大，耕地质量需要提升。一方面，对于中低等级农田，可以投入资金用以加大农田基础设施建设，积极探索应用生物有机肥、土壤改良剂来提高土地生产力；另一方面，对于优质农田，要加强保护工作，防止耕地污染，科学推进农田生态维护。同时依托大数据信息化时代背景，构建智慧耕地网络监测管理平台，对耕地的数量、质量和生态系统进行实时监测，触及警戒线系统会自动发出警报，为科学制定耕地利用管理决策提供依据。

9.2 从路径创造视角谈应对策略

南疆四地州26个地区脆弱性较强，而且不同时间阶段间脆弱性结构相似度较高，表明南疆四地州脆弱性治理过程中可能存在一定的路径依赖现象，南疆四地州脆弱性治理过程是循序渐进的，地区脆弱性治理受到较强的区域脆弱性治理基础的影响，因此地区脆弱性治理过程中，要结合地区发展情况，积极打破原有治理中的路径依赖现象，探寻发展新路径。

9.2.1 原有治理路径

南疆四地州26个地区曾均属于贫困地区，其中大部分属于深度贫困地区，因此这些地区的脆弱性治理过程从一定程度上讲是贫困的治理过程。南疆四地州26个地区贫困治理的路径有：

（1）强化治理主体力量。南疆四地州地区作为全疆脱贫攻坚的主战场，一些深度贫困县缺思路、缺资金、缺技术、缺劳力，必须集合力量攻克坚中之坚。从2014年开始，新疆已连续多年开展各级干部"访惠聚"驻村工作，工作队覆盖所有村，坚持队员当代表、单位做后盾、一把手负总责，推动"访惠聚"驻村工作队在脱贫攻坚战中打头阵、当先锋、啃最硬的骨头。和田地区墨玉县其乃巴格村"访惠聚"驻村工作队通过推行党员干部积分管理，工作队与村党支部结对互助学习，激发了村干部干事的创业动力和热情。近年来，新疆通过自治区示范培训、地州市集中培训的方式，为南疆四地州培训1万多名村级骨干力量，进一步加强了村党组织决胜脱贫攻坚的战斗力。

（2）推进专项巡视和成效考核。深化东西部扶贫协作和中央单位定点扶贫，夯实精准扶贫精准脱贫基础。加大资金投入和监管力度，防止脱贫摘帽后松劲懈怠，加强扶贫领域作风和能力建设，提高脱贫质量，巩固脱贫成果，防止和减少返贫。对未摘帽贫困县和贫困程度深的贫困村开展挂牌督战，以督促战压实各级责任。克服疫情影响，加强组织协调，进一步推动贫困劳动力疆内就业，开展消费扶贫行动，大力推进扶贫项目开工。做好易地扶贫搬迁后续扶持，积极发展配套扶贫产业，确保稳得住、能致富。

（3）多措并举扶持助推稳定脱贫。作为全国“三区三州”深度贫困地区之一的南疆四地州，通过易地搬迁、稳定就业、发展产业等多项帮扶措施的共同开展，有效提升了贫困群体生活质量和推动我国精准脱贫进程。

① 抓安置扶贫。2018年南疆四地州已搬迁3万人，2019年9月底前搬迁1.9万人，全面完成3年搬迁任务；截至2019年10月，贫困家庭劳动力新增有组织转移就业5.9万人，南疆四地州3年10万人转移就业规划全面落实到位；深入实施特色产业提升工程，带动23.8万贫困户发展庭院经济和特色种植。当地政府将搬迁安置区与现代农业开发基地、产业园区建设有机结合起来，加强后续扶持，已建成棚圈1 010座、设施大棚507座、卫星工厂14个，实现搬迁对象在安置区企业“嵌入式”务工。

② 抓就业脱贫。2018年以来，新疆维吾尔自治区聚焦南疆四地州深度贫困地区，深入开展就业扶贫专项行动，制定实施南疆四地州22个深度贫困县3年10万人就业扶贫规划，确保有劳动能力的贫困人口全就业、稳就业、人人有活干、持续有收入。截至2020年10月底，22个深度贫困县建档立卡贫困劳动力已转移就业22.4万人，超额完成规划目标任务。

③ 抓产业脱贫。2018年，新疆全面启动实施《南疆四地州深度贫困地区脱贫攻坚实施方案（2018—2020）》，在精准施策、资金支持等方面向深度贫困地区倾斜，统筹各类帮扶力量，统筹整合涉农资金，在产业带动上下功夫。近年来，南疆四地州深入实施特色产业提升工程，推进良种推广、林果业提质增效和畜禽规模养殖，走出特色优质高效的发展路子。截至2019年，种植业方面，南疆四地州建设拱棚25 446座，带动23.8万贫困户发展庭院经济，发展特色种植52.9万亩；林果业方面，投入7.4亿元推进南疆核桃、红枣、葡萄等特色

林果产业提质增效。

④ 抓基础设施扶贫。南疆四地州作为深度贫困地区，党中央和新疆的多项惠民政策给予了倾斜，近几年，水、电、路、通信、有线电视等基础配套设施基本通到了每家每户。2019年，750千伏电网全面覆盖喀什、和田、阿克苏、克州四个地州，为深度贫困地区脱贫和经济社会发展夯实了基础。同年，G3012喀什（疏勒）至叶城至墨玉高速公路二期工程（简称喀叶墨高速公路）建成通车，南疆四地州之间首次实现了高速公路连通。

⑤ 抓教育扶贫。新疆坚持以南疆四地州为主战场、10个未摘帽贫困县为决战地、义务教育有保障为主攻点、控辍保学为主任务，实施攻坚行动，将全区约80%的教育扶贫专项资金用于南疆四地州。

⑥ 抓健康脱贫。近年来，新疆紧紧围绕“两不愁三保障”，扎实推进健康扶贫，提升医疗保障水平，完善大病兜底保障制度，确保贫困群众健康有人管、患病有人治、治病能报销、大病有救助。在南疆四地州，以加强县医院能力建设、开展县乡一体服务、加强乡村一体联动管理、推进乡村医疗卫生机构标准化建设为主攻目标，将农村建档立卡贫困人口全部纳入基本医疗保险、大病保险、医疗救助覆盖范围，实现医疗保障制度全覆盖。

⑦ 抓旅游扶贫。文化旅游产业作为南疆四地州的核心优势产业，是增强民族凝聚力和向心力的重要抓手，同时也是南疆四地州的潜力产业。在旅游产品开发方面，泽普县力拓挖掘叶尔羌河胡杨，打造了金湖杨景区，并借助上海市的援疆力量和资金，建成了国家5A级旅游景区。巴楚县借助上海对口援助优势，开发打造红海景区。深圳市对口塔什库尔干塔吉克自治县建设帕米尔旅游区，进一步完善基础配套设施建设，对口喀什古城景区，包装打造特色风情街，整合推出一批特色民俗体验型产品。国家和新疆借助“一带一路”的时代机遇，

把南疆四地州自身的区域性对外开放战略融入国家丝绸之路经济带建设、向西开放的总体布局中，使旅游业成为推动南疆四地州经济发展、调整产业结构、稳边富民的支柱产业。

9.2.2 路径依赖的表现

（1）对政府帮扶政策措施的路径依赖。2013年精准扶贫政策实施以来，中央及新疆各级地方政府不断加强对南疆四地州贫困地区的扶贫力度，制定了多项行之有效的措施。但对比南疆四地州物质扶贫与精神扶贫，物质扶贫远远多于精神扶贫，且物质扶贫过程中存在有贫困户等待救济扶贫牛、扶贫羊的现象，个别家庭为争低保，甚至出现将家中老人、残疾人另外分户出去的现象[159]，因此导致了部分群众“等、靠、要”的思想严重，进而缺乏可持续发展的内生动力。贫困群体对扶贫政策的过度依赖又反作用于政府的治理措施，使得“输血式”扶贫方式愈发严重，陷入路径依赖当中。

（2）对既往治理经验的路径依赖。治理经验在特定的历史环境下会发挥积极的作用，但随着发展环境的改变，治理经验也表现出一定的局限性，若一味参照以往治理经验，非但不能取得理想的治理效果，还容易导致治理路径陷入依赖及锁定状态。例如，2020年前南疆四地州主要采取攻坚式扶贫模式，在贫困治理过程中不断降低地区发展的脆弱性。全面脱贫后面临着巩固脱贫攻坚成果与乡村振兴的有效衔接问题，这就要求在地区脆弱性治理过程中要对以往的治理措施做出积极调整，适应新变化、新要求。

（3）对其他地区发展模式的路径依赖。南疆四地州26个地区在脱贫过程中，在扶贫措施上，部分地区出现一定程度的路径依赖现象。如扶贫项目雷同现象突出，一些民族特色产业，如服装加工、地毯编织、手工艺等产品同质化严重，销售渠道匮乏，市场竞争力弱，抗风险能力低，贫困户参与的积极性不高。究其原因是某些特色产业在某一地区取得一定成绩后，其他地区“拿来主义”现象严重，认为该发展模式同样适合本地区的发展，缺乏理性的判断，导致治理效果不尽如人意，甚至影响南疆四地州区域整体的发展。

9.2.3 路径创造

南疆四地州26个地区不同时间阶段间脆弱性结构相似度较高的现状表明，全面脱贫后，南疆四地州26个地区要结合实际，摆脱治理路径依赖，探寻发展新路径，降低各地区脆弱性，有效巩固脱贫攻坚成果。创新路径具体如下：

（1）做好脱贫攻坚经验总结，实现脱贫攻坚成果与乡村振兴战略的有效衔接。南疆四地州曾是“三区三州”脱贫攻坚难啃的硬骨头，能如期完成脱贫攻坚任务，治理过程中有很多值得借鉴的经验和做法。全面脱贫后，要全面总结贫困治理过程中这些好的经验和做法，同时也要重视脱贫攻坚过程中存在的路径依赖现象，查清哪些方面存在路径依赖现象并加以避免，切实巩固脱贫攻坚成果。2020年全面脱贫后，南疆四地州26个地区的发展仍存在不充分、不均衡的问题，要做好脱贫攻坚和乡村振兴两大战略的衔接，实现南疆四地州26个地区可持续脱贫和高质量发展。

第一，要继续统筹政策扶持。按照《中共中央 国务院关于实现巩固拓展脱贫攻坚成果同乡村振兴有效衔接的意见》文件要求，在5年过渡期内保持帮扶政策总体稳定。脱贫前南疆四地州各地区贫困程度深，全面脱贫后很可能因某些重大风险造成返贫现象，因此，应在过渡期内保持帮扶政策总体稳定，从政策层面继续加以扶持。同时，政府应制定脱贫攻坚与乡村振兴相衔接的政策和措施，把脱贫攻坚中好的政策措施用到乡村振兴及缩小区域间发展差距上来，防止返贫甚至是规模性返贫现象发生，同时做好衔接的顶层设计，从衔接的内涵、基础、任务、目标、路径、机制等多个层面统筹规划，建立健全有效衔接的机制，实现从脱贫攻坚到乡村振兴的平稳过渡。

第二，要继续花大力气提高南疆四地州26个地区发展的内生动力。南疆四地州26个地区少数民族占比大，由于宗教极端主义渗透时间长，影响范围广，毒害程度深，导致不少受教群众被套上了沉重的精神枷锁，正常的生产生活活动受到影响，社会经济发展受到严重制约[160]。因此，提高南疆四地州26个地区发展的内生动力对于地区可持续脱贫至关重要。南疆四地州在脱贫历程中，在提高地区发展的内生动力方面也做了大量有益的尝试，如教育引导、技能培训、典型宣传、志智双扶等。但南疆四地州26个地区依然较高的脆弱性表明，在全面脱贫后，面对不同的发展背景，需要探寻提高内生动力的新方式、新举措。例如，在宣传方面，要在明确宣传目标的基础上，创新宣传形式，精编宣传内容，强化宣传效果，营造舆论氛围；在教育培训方面，要让受培训者真正意识到教育的重要性，愿意接受教育，那么就需要深入调研，查摆可能影响受教育者接受教育的原因，从而达到志智双扶的目的。

第三，在乡村振兴过程中，谨防路径依赖现象的出现。南疆四地州26个地区的乡村振兴因其特殊的历史、区位、社会、文化等因素有别于其他地区，因此在南疆四地州26个地区乡村振兴过程中，要结合各地区发展现状、优势、短板等，积极探寻适合自己的发展道路，不能“生搬硬套”，不搞“拿来主义”，同时注重区域间的协调与配合。

（2）积极转变治理方式，构建灵活的治理机制。全面脱贫后，南疆四地州彻底摆脱了绝对贫困问题，继而进入到相对贫困治理阶段。

相对贫困在贫困识别、致贫原因、治理主体、治理措施、治理重点、治理时间、治理考核认定等方面均体现出新特点，因此亟须转变治理范式，构建相对贫困治理的长效机制。

而正如前文所说，鉴于南疆四地州地区内大部分县域（含部分市）都是原贫困县（市），甚至是深度贫困县（市），因此南疆四地州26个地区的脆弱性治理与贫困治理有很大的关联性，从一定程度上讲，这些地区的脆弱性治理过程就是贫困的治理过程。而面对贫困发展形态的转变，脆弱性的治理措施也需要做出相应的调整，避免产生对之前治理路径的依赖问题。其一，要从多元化的角度对脆弱性进行识别及原因分析，构建政府、群众、社会组织等多元化的治理主体，并实现三者主体性关系的动态平衡。其二，结合各地区相对贫困特点及地区发展状态，制定适宜的多元化降脆措施，并进行动态的考核认定，及时检测降脆效果。其三，构建灵活的治理机制。一方面，可以尝试搭建扁平化的治理机构，实现治理过程的高效性；另一方面，要注重发挥法律法规等正式规范和道德、观念等非正式规范的积极作用，保障治理机制的灵活性。

（3）数字赋能南疆四地州26个地区乡村振兴战略，为南疆四地州26个地区经济、社会、生态发展注入新的发展活力，借助数字技术缓解南疆四地州各系统的脆弱性程度。数字化是乡村振兴的一个重要方向，是南疆四地州26个地区全面脱贫后紧跟时代发展潮流的重要发展途径，也是南疆四地州26个地区脆弱性治理过程中新的路径尝试。一方面，数字技术赋能乡村振兴战略，可以使农民更为方便、快捷、全面地获取各方面的优质服务，同时可以使他们与现代文明充分接触，满足人们对于美好生活的向往。另一方面，数字技术赋能乡村振兴战略可以提升农业现代化水平。通过先进的数字技术，实现数字化与农业生产的深度融合，使农业生产、田间管理、收获、销售等各环节实现可视化，提高农业现代化水平。同时，通过数字化管理，可以打通农产品销售渠道，线上经济、网络直播带货、智能物流等新兴业态因数字技术的应用促进了农民增收，有效巩固了南疆四地州26个地区脱贫攻坚成果。南疆四地州26个地区农民占比较大，农民收入增加，也为社会系统、生态系统的良性发展提供了重要的经济基础。但需要注意的是，当前南疆四地州26个地区在数字化乡村建设过程中，普遍存在基础设施建设不足、建设水平较低、人才短缺、地区间差异明显等问题，数字技术的推广任务较重，难度也较大。

第一，从区域协调发展视角来看，需要顶层设计，统筹布局，从基础设施布局、数字化平台管理、数字化试点推进等诸多方面全局谋划。但如前文所述，南疆四地州26个地区经济、社会、生态等方面差异明显，因此在数字化建设过程中也要因地制宜，确定各地区数字化建设的重点。

第二，加强数字基础设施建设。基础设施建设是数字化建设的前提，南疆四地州26个地区的数字化建设过程中要积极推动信息基础设施建设提档升级，从政策制定、资金扶持、财政支持等多个方面发力，加大南疆四地州26个地区互联网覆盖力度，畅通信息传输通道，提升信息化服务能力。

第三，积极引进培养数字人才。南疆四地州26个地区发展过程中，人才是短板，而数字人才更是数字化赋能乡村振兴战略的瓶颈。要完善人才下沉驱动，在政府政策支持下，吸引高校、科研机构、企业等的优秀数字人才参与到南疆四地州26个地区乡村振兴当中，同时要积极培育本土的数字人才，组织新型农业经营主体、返乡人员、农村劳动力等参与数字化培训，提升他们的数字化素养，打破人才匮乏的约束瓶颈。

第四，尝试将数字技术融入乡村振兴战略中经济、社会、生态等各个方面，全面推动乡村发展。

（4）全面推进“文化润疆”工程，深刻发挥文化因素在经济、社会、生态等方面的积极作用。第三次中央新疆工作座谈会提出“文化润疆”战略，既体现了党中央对文化工作的高度重视，也赋予了文化在实现稳疆兴疆中的基础性地位，其对于新疆的稳定与发展具有重要的现实意义，必须深刻领会，全面把握。南疆四地州自古以来就是多民族聚居地区，丝路文化、民族文化、生活文化、曲艺文化、建筑文化、生态文化、革命文化、地方特色文化等多种本地文化包容互鉴、交融贯通，丰富了中华文化的深刻内涵，是中华文化不可分割的组成部分。在“文化润疆”工程推进过程中，要充分运用和挖掘本土文化，将本土文化精髓运用到经济、社会发展和生态文明建设等多个方面。

第一，将文化元素有机融入经济发展中，充分发挥文化元素在经济发展中的重要作用。例如，继续实施文化扶志工作，将传统工艺的传承与促进就业相结合，通过传统工艺培训增加农民就业渠道。通过电视、广播、互联网、手机等进行文化的传播，使南疆四地州26个地区群众受到文化和现代生产生活方式的熏陶。对于地区发展而言，要注重文化引领，将文化元素纳入城镇及乡村建设规划中，增强南疆四地州各脱贫地区城镇及乡村的特色、文化内涵和吸引力。在地区治理中，强调“文化治理”，通过发挥文化功能实现和促进社会的治理，政府全面创新文化管理机制与手段，实现以政府为主导、社会参与共治的“文化治理”。同时，促使文化元素与南疆四地州26个地区旅游资源全面融合，通过旅游产业的发展，带动南疆四地州26个地区餐饮、住宿、特色手工艺品、农副产品等的发展。

第二，将文化元素与社会发展紧密结合。充分发挥文化“润”的功能，将中华民族优秀文化渗透到南疆四地州26个地区社会发展的方方面面，润物细无声地发挥“扶志”作用，同时通过“文化润疆”工程的推进，最终实现社会稳定和长治久安。

第三，南疆四地州26个地区自然生态环境脆弱，加上人为因素的影响，生态系统整体脆弱性较强，生态环境遭到了一定程度的破坏。面对这些问题，以往的治理过程中也有很多好的经验值得借鉴，但在文化层面上可以尝试新的治理路径。例如，充分挖掘文化元素中的生态哲学思想，不断宣传引导，处理好经济社会发展同生态环境的关系，以文化为养料助力生态环境建设，这对于丰富人们的精神文化生活、改变不良的社会风气、转变人们以牺牲环境为代价而谋发展的生产方式等能起到较好的作用，真正实现“天人合一”的生态理念。

9.3 从区域协同发展视角谈应对策略

前文对南疆四地州26个地区进行了全局自相关分析，结果表明南疆四地州26个地区综合脆弱性存在显著的空间正相关性，在空间分布上呈现集聚状态。南疆四地州26个地区中多数地区的局部自相关类型以高高（HH）型、低低（LL）型等同质性特征为主，异质性为辅。这表明虽然南疆四地州26个地区的综合脆弱性指数处于下降态势，但综合脆弱性高的地区周边地区综合脆弱性也高，不利于区域脆弱性的治理。从脆弱性的空间变动趋势来看，2013—2018年南疆四地州26个地区综合脆弱性空间分布整体呈北（偏西）—南（偏东）的空间格局。整体来看，标准差椭圆呈现出空间收缩状态，同时南疆四地州26个地区综合脆弱性重心变化趋势明显，总体由东北向西南方位移动，但重心一直保持在麦盖提县，并没有跨区域的范围波动，表明西南方位综合脆弱性较为严重的地区较多。2016—2018年南疆四地州26个地区中，综合脆弱性的分布在北（偏西）—南（偏东）

方向上有增强的趋势。

不难看出，南疆四地州26个地区脆弱性空间关联性强，要解决各地区脆弱性问题，需要从区域协调发展的整体视角寻找应对策略。以泽普县、策勒县、洛浦县、岳普湖县、乌恰县、阿图什市为例，几年间岳普湖县综合脆弱性较低，但周边地区综合脆弱性较高，不利于地区发展。

9.3.1　南疆四地州地区区域协调发展的必要性

2017年10月，党的十九大报告中提出，到2020年要实现贫困县全部摘帽，解决区域性整体贫困。2020年全面脱贫前，南疆四地州表现为集中连片特困特点，贫困类型特殊，具备区域性特征。2020年全面脱贫后，为确保可持续脱贫，需要实现南疆四地州26个地区协调发展。通过区域协调发展，建立南疆四地州26个地区间相互帮扶、协调发展的良性互动机制，实现区域整体发展。2017年12月，在中央经济工作会议上将实施区域协调发展战略作为全面贯彻党的十九大精神的八项推动高质量发展的重点工作之一，由此可见，区域协调发展战略在促进经济社会健康发展方面的重要作用及意义。2018年1月，中共中央政治局就建设现代化经济体系进行集体学习，习近平总书记从优化现代化经济体系的空间布局视角，再次强调要实施好区域协调发展战略。2019年8月，习近平总书记在中央财经委员会第五次会议上强调，要完善空间治理，推动形成主体功能约束有效、国土开发有序的空间发展格局。《中华人民共和国国民经济和社会发展第十四个五年规划和2035年远景目标纲要》进一步明确，要立足资源环境承载能力，发挥各地区比较优势，促进各类要素合理流动和高效集聚，推动形成主体功能明显、优势互补、高质量发展的国土空间开发保护新格局[161]。实施区域协调发展战略是贯彻实施新发展理念中协调发展的具体体现，南疆四地州26个地区区域协调发展更是新发展理念的地方实践。南疆四地州26个地区及与其他地区的区域协调发展，有利于实现区域的整体发展，但难度较大。究其原因，区域协调发展关乎各地区资源和要素的开发、分配、利用等，牵扯利益主体甚多，同时从脆弱性治理角度，还要考虑经济、社会、生态环境等的协调问题。从前文研究中发现，南疆四地州经济系统、社会系统、生态系统的脆弱性较高，且地区存在差异，致脆因子不尽相同，但南疆四地州各地区脆弱性空间关联性强，存在变动趋势，因此从区域协调发展角度进行脆弱性治理是十分必要的。

一是从脆弱性的空间关联性来看，南疆四地州经济系统、社会系统、生态系统的脆弱性较高，地区与地区之间存在正的空间关联性，表明南疆四地州各地区之间脆弱性存在空间上的相互影响性，一个地区脆弱性较高，可能会使得周边地区受到波及。因此，南疆四地州26个地区之间实现区域协调发展，可以从空间角度缓解脆弱性程度。

二是从脆弱性的空间演化角度来看，南疆四地州26个地区脆弱性存在动态变化特征，呈北（偏西）—南（偏东）的空间格局，重心也并没有跨区域的范围波动，但2016—2018年南疆四地州26个地区中，综合脆弱性的分布在北（偏西）—南（偏东）方向上有增强的趋势。如果不及时进行干预与降脆治理，将会导致空间演化趋势发生改变。

三是从经济系统、社会系统、生态系统协调发展视角来看，南疆四地州26个地区区域协调发展可以有效降低地区经济系统、社会系统、生态系统的脆弱性。经济脆弱性较强的地区，可以从区域协调发展角度加强对其经济发展的扶持力度和政策倾斜，充分发挥脆弱性较低地区经济的辐射带动作用。同时，不同地区间的产业易出现老化和同质化的现象，区域协调发展可有效规避该问题，建立科学合理、高效绿色的现代化产业体系，依据各地发展特点发展适宜的产业，将南疆四地州26个地区产业统筹规划，优化布局，促进现代化产业体系空间布局的形成。各地区的经济、社会发展受到资源禀赋、生态环境等的约束与限制，资源禀赋较差、生态环境恶劣的地区生态脆弱性较强，较强的生态脆弱性又阻碍了该地区经济的发展和社会的进步，而通过区域协调发展，可以实现资源要素的流通与均衡，在一定程度上缓解了地区脆弱性程度，实现经济、社会、生态在空间层面的均衡发展。但需要注意的是，这种均衡发展不是平均主义，而是地区比较优势的充分发挥与规范开发。

四是从脆弱性治理的水平来看，区域协调发展可以提升地区脆弱性治理的水平。南疆四地州脆弱性治理，从治理主体而言，牵扯到各地方政府、企业、社会组织等，多元化的治理主体在区域范围内是有“交流”的，区域协调发展可以使得各主体在脆弱性治理中更好地发挥作用，更好地“交流”。

9.3.2 南疆四地州地区区域协调发展的目标

南疆四地州各地区布局较为分散，面广、线长、点多是南疆四地州典型的地域类型，脆弱性治理难度大，必须坚持南疆四地州一盘棋思想，发挥区域整体优势，从区域协调发展层面协同作战，合作共赢，才能有效缓解各地区脆弱性程度。南疆四地州26个地区区域协调发展的目的是优化空间布局，从空间治理角度达到脆弱性治理的目的，具体如下：

一是以生态红线为指导，合理布局农业空间、城镇空间、生态空间，在三个空间的开发与利用上进一步规范引导，创建科学的国土空间开发结构。

二是充分发挥各地区的比较优势，促进要素的合理流通。南疆四地州各地区的功能定位不同，资源禀赋也存在差异，要严格落实重点开发区域、限制开发区域、禁止开发区域等主体功能区规划，按照主体功能区的规划将其功能落到实处。对于重点开发区域要充分挖掘产业优势和集聚功能，使重点开发区域真正起到辐射带动作用；对于限制开发区域要依据限制开发类型，实行差异化开发管理；对于禁止开发区域要努力实现由绿水青山到金山银山的转化。

三是优化城镇的空间布局，统筹城乡发展关系。南疆四地州26个地区区域协调发展要不断深入优化城镇空间布局，充分发挥各地区的功能定位。与此同时，要切实统筹好城乡发展关系，在新型城镇化和乡村振兴双重背景下，既要加快新型城镇化建设，又要取得乡村振兴胜利，使城乡发展更趋协调。尤其是南疆四地州26个地区，农村人口占比较大，且南疆四地州26个地区是原贫困地区，农村贫困人口脱贫后经济实力仍较弱，因此合理统筹城乡协调发展、引导人口的在空间上的合理分布十分重要。

四是保护南疆四地州生态系统，使得南疆四地州26个地区的生态系统脆弱性得以缓解。南疆四地州26个地区生态脆弱性普遍较高，以保护南疆四地州生态环境为前提，从区域协调发展的空间视角，合理规划空间布局，充分考虑各脱贫地区的资源承载能力，不能逾越生态保护红线，加强生态建设和环境保护，促进区域可持续发展。

9.3.3 南疆四地州地区区域协调发展的要求

如前所述，南疆四地州地域特征表现为面广、线长、点多，各地区布局较为分散，各地区差异性显著。为缓解南疆四地州26个地区的脆弱性问题，需要对区域内国土空间进行科学合理的开发利用，实现区域内各地区的协调发展，从而使南疆四地州26个地区的经济系统、社会系统、生态系统发展相匹配。而要实现区域协调发展，就需要构建具有科学性、系统性、多元性、民主性及本土性特征的区域协调发展治理体系，具体如下：

（1）区域协调发展的科学性。南疆四地州26个地区的协调发展，需要遵循科学性要求。一是在区域协调发展过程中要注重区域内经济系统、社会系统、生态系统协同发展的科学性。从前文的研究可知，经济系统、社会系统、生态系统的脆弱性之间存在某种关联性，地区与地区脆弱性之间又存在一定的影响，因此在区域协调发展过程中应注重经济系统、社会系统、生态系统协同发展的科学性。例如，南疆四地州光热、矿产资源丰富，七大河流富含的水能开发潜力较大，对自然资源的开发利用，要区域内统筹规划，科学开发，避免空间开发失序等问题出现。与此同时，南疆四地州各地区社会发展基础不同，应依据各地区经济发展基础、社会发展现状、生态环境条件等科学规划农业空间、城镇空间及生态空间。二是区域协调发展要强调空间规划体系的科学性。要依据国家空间总体规划、新疆维吾尔自治区空间规划，整合南疆四地州各地区的空间规划，形成系统性、复合性的空间整体，构建优势互补、良性互动、协调发展的空间开发格局。

（2）区域协调发展的系统性。一是要以系统性的要求统筹协调南疆四地州各地区以行政单元为划分的府际关系，促使南疆四地州26个地区政府部门间开展长期性的共同规划与协作，达到区域协调发展的目标。二是区域协调发展治理过程的系统性。脆弱性是动态变化的，以区域协调发展来实现脆弱性的治理也是动态变化的。南疆四地州26个地区脆弱性呈现空间集聚态势，且空间演变趋势数年间不断变动，因此应结合脆弱性变动态势和各地区脆弱性空间相关特点，以区域整体治理视角，从“事前—事中—事后”全流程管理来达到降低地区脆弱性的目的。

（3）区域协调发展治理主体的多元性。南疆四地州地形复杂，各地区区域协调发展涉及政府、市场、社会组织、公众等多个主体，不同的参与主体发挥的作用不同，而传统以政府单一主体为主的治理模式不仅不利于社会公众治理积极性的发挥，也容易引发治理部门间职能的分散，显然不能起到预期的效果，因此，要实现南疆四地州空间有序开发、资源合理配置和地区间的协调发展，应着重关注治理主体多元化特征，强调不同治理主体间的合作与参与。

（4）区域协调发展的民主性。区域协调发展的民主性强调以人的全面发展为根本遵循。南疆四地州经济系统、社会系统、生态系统三系统的脆弱性中，均体现出“人”的影响，如人均地区生产总值不足、人口自然增长较快、教师负担学生数较多、人口密度过大等。因此，区域协调发展以达到降脆的目的还需发挥人民群众的作用，鼓励社会参与，让南疆四地州26个地区的广大人民群众承担起应有的社会责任，提升他们参与治理的积极性。2020年前，南疆四地州26个地区中贫困群体众多，全面脱贫后，更应提升脱贫群体自我发展的内生动力，而让原贫困群体参与区域协调发展的治理，赋予他们参与的个体权利，可以在一定程度上为内生动力的提升提供机会和平台，起到“扶志”作用。

（5）区域协调发展的本土性。南疆四地州26个地区脆弱性强，加上南疆四地州历史原因、社会原因、生态原因等诸方面的影响，使得南疆四地州的区域协调发展有别于其他地区。在区域协调发展过程中，要注重协调发展与维护社会稳定相结合，铸牢中华民族共同体意识，深入挖掘南疆四地州区域协调发展的经济、社会、生态优势，使区域协调发展更具本土性，更适合本地发展。

9.3.4 南疆四地州地区区域协调发展的策略

（1）将南疆四地州26个地区纳入区域协调发展的整体战略空间

考量，强化顶层设计，完善政策支持和治理模式。南疆四地州各脱贫地区的协调发展要从整体上进行顶层设计，包含空间的优化布局、治理组织运行体系的构建、治理主体的协同、治理平台的搭建等，涉及各地区经济、社会、生态等诸多方面。

一是要依据南疆四地州26个地区的空间地域特征及经济活动的空间分布，从整体协调发展视角进行空间的优化布局。《新疆维吾尔自治区南疆四地州片区区域发展与扶贫攻坚“十三五”实施规划》在落实主体功能区规划的基础上，提出“两核、两轴、五组群、多点”的城镇空间结构，其中“两核”指大喀什市（含喀什市、疏附县、疏勒县）、阿克苏市，“两轴”指喀和铁路和南疆铁路串联314国道，“五组群”指喀什—阿图什城镇组群、阿克苏城镇组群、和墨洛城镇组群、麦盖提—莎车—泽普—叶城城镇组群、库车城镇组群，“多点”分为区域中心城市、地区中心城市、小城镇发展三方面。通过“两核、两轴、五组群、多点”空间结构的划分，统筹优化南疆四地州各地区的空间布局，形成优势互补、良性互动、协调发展的空间开发格局。全面脱贫后，要继续不断完善落实各地区的空间功能，切实巩固脱贫攻坚成果。

二是要构建联合协作的治理组织运行体系，形成治理合力。成立南疆四地州区域协调发展的协调机构，该机构可以定期开展南疆四地州区域协调发展协调会，形成南疆四地州区域协调发展的规划或方案，南疆四地州26个地区可依据此规划或方案完成区域之间政策、措施等的对接工作，“捆绑作用”可以有效提升区域协调发展的速度和质量，避免各自为战，实现整体治理效果相互强化的作用，从而降低地区的脆弱性。

三是实现政府、市场、社会组织、公众等治理主体的联动协同。政府在区域协调发展的治理过程中起到主导作用。南疆四地州26个地区分属于不同的行政区域，政府要负责区域协调发展的规划编制，组织各方利益主体的沟通和交流，协调好各方利益主体的利益诉求，同时政府部门还要对区域内资源的开发、利用等进行管制，因此在区域协调发展过程中要坚持政府的主体地位不动摇。同时，市场、社会组织、公众也是区域协调发展治理体系中不可或缺的主体，不仅可以为区域协调发展建言献策，还可以在一定程度上促进区域经济的协调发展。

四是区域协调发展治理平台的搭建。在“互联网+”“大数据”“数字经济”“自媒体”等的发展背景下，信息平台的搭建对于南疆四地州26个地区实现区域协调发展作用显著。一方面，信息平台的搭建可以实现不同地方、不同部门间信息的互通；另一方面，信息平台也可以助力小农户与大市场的对接，提升南疆四地州26个地区农户的自我发展动力。

（2）依托南疆四地州26个地区产业的比较优势，推动产业的对接协作，优化区域经济总体布局。南疆四地州26个地区经济脆弱性程度不同，类型也存在差异。这意味着南疆四地州26个地区经济发展基础不同，经济脆弱性较低的地区因其较好的发展基础和资源禀赋使得初始优势突出，比其他地区经济发展快，同时也会使得比较优势不断累加而取得超前发展。

一是南疆四地州26个地区要依据自身的比较优势，发展优势产业，突出产业特色，同时要充分发挥引领带动作用，主动与周边地区资源进行承接，以此减弱经济发展的不平衡性，促进与周边地区的协同发展。

二是政府要发挥引导作用，引导南疆四地州不同地区间进行产业协同，要处理好产业非平衡发展与产业协同之间的关系，在产业非均衡发展的背景下实现地区间生产要素的合理流动。

三是要坚持分类引导发展。阿克苏市城区、喀什市、阿图什市城区、疏附县、疏勒县的部分镇，和田市、和田县、乌什县、柯坪县的部分城区都属于主体功能区的重点开发区域，这部分地区要继续发挥产业优势，优化产业结构，促进产业集聚，进行产业对接，防止产业同化，同时，要注重经济系统、社会系统、生态系统的协调发展，使人口、资源、要素合理集聚。农业主产区（阿克苏市）以及重点生态功能区均属于限制开发区域，对于这部分地区，要以生态保护为前提，不能逾越生态红线，在生态环境允许的前提下发展产业。对于生态脆弱性较强的地区，要进行人口的有序迁出，确保经济系统、社会系统、生态系统的协调发展。农业主产区应发挥农业生产优势，禁止工业化、城镇化对农田的占用行为，确保粮食安全。南疆四地州26个地区中的国家级自然保护区、沙化土地封禁保护区、沙漠公园、风景名胜区等地区属于禁止开发区域，对于这部分地区，应该禁止一切对生态环境可能造成危害的生产活动。在分类引导发展的同时，应注意引导各城市互动发展、向心发展，努力促使区域经济协调发展新局面的形成。

（3）继续完善基础设施建设，提升公共服务的保障能力和均等化，切实改善民生，提升人民生活水平，并以此带动生产要素的自由流动。基础设施建设是区域协调发展的基础条件，精准扶贫期间，南疆四地州26个地区的水、电、路、通信、住房等基础设施建设取得了很大进展。全面脱贫后，南疆四地州26个地区应遵循区域协同发展的理念，在整体治理规划和方案的引领下继续完善基础设施建设，注重基础设施建设的互联互通。南疆四地州26个地区社会系统存在短板，医疗、卫生、养老、保险、教育等与北疆地区相比差异明显，脆弱性较强。南疆四地州各地区也存在非均衡发展现象。

第一，要持续提升南疆四地州26个地区公共服务的保障能力，以缓解南疆四地州26个地区社会系统脆弱性导致的发展压力。

第二，要追求区域内公共服务的均等化。新疆地方政府、南疆四地州各地方政府应当从全局出发，科学分配公共财政支出，合理配置公共服务资源。要结合各地经济发展状况、生态环境特点，形成与经济发展、生态环境相适应的公共服务体系。同时，各地区社会系统短板不同，要结合各地区社会发展短板，因地制宜地采取治理措施，提高公共服务质量。对于生态脆弱性较强的区域，要采取合理的人口引流政策来提升公共服务效率。

第三，要探索南疆四地州26个地区区域内公共服务跨区域流转衔接，协调南疆四地州26个地区区域内部基本公共服务能力，推进喀什市（含疏附县、疏勒县）等区域中心城市、地区中心城市（含阿克苏市、和田市、阿图什市、莎车县）、小城镇（含县域中心城镇、重点城镇、特色小城镇）、城镇组群等为主要承载的空间发展路径。加强政策引领，建立一体化区域协同治理机制，促进南疆四地州区域内公共服务的均衡提升。

第四，要建立健全区域内公共服务均等化的考评机制和标准化体系，保障公共服务均衡化的实现，从而改善民生，提升人民生活水平，并以此带动生产要素的自由流动。

（4）推动南疆四地州生态环境联防联控，实现生态空间协同治理，追求南疆四地州生态环境的整体改善。南疆四地州地处塔克拉玛干沙漠西南边缘，自然环境恶劣，干旱、少雨、沙尘灾害频发，戈壁、沙漠、高原占比大，同时人为的生产、生活活动对南疆四地州26个地区的生态环境也带来一定影响，造成南疆四地州整体生态脆弱性较强。生态环境是人类赖以生存的基础，对于南疆四地州而言，全面脱贫前，恶劣的生态环境一度造成了一定程度上的贫困，而无序开发和过度关注生态资源的生产性贡献只能使得生态环境更加恶劣，资源更早枯竭。因此，全面脱贫后，为巩固脱贫攻坚成果，做到脱贫攻坚与乡村振兴的有效衔接，必须重视生态环境保护，做到合理开发利用生态资源，使经济、社会发展与生态环境相适应。然而，生态资源环境是典型的公共物品，具有明显公共物品的“外部性”属性和不可分割的特点，南疆四地州26个地区生态资源的空间分布完全独立地属于某一个行政区划的可能性较小，如塔里木河流域贯穿整个南疆四地州。因此，在生态环境治理时，不仅要考虑各个地区自身生态资源保护问题，还需要从区域整体视角推动南疆四地州生态环境联防联控，打破狭隘的“行政区划”观念，实现生态空间协同治理，追求南疆四地州生态环境的整体改善。

第一，优化南疆四地州生态环境空间协同治理的顶层设计，成立专门的领导小组或办公室，由领导小组或办公室组织协调和监督南疆四地州26个地区制定关于生态治理的决议、规划或方案，南疆四地州26个地区的生态环境治理不仅要以此决议（规划或方案）为遵循，主动融入区域生态治理的大格局，也要结合当地经济、社会、生态现状，因地制宜地进行生态环境治理，最终实现南疆四地州生态环境治理的“合力”。

第二，健全政府、企业、社会公众、现代智库、生态型专业组织行业协会多元参与衔接机制，实现生态共享协同机制。南疆四地州26个地区管辖主体应秉承生态命运共同体绿色发展和谐共生的理念，共商共治共享，充分发挥生态空间协同治理的优势。企业在生产过程中践行绿色生产、低碳可持续等生产理念，承担起生态环境保护的社会责任。社会公众是生态环境治理中规模较大的参与主体，也应注意自己日常的行为习惯，防止对生态环境造成破坏，同时社会公众对政府及企业的治理行为也起到一定的监督作用。除了以上三类主体外，现代智库、生态型专业组织行业协会等也可以被纳入治理主体范畴，健全多元参与衔接机制，实现生态共享协同机制。

第三，做好南疆四地州26个地区间生态补偿和财政转移支付，对生态极其脆弱的地区，加大生态补偿力度，从区域整体视角统筹管理。

（5）抓住“对口支援”、“丝绸之路经济带”、新一轮“西部大开发”等重要发展机遇，南疆四地州26个地区间应统筹协作，充分发挥自身区位优势。南疆四地州中的阿克苏地区是南北疆交通要冲和东西贯通的关节点，也是向西开放的前沿地区和丝绸之路经济带核心区南线中段重要关节点；和田是古丝绸之路南道，是新疆进入西藏、青海及邻国印度的重要门户和战略通道，也是建设丝绸之路经济带、中巴经济走廊的重要支撑地区；克州地区境内及周边有喀什经济开发区伊尔克什坦口岸园区和吐尔尕特、伊尔克什坦、红其拉甫、卡拉苏、喀什国际航空港等5个国家一类口岸，发展对外贸易、境外资源加工业、跨境旅游优势十分突出，是南疆向西开放的重要通道；喀什是我国向西开放，通往中亚、南亚、西亚乃至欧洲的国际大通道，作为丝绸之路经济带核心区重要节点和中巴经济走廊起点的作用日益凸显。在众多的发展机遇面前，如果能很好地抓住发展机遇，则能够降低地区的脆弱性程度，反之则可能因为外界因素的改变导致脆弱性的增强。而在丝绸之路经济带核心区建设过程中，南疆四地州每个地区都发挥着各自的区位优势，都有着不可替代的作用，只有各地区间协调发展，才能更好地参与丝绸之路经济带建设。

一是在中央及新疆地方政府的政策支持下，南疆四地州26个地区加强政策沟通与协调，就如何更好地参与丝绸之路经济带建设问题做深入的探讨与交流，协商在丝绸之路经济带建设中如何更好地进行区域合作，并制定相应的发展规划，形成南疆四地州26个地区高效合作机制，将中央及新疆地方政府的优惠政策转换为南疆四地州协调发展参与丝绸之路经济带建设的政策优势；二是加大区域基础设施建设和公共服务供给，实现交通及基础设施的互联互通，深入推进区域行政管理体制改革创新，积极探索切合实际、务实高效的南疆四地州26个地区区域协调发展的制度与机制，推动南疆四地州26个地区区域经济社会协同发展，增强区域整体竞争力，以更好地发挥丝绸之路经济带核心区的作用和功能。

9.4 从复合生态系统补短板视角谈应对策略

9.4.1 经济系统补短板

从第8章的结论中可以发现，泽普县、麦盖提县2个地区的第一短板系统为经济系统，而阿图什市、阿合奇县、和田市、和田县、墨玉县、策勒县、于田县、民丰县、喀什市、莎车县、乌什县等地区的第二滞后系统为经济系统，要达到更好地降低脆弱性目的，应提升以上地区的经济发展水平。以上地区的生产基础相对落后，经济结构仍需调整，经济创新动力略显不足，经济系统成为短板系统。为促进这些地区经济健康发展，提出以下措施：

（1）优化经济结构，构建产业化体系，促进第一、二、三产业融合，提高经济效益。农业在以上地区的占比较重，在地区经济发展过程中发挥着重要作用。因此，在进行产业结构调整时，要重视农业发展水平的提升，以此来助力当地经济的发展和人民生活水平的提升。第一，要巩固第一产业的基础地位，在第二、三产业发展的同时也要关注农业的发展，建立先进的农业生产体系。大力发展南疆四地州特色农业、种植业、畜牧业，积极打造农产品品牌和有机农业，延伸农业产业链，发展电子商务、物流配送等，促进农业“生产—生产—销售”供应链的形成，同时依托乡村振兴战略，尝试发展体验农业和观光旅游农业等精品项目，将农业发展与旅游业建立关联，真正实现第一、二、三产业的有效融合。第二，因地制宜地发展适合当地发展的工业，泽普县、麦盖提县等地区工业发展相对落后，发展缓慢且储备不足，因此应打破资源依赖瓶颈，加快新型工业化进程，寻求工业发展新路径：发展民族特色手工业、特色食品，将其做大做强；依托中央政策扶持，打造纺织服装业，并将其作为南疆四地州重要的支柱产业；充分挖掘石油天然气的开发潜力，对其开展深加工；提高工业的科学技术含量，开拓高科技产业；在振兴实体经济、民营经济、新兴经济上持续发力，构建现代化的产业体系，助力地区工业经济发展。第三，发展第三产业，尤其要深挖南疆四地州各地区特色文化资源，将特色文化元素与旅游业深度融合，开发旅游市场，以旅游业带动其他产业发展。

（2）提高经济创新潜力，为经济长远可持续发展提供重要保障。创新是引领发展的第一动力，要摆在一切经济工作的首位。要实现南疆四地州经济系统短板的创新发展，一是要依据中央政府部门及地方部门关于经济发展的相关文件精神，结合当地经济发展特点、人文、自然生态等，制定适合当地实际的政策并进行科学的规划布局，将经济创新发展目标做到可量化、可考核、可追溯，扎实有效地推动当地经济发展。二是要找准经济发展定位，这个定位既要与国家及地方的相关扶持政策相对接，又要量体裁衣，能充分挖掘当地自然资源优势和区位优势。三是创设优良的人才发展环境、营商环境和发展环境，通过营造良好的人才发展环境吸引更多的人才，尤其是高科技人才，助力经济创新发展。良好的营商环境和发展环境可以使更多优秀的企业加入到经济发展的大环境中来，逐步实现地区经济创新发展。

（3）以县域为载体，继续推动县域经济发展。县域经济在国民经济体系中作用明显，是城市和农村的纽带，推动着区域经济的协调发展。县域经济是“以工补农、以城带乡”的最佳桥梁，也是工业经济与农业经济的交会所在，其发展的方略方式、速度力度、效果效益等对地区经济创新具有关键性作用，因此应大力发展县域经济，以此来助力地区经济创新发展。

（4）地方政府应在乡村振兴战略和对口援疆政策背景下，依托自己的区位优势、资源禀赋、人文特色、发展特点等，以丝绸之路经济带核心区为依托，进行强有力的顶层设计，探寻地方经济创新发展的新契机。

9.4.2 社会系统补短板

阿克陶县、乌恰县、皮山县、洛浦县、疏附县、疏勒县、英吉沙县、叶城县、麦盖提县、岳普湖县、伽师县、巴楚县、塔什库尔干塔吉克自治县、柯坪县等地区的第二滞后系统为社会系统。这些地区在经济快速发展的同时，较突出的人口问题及生活条件、教育、医疗等社会保障问题在一定程度上制约了当地社会健康有序的发展。针对以上城市社会子系统滞后问题，提出以下措施：

（1）实现人口规模、人口分布、人口流动等与经济发展和城市规模相适应。对于社会系统短板明显的地区，应该进一步改善人口因素，一方面，合理控制人口自然增长率，使其与当地的经济、生态及社会发展相适应；另一方面，对于农村人口占比较大的地区，依托乡村振兴与新型城镇化建设的时代背景，提升劳动力的整体素质，加快城镇化进程。但城镇化会促使更多人口流入城市，而乡村振兴同样需要劳动力的“回流”，因此要有效管理人口的流动问题，推进城乡基本公共服务均等化，实现人口规模、人口分布、人口流动等与经济发展和城市规模相适应。与此同时，加强各民族间的交流交往交融，形成合力，共同参与经济发展和社会进步。

（2）改善地区居民的生活条件。一方面，加大基础设施投入力度，改善居民生活环境。如农村饮水安全工程建设项目、交通运输体系建设工程、电力电网等能源基础设施建设、天然气利民工程、互联网等信息基础设施项目，这些基础设施建设项目的投入与居民的生活息息相关，很大程度上能够改善居民的生活条件和生存环境。另一方面，确保人均资源的拥有量，如人均耕地面积、人均粮食拥有量等。人均资源拥有量是生活条件的一项重要表征，因此应在提升资源量和合理控制人口规模上双向发力，确保人均资源拥有量对居民生活条件的改善。

（3）加大教育、医疗、社会福利保障等各项社会保障性事业发展力度。2020年全面脱贫的目标就是实现“两不愁三保障”，其中“两不愁”就是稳定实现农村贫困人口不愁吃、不愁穿，“三保障”就是保障其义务教育、基本医疗和住房安全，“两不愁三保障”与居民的社会生活息息相关。2020年全面脱贫后，要做好巩固脱贫攻坚成果与乡村振兴的有效衔接，因此从社会系统发展角度而言，要努力实现社会可持续发展，防止“返贫”现象发生。第一，加大对教育的投入力度，向边缘农牧区和经济社会发展落后的地区投入更多的教育资源，除了扩增教师数量、优化师生比以满足更高水平的教育需求外，还应有针对性地开展教育工作，注重对乡土文化的培养与扶持，深入实施民族传统教育发展工程，逐步改善南疆四地州地区人民的思想观念，切实提高文化素质水平。第二，提高医疗供给能力，使其与人民的需求相适应，多措并举使卫生技术人员数量满足需求，同时加大对医疗基础设施建设的投入和对全科医生的培养力度。第三，坚持广覆盖、保基本、多层次、可持续的方针，逐步提高保障水平和统筹层次。着力健全城乡最低生活保障制度，逐步提高人民群众福利水平。

（4）加强和创新社会建设与社会管理。建立健全符合区情、比较完整、覆盖城乡、可持续的基本公共服务体系，逐步推进基本公共服务均等化。

9.4.3 生态系统补短板

除泽普县、麦盖提县2个地区的第一短板系统为经济系统外，其余24个地区的第一短板系统均为生态系统。这些地区的生态系统表现出如下特点：有些地区如阿图什市、和田市、喀什市等受人为因素的影响较大，大部分地区资源相对匮乏、自然生态环境恶劣。对于生态系统短板明显的地区，加强对这些区域的生态环境建设和保护工作十分必要。

（1）南疆四地州地区自然环境恶劣，如海拔较高、空气稀薄且有一定的坡度，在一定程度上不利于动物多样性的形成和植物的生长，因此应结合气候特点，选择合适的动物、植物和发展相关产业。同时，这些地区较为干旱、少雨，因此，解决水资源不足的问题也是地区补齐生态系统短板的关键，一是要实现水土资源的合理规划利用，进行充分的水土资源调查、规划与分配。二是要做好农业节水工作，提高农业用水效率，坚决制止非法开荒行为，有序推进退地减水。三是要采取措施防止水土资源的流失，从生物措施、蓄水保土、工程措施等方面做到有效阻断水土流失。

（2）上述地区虽然生态自然环境相对恶劣，但也有一些有利于发展的资源禀赋，如丰富的太阳能、风能以及充足的日照等，这些都有利于动植物的生长，因此要充分利用地区的资源优势，发展特色农牧产业和其他产业。同时，有效利用新能源既可以减轻经济发展对能源需求的压力，又可以避免产业发展对自然环境的破坏。但碍于自然环境原因，以上地区的森林覆盖率相对较低，需要加快植树造林步伐，一方面，要有节制地发展畜牧产业，有计划地实施禁牧休养、封山育林等，维护森林草原生态系统的稳定性；另一方面，要加强对生态植物的监管工作，落实具体责任到人，由专人负责从种植到养护的全过程，避免因养护不到位导致生态植物死亡等现象发生，使植被成活率大大提升。

（3）人为因素对生态环境的影响也不容忽视，人类在生产生活过程时刻与生态环境发生着联系，离开了生态环境赋能，人类生产生活也无法正常进行。南疆田地州26个地区中，除泽普县、麦盖提县外，其余24个地区的第一滞后系统均为生态系统，说明生态系统与经济系统、社会系统的发展不匹配，那么从人为因素对生态环境的影响来看，对资源的开发利用要做到适度适量，不能逾越生态红线，如对耕地的开垦，不能因为要增加耕地面积而大量占用生态用地等。另外，要加快对生活、生产垃圾的治理，适度控制化肥、农药的使用，防止对生态环境造成污染等。

总之，生态系统短板系统的治理需要从自然、资源、人为因素三方面着手，从改善和保护两个层面进行，只有解决了生态系统的短板问题，才能促使经济系统与社会系统长远发展。

第10章

结论及未来展望

10.1 结论

相对于新疆其他地区，南疆四地州26个地区仍然面临经济基础薄弱、社会保障不到位、生态环境恶劣等一系列问题，经济、社会、生态三系统的脆弱性较强。同时，南疆四地州各地区脆弱性不尽相同且不同地区间脆弱性存在相互影响性，在脆弱性的治理过程中可能存在着治理路径的依赖而影响治理效果。南疆四地州26个地区面临着如何巩固脱贫攻坚成果同乡村振兴战略有效衔接的现实任务。随着丝绸之路经济带倡议的不断深入推进和新一轮西部大开发战略的部署实施，南疆四地州区位优势凸显，应更好地发挥其区位优势，妥善应对外界发展环境的改变，降低南疆四地州地区脆弱性，才有可能实现可持续性脱贫，切实巩固脱贫攻坚成果，实现与乡村振兴战略的有效衔接。

基于以上研究背景，本书以社会-经济-自然复合生态系统、可持续发展理论、路径依赖理论、区域协调发展理论等为指导，以南疆四地州脱贫攻坚以来先后摘帽脱贫的26个贫困县（含部分市）为研究对象，探讨地区脆弱性的识别机制，搭建识别框架。依据搭建的识别框架，从地区脆弱性程度、脆弱性的路径依赖现象、脆弱性的空间效应、复合生态系统耦合协调发展等四个层面对南疆四地州26个地区的脆弱性进行识别，并深入分析各层面致脆的原因，最后针对致脆成因提出有针对性的应对策略。

本书主要研究结论如下：

（1）对南疆四地州研究区域现状进行分析。可以看出，2013年精准脱贫政策实施以来，南疆四地州脱贫成效显著，但当前南疆四地州的经济、社会、生态的发展与新疆其他地区相比仍处于较低的水平，脆弱性整体较强。

（2）构建了南疆四地州社会–经济–生态复合生态系统脆弱性评价指标体系，并采用熵权TIPSIS法对各系统脆弱性程度进行度量。本书发现，研究期内南疆四地州经济脆弱性整体上较为严重，介于中度脆弱与重度脆弱之间。从空间格局来看，经济脆弱性较为严重的区域主要集中在西南方位，且呈现出空间集聚的态势，而西北及东南区域脆弱性等级稍低。

从社会脆弱性的时间变化趋势来看，南疆四地州各地州内研究地区2013—2018年间社会脆弱性平均值整体呈现下降趋势。脆弱性较为严重的区域主要集中在和田地区周边，位于南疆四地州西北及东南外围区域的地区脆弱性有减缓的趋势。

南疆四地州的生态脆弱性指数呈现下降态势。重度脆弱的区域主要集中在西南方位的喀什地区。中度脆弱及低度脆弱表现出区域交错分布、个别地区集中的特点。

南疆四地州综合脆弱性整体上较为严重，介于中度脆弱与重度脆弱之间。

（3）根据南疆26个地区2013—2018年的脆弱性指数，采用灰色预测模型预测得出2019—2021年各地区经济、社会、生态及复合生态系统的脆弱性指数，并以南疆四地州26个地区经济脆弱性、社会脆弱性、生态脆弱性和综合脆弱性为基础研究数据，将研究时段分为三个阶段，将2013—2015年定义为第一阶段，将2016—2018年定为第二阶段，2019—2021年为第三阶段，采用Person相关系数进行结构相似度测度。本书发现，南疆四地州26个地区三阶段的经济脆弱性、社会脆弱性、生态脆弱性、综合脆弱性结构相似度普遍较强，表明这些地区脆弱性存在时间维度的关联性，在脆弱性治理过程中可能存在较强的路径依赖现象。

（4）基于2013—2018年南疆四地州26个地区综合脆弱性数据，采用标准差椭圆分析了南疆四地州26个地区综合脆弱性的空间演化，并进一步采用空间自相关的方法验证了南疆四地州26个地区综合脆弱性的空间关联性。本书研究发现，2013—2018年南疆四地州26个地区综合脆弱性空间分布整体呈北（偏西）—南（偏东）的空间格局。整体来看，标准差椭圆呈现出空间收缩状态，同时南疆四地州26个地区综合脆弱性重心变化趋势明显，总体由东北向西南方位移动，但重心一直保持在麦盖提县，并没有跨区域的范围波动，表明西南方位综合脆弱性较为严重的地区较多。2016—2018年南疆四地州26个地区中，综合脆弱性的分布在北（偏西）—南（偏东）方向上有增强的趋势。

采用全局莫兰指数对南疆四地州26个地区进行了全局自相关分析，结果表明南疆四地州26个地区综合脆弱性存在显著的空间正相关性，在空间分布上呈现集聚状态。采用局部莫兰指数对南疆四地州26个地区局部相关性进行分析，总体来说，南疆四地州26个地区中多数地区的局部自相关类型以高高（HH）型、低低（LL）型等同质性特征为主，异质性为辅。

（5）采用耦合协调度模型，测算了南疆四地州26个地区2013—2018年间社会-经济-生态复合生态系统的耦合协调度指数及耦合协调类型，发现南疆四地州26个地区社会-经济-生态耦合协调整体水平不高，介于濒临失调衰退和严重失调衰退之间，但南疆四地州26个地区经济系统、社会系统、生态系统的协调发展水平稳步提高。

研究期内，南疆四地州26个地区社会-经济-生态耦合协调类型存在稳定和动态两种空间特征。26个地区社会-经济-生态耦合协调有5种类型，耦合协调等级整体不高。6年间处于拮抗-轻度失调衰退类型和拮抗-濒临失调衰退类型的地区较多。随着时间的推移，部分地区发生耦合协调等级的跃迁，但未有跨级跃迁的地区。

南疆四地州26个地区社会-经济-生态耦合协调发展空间差异明显，相对而言，和田地区的耦合协调等级不高。喀什地区的喀什市、麦盖提县耦合协调等级较高。但截至2018年，达到较高水平耦合协调等级的地区较少，仍有很大的进步空间。

（6）致脆成因。南疆四地州经济脆弱性系统中，第三产业增加值占地区生产总值比重、第二产业增加值占地区生产总值比重、固定资产投资三项指标出现频率最高，而各地区排名靠前的致脆因子大部分都包含了产业结构因素，但在第三个致脆因子上略有差异；南疆四地州社会脆弱性系统中，小学（初中）阶段平均每名教师负担学生数、人口自然增长率和人均粮食拥有量三项指标出现频率最高；南疆四地州生态脆弱性系统中，人口密度、化肥施用量、高程三项指标出现频率最高。

技术转化成本、传统的科层制度、组织间的自我强化、规模报酬递增机制、帮扶主体思维惰性、有限理性及信息不完全性等因素都可能导致脆弱性治理中路径依赖现象的产生，进而影响地区的脆弱性程度。

区域整体复合生态系统脆弱性强，会妨碍经济系统内各生产要素的流动，限制区域交流合作；加重社会系统的不稳定性，造成社会系统脆弱性增强；也不利于区域内各地区生态环境建设，使得地区生态系统脆弱性增强。相邻地区间脆弱性的影响则更为明显。

生态系统成为影响复合生态系统耦合协调发展第一的短板系统，而在第二滞后系统中，部分地区表现为经济系统滞后，部分地区则表现为社会系统滞后。短板系统可能会引起复合生态系统敏感度的变化，进而影响整个系统的脆弱性应对能力。

10.2 研究不足与未来展望

由于作者能力有限，在写作中也存在一些问题及不足，以下是作者关于本书撰写过程存在的一些不足和浅见：

（1）本书在借鉴相关学者的研究基础上，鉴于南疆四地州的区域特点和数据可得性等问题进行指标构建，但由于部分指标不可得而不得不选择放弃，因此也就造成了指标的全面性有待进一步提升的问题。同时，本书在研究南疆四地州26个地区脆弱性路径依赖现象时，第一阶段与第二阶段选用真实的数据进行测度，指标数据主要通过年鉴、公报、网站等二手途径获得。由于2018年后的数据因获取途径限制而未能获得，因此本书尝试用灰色预测的方法预测了南疆四地州26个地区2019—2021年的数据，并用相关系数测度了预测时间阶段内脆弱性与上一阶段存在较强的相似度，说明可以用2013—2018年的脆弱性指数来进行相关问题的探讨。但预测数据终归与实际数据存在一定的差异，后期将不断更新研究数据，力求提高数据的精确度。

（2）脆弱性模型有多种，本书选择从暴露性、敏感性、适应能力三个层面构建脆弱性体系，后期也将尝试选用其他的模型进行脆弱性指标体系的构建。与此同时，在脆弱性测度上，本书选用的是熵权TOPSIS法，随着研究度量方法的不断精进，在后续深化研究中，可探索采用一些更加权威、科学的评价方法。

（3）在应对策略部分，虽然尝试从多维度视角有针对性地提出脆弱性应对的相关策略，但还不够全面。尤其是基于路径创造的应对策略，对路径依赖现象只做了初步的判断，有待通过调研进行深入的挖掘。另外，随着经济社会的不断发展，会涌现出新方法、新途径，需要持续跟进、学习。

参考文献

[1] 胡俊超. 区域经济协调发展的路径依赖［J］. 特区经济，2006（6）：286-288.

[2] 李莉，王晓婷，王辉. 脆弱性内涵、评价与研究趋势综述［J］. 中国渔业经济，2010（3）：161-169.

[3] CHAMBERS R. Rural development：putting the last first［M］. Essex：Longman，1983.

[4] REILLY J.Climate change，global agriculture and regional vulnerability［R］. Rome：Food and Agriculture Organization of the United Nations，1996.

[5] IPCC.The regional impacts of climate change：an assessment of vulnerability［M］. Cambridge，UK：Cambridge University Press，1996：6.

[6] THIAULT L，MARSHALL P，GELCICH S，et al.Space and time matter in social-ecological vulnerability assessments［J］. Marine Policy，2018（88）：213-221.

[7] YOON D. Assessment of social vulnerability to natural disasters：a comparative study［J］. Natural Hazards，2012，63（2）：823-843.

[8] ADGER W. Vulnerability［J］. Global Environmental Change，2006，16（3）：268-281.

[9] METZGER M, LEEMANS R, SCHROTER D A.Multidisciplinarymulti-scale framework for assessing vulnerabilities toglobal change [J]. International Journal of Applied Earth Observation and Geoinformation, 2005, 7 (4): 253-267.

[10] O' BRIEN K, LEICHENKOB R, KELKAR U, et al. Mapping vul-nerability to multiple stressors: climate change and global-ization in India [J]. Global Environmental Change, 2004, 14 (4): 303-313.

[11] PELLING M, UITTO J. Small island developing states: natural disaster vulnerability and global change [J]. Global Environmental Change Part B: Environmental Hazards, 2001, 3 (2): 49-62.

[12] KESHAVARZ M, MALEKSAEIDI H, KARAMI E. Livelihood vulnerability to drought: a case of rural Iran [J]. International Journal of Disaster Risk Reduction, 2017, 21 (3): 223-230.

[13] KASSOGUE H, BERNOUSSI AS. Vulnerability for systems described by cellular automata: application to flood phenomena [J]. Applied Mathematical Modelling, 2017, 50 (10): 509-523.

[14] SAHOO S, DHAR A, KAR A.Environmental vulnerability assessment using Grey Analytic Hierarchy Process based model [J]. Environmental Impact Assessment Review, 2016, 56 (1): 145-154.

[15] KUMAR P, GENELETTI D, NAGENDRA H.Spatial assessment of climate change vulnerability at city scale: a study in Bangalore, India [J]. Land Use Policy, 2016 (58): 514-532.

[16] NGUYEN AK. Spatial-temporal eco-environmental vulnerability assessment and its influential factors based on Landsat data [C]. American Geophysical Union Fall Meeting, 2016.

[17] LÓPEZ-MARTÍNEZ F, GIL-GUIRADO S. Who can you trust? implications of institutional vulnerability in flood exposure along the Spanish Mediterranean coast [J]. Environmental Science & Policy, 2017 (76): 29-39.

[18] THOMAS MUNZBERG, WIENS M, SCHULTMANN F.A spatial-temporal vulnerability assessment to support the building of community resilience against power outage impacts [J]. Technological Forecasting and Social Change, 2017 (121): 99-118.

[19] YADUVANSHI A, SRIVASTAVA P K, PANDEYE A C.Integrating TRMM and MODIS satellite with socio-economic vulnerability for monitoring drought risk over a tropical region of India [J]. Physics and Chemistry of the Earth, Parts A/B/C, 2015 (83/84): 14-27.

[20] 李鹤，张平宇，程叶青. 脆弱性的概念及其评价方法 [J]. 地理科学进展，2008 (2): 18-25.

[21] 于长永，何剑. 脆弱性概念、分析框架与农民养老脆弱性分析 [J]. 农村经济，2011 (8): 88-91.

[22] 石勇，许世远，石纯，等. 自然灾害脆弱性研究进展 [J]. 自然灾害学报，2011 (2): 131-137.

[23] 黄晓军，黄馨，崔彩兰，等. 社会脆弱性概念、分析框架与评价方法 [J]. 地理科学进展，2014 (11): 1512-1525.

[24] 陈曦，庞金峰. 基于脆弱性与不确定性的城镇化风险及形成机制分析 [J]. 经济研究参考，2016 (65): 70-73.

[25] 袁重乐，石晓昕，钱会，等. 2010—2018年河北省农业干旱脆弱性评价 [J]. 水资源与水工程学报，2021 (5): 233-240.

[26] 金菊良，龚高，陈梦璐，等. 基于联系数的山东省旱灾脆弱性诊断辨证因子研究 [J]. 灾害学，2021 (3): 1-5.

[27] 马雅丽，郭建平，栾青，等. 晋北农牧交错带农业旱灾脆弱性评价 [J]. 灾害学，2020 (3): 75-81.

[28] 金菊良，张浩宇，陈梦璐，等. 动态联系数与全偏确定度相耦合的区域农业旱灾脆弱性评价方法 [J]. 北京师范大学学报（自然科学版），2019 (6): 724-730.

[29] 王莺，赵文，张强. 中国北方地区农业干旱脆弱性评价 [J]. 中国沙漠，

2019（4）：149-158.

［30］ 许朗，张维诚. 区域农业旱灾脆弱性评价及其影响因素［J］. 水利水电科技进展，2018（2）：14-19；43.

［31］ 王立坤，宋瑞丽，裴巍，等. 基于改进TOPSIS模型的黑龙江省西部半干旱地区农业旱灾脆弱性评价［J］. 东北农业大学学报，2018（1）：66-73.

［32］ 王晨，黄馨，黄晓军. 西北地区城市干旱脆弱性评价研究［J］. 水资源与水工程学报，2019（1）：114-121.

［33］ 徐玉霞，许小明，方锋，等. 县域尺度下的宝鸡市农业洪水灾害脆弱性评价及区划［J］. 干旱区地理，2020（3）：652-660.

［34］ 高玉琴，吴靖靖，胡永光，等. 基于突变理论的区域洪灾脆弱性评价［J］. 水利水运工程学报，2018（1）：32-40.

［35］ 黄晶，佘靖雯. 长江三角洲城市群洪涝灾害脆弱性评估及影响因素分析［J］. 河海大学学报（哲学社会科学版），2020（6）：39-45；110-111.

［36］ 黄曦涛，李怀恩，张瑜，等. 基于PSR和AHP方法的西安市城市内涝脆弱性评价体系构建与脆弱度评估［J］. 自然灾害学报，2019（6）：167-175.

［37］ 杨静雯，王俊杰. 改进TOPSIS模型在城市地震脆弱性评估中的应用［J］. 世界地震工程，2019（1）：201-209.

［38］ 李琳，王俊杰. 四川省城市地震灾害脆弱性综合评价研究［J］. 震灾防御技术，2018（4）：968-977.

［39］ 霍童，张序，周云，等. 基于暴露-敏感-适应性模型的生态脆弱性时空变化评价及相关分析——以中国大运河苏州段为例［J］. 生态学报，2022，42（6）：1-13.

［40］ 杨雯娜，周亮，孙东琪. 基于分区-集成的黄河流域生态脆弱性评价［J］. 自然资源遥感，2021（3）：211-218.

［41］ 薛联青，王晶，魏光辉. 基于PSR模型的塔里木河流域生态脆弱性评价［J］. 河海大学学报（自然科学版），2019（1）：13-19.

[42] 张佳辰，高鹏，董学德，等．基于景观格局分析的青岛市海岸带生态脆弱性评价［J］．生态与农村环境学报，2021（8）：1022-1030.
[43] 张泽，胡宝清，丘海红，等．桂西南喀斯特—北部湾海岸带生态环境脆弱性时空分异与驱动机制研究［J］．地球信息科学学报，2021（3）：456-466.
[44] 赵培，李培科，何洪名，等．水库区域生态脆弱性评价研究［J］．人民黄河，2020（12）：85-87.
[45] 秦会艳，刘婷婷，黄颖利．我国省域尺度森林生态系统恢复力评价及敏感性分析［J］．生态与农村环境学报，2022（3）：281-288.
[46] 李芮芝，胡希军，杜心宇，等．基于SRP模型的南雄丹霞梧桐自然保护区生态脆弱性评价［J］．西北林学院学报，2021（5）：152-160.
[47] 田景汉，郭臣臣，王建华．华北平原白洋淀湿地生态脆弱性定量评价（英文）［J］．Journal of Resources and Ecology，2021，12（6）：814-821.
[48] 陈臻琦，张靖，张贻龙，等．基于VSD的近20 a来浑善达克沙地生态脆弱性变化研究［J］．干旱区研究，2021，38（5）：1464-1473.
[49] 李洪广，周旭，肖杨，等．基于SRP模型的西南喀斯特山区生态脆弱性时空变化特征［J］．生态科学，2021（3）：238-246.
[50] 张学渊，魏伟，周亮，等．西北干旱区生态脆弱性时空演变分析［J］．生态学报，2021（12）：4707-4719.
[51] 李路，孙桂丽，陆海燕，等．喀什地区生态脆弱性时空变化及驱动力分析［J］．干旱区地理，2021（1）：277-288.
[52] 黄晓军，王博，刘萌萌，等．中国城市高温特征及社会脆弱性评价［J］．地理研究，2020（7）：1534-1547.
[53] 杨懿，时蓓蓓，刘小迪．旅游经济依赖背景下区域经济脆弱性评价研究——以张家界市、阿坝州、丽江市为例［J］．财经理论与实践，2019（5）：128-135.
[54] 郭禹慧，黄晓军，郑殿元，等．极端高温胁迫下中国城市脆弱性格局与影响因素［J］．热带地理，2021（3）：596-608.

[55] 张颖，杨智谋，陈瑜琦，等. 贵州省土地系统脆弱性测度及其空间分异特征［J］. 水土保持研究，2019（5）：249-257；264.

[56] 陆清平，赵宇鸾，葛玉娟. 基于栅格的喀斯特山区土地系统脆弱性评价：以贵州普定县为例［J］. 环境科学与技术，2019（9）：221-229.

[57] 樊怡，史兴民，冯晓，等. 黄河流域旱塬区农户生计脆弱性及影响因素研究［J］. 生态学报，2022（8）：1-10.

[58] 朱琪，王亚楠，周旺明，等. 东北森林带生态脆弱性时空变化及其驱动因素［J］. 生态学杂志，2021（11）：3474-3482.

[59] 曹萍，盛业旭，任建兰. 中国乡村人居环境脆弱性演化及影响因素［J］. 地域研究与开发，2021（5）：7-12.

[60] 瞿博伟，吴乐知. 基于结构与功能脆弱性的黄石市生态脆弱度评价［J］. 华中师范大学学报（自然科学版），2022（4）：728-738.

[61] 于婷婷，蒋存妍，冷红，等. 面向乡村地区国土空间治理的乡村脆弱性评价——理论思考、实证研究与应用展望［J］. 城市规划，2022（3）：45-53；73.

[62] 张景华，欧阳渊，刘洪，等. 基于主控要素的生态地质脆弱性评价——以四川省西昌市为例［J］. 自然资源遥感，2021（4）：181-191.

[63] 苏悦，刘洪，杨武年，等. 高原山地区域生态脆弱性研究——以四川省康定市为例［J］. 自然资源遥感，2024（3）：206-215.

[64] 孙桂丽，陆海燕，郑佳翔，等. 新疆生态脆弱性时空演变及驱动力分析［J］. 干旱区研究，2022，39（1）：258-269.

[65] 原彩萍，刘原一，职璐爽. 基于模糊集对法的山西省水资源脆弱性评价［J］. 水资源保护，2021（5）：112-116；130.

[66] 范峻恺，徐建刚. 基于神经网络综合建模的区域城市群发展脆弱性评价——以滇中城市群为例［J］. 自然资源学报，2020（12）：2875-2887.

[67] 马蓓蓓，钟堃，李海玲. 黄土高原地区城市“社会-经济”系统脆弱性的时空特征与影响因素［J］. 陕西师范大学学报（自然科学版），2019（4）：1-8；2.

[68] 周苏娥，张明军，王圣杰，等．甘肃省河西地区自然-社会系统脆弱性评价［J］．资源科学，2018（2）：452-462.

[69] 魏璐瑶，陆玉麒．江苏省县域乡村集聚与脆弱性评价［J］．地球信息科学学报，2020（2）：218-230.

[70] 鲁大铭，石育中，李文龙，等．西北地区县域脆弱性时空格局演变［J］．地理科学进展，2017（4）：404-415.

[71] 哈斯巴根，李同昇，佟宝全．生态地区人地系统脆弱性及其发展模式研究［J］．经济地理，2013（4）：149-154.

[72] 温晓金，杨新军，王子侨．多适应目标下的山地城市社会-生态系统脆弱性评价［J］．地理研究，2016（2）：299-312.

[73] 李洁，赵锐锋，谢作轮．甘肃省区域社会-生态系统脆弱性综合评价［J］．经济地理，2015（12）：168-175.

[74] 陈伟珂，闫超华，董静，等．城市脆弱性时空动态演变及关键致脆因子分析——以河南省为例［J］．城市问题，2020（3）：38-46.

[75] 李心晴，徐新良，张鹏鹏，等．“一带一路”倡议背景下哈萨克斯坦地区综合脆弱性的空间分异特征分析［J］．中国环境管理，2020（3）：107-113.

[76] 李海玲，马蓓蓓，薛东前，等．丝路经济带背景下我国西北地区城市脆弱性的空间分异与影响因素［J］．经济地理，2018（2）：66-73.

[77] 毛亚会，余丹林，郑江华，等．中国西北地区脆弱性综合评价［J］．水土保持研究，2017（6）：392-396.

[78] 杨艳茹，王士君，宋飏．石油城市人地系统脆弱性及规避机理研究［J］．云南师范大学学报（哲学社会科学版），2009（2）：71-77.

[79] 辛馨，张平宇．基于三角图法的矿业城市人地系统脆弱性分类［J］．煤炭学报，2009（2）：284-288.

[80] 侯纯光，程钰，任建兰，陈延斌．环渤海地区城市脆弱性时空格局演变及其障碍因素研究［J］．湖南师范大学自然科学学报，2017（1）：1-9.

[81] 杨文健，李晓明．长江经济带城市综合脆弱性影响因素及其测度——以

长江经济带的36个城市为例［J］. 城市问题，2017（1）：19-28.
［82］ 尹航，石光，李柏洲. 基于Entropy-Topsis的区域系统发展脆弱性分析与测评［J］. 运筹与管理，2011（1）：78-86.
［83］ 赵林，王维，张宇硕，等. 东北振兴以来东北地区城市脆弱性时空格局演变［J］. 经济地理，2014（12）：69-77.
［84］ 唐波，吕智聪，林琳. 珠三角城市群经济脆弱性时空格局和调控路径［J］. 地域研究与开发，2020（1）：13-18.
［85］ 唐波，林琳. 外向型城市经济脆弱性时空演变和发展路径——以广东佛山市为例［J］. 生态经济，2019（3）：100-106.
［86］ 陈媛，王国新. 基于SPA的中国沿海旅游城市经济系统脆弱性评价［J］. 地理与地理信息科学，2013（5）：94-97；106.
［87］ 苏飞，储毓婷，张平宇. 我国典型旅游城市经济脆弱性及障碍因素分析［J］. 经济地理，2013（12）：189-194.
［88］ 刘凯，任建兰. 新常态背景下山东省县域经济脆弱性空间格局研究［J］. 山东师范大学学报（人文社会科学版），2019（1）：59-67.
［89］ 蔡文香，卢万合. 城市经济系统脆弱性仿真研究方法的探讨［J］. 中国人口·资源与环境，2015（S2）：58-61.
［90］ 苏飞，张平宇. 基于集对分析的大庆市经济系统脆弱性评价［J］. 地理学报，2010（4）：454-464.
［91］ 任崇强，孙东琪，翟国方，等. 中国省域经济脆弱性的综合评价及其空间差异分析［J］. 经济地理，2019（1）：37-46.
［92］ 张戬，陈佳，黄馨，等. 水资源约束下的河西走廊城市经济脆弱性时空演变及其影响因素［J］. 中国沙漠，2019（1）：203-211.
［93］ 郭永杰，米文宝，赵莹，等. 基于集对分析的宁夏限制开发生态区经济脆弱性评价［J］. 干旱区资源与环境，2014（8）：32-38.
［94］ 赵映慧，姜博，李亚青. 东北地区老年煤炭城市经济系统脆弱性比较［J］. 国土与自然资源研究，2011（4）：20-21.
［95］ 孙平军，修春亮. 辽宁矿业城市经济系统应对能力分析与脆弱性评价

[J]. 干旱区资源与环境，2011（4）：22-27.

[96] 汪军能，秦年秀，姜彤，等. IPCC AR6报告解读：气候变化对城市、住区和关键基础设施的影响与适应 [J]. 气候变化研究进展，2022（4）：433-441.

[97] 阮鑫鑫，付小林，侯俊东，等. 湖北省自然灾害社会脆弱性综合测度及时空演变特征 [J]. 安全与环境工程，2019（2）：52-61.

[98] 龙腾腾，高仲亮，刘岳峰，等. 基于AHP-PCA模型的安宁市森林火灾社会脆弱性评价 [J]. 西南林业大学学报（自然科学），2018（2）：153-157.

[99] 黄晓军，王晨，胡凯丽. 快速空间扩张下西安市边缘区社会脆弱性多尺度评估 [J]. 地理学报，2018（6）：1002-1017.

[100] 何艳冰，黄晓军，翟令鑫，等. 西安快速城市化边缘区社会脆弱性评价与影响因素 [J]. 地理学报，2016（8）：1315-1328.

[101] 刘凯，任建兰，程钰，等. 黄河三角洲地区社会脆弱性评价与影响因素 [J]. 经济地理，2016（7）：45-52.

[102] 张慧琳，吴攀升，侯艳军. 五台山地区生态脆弱性评价及其时空变化 [J]. 生态与农村环境学报，2020（8）：1026-1035.

[103] 姚昆，周兵，何磊，等. 岷江上游地区生态环境脆弱性变化研究 [J]. 河南理工大学学报（自然科学版），2020（6）：78-87.

[104] 王世东，郭磊. 焦作市北山资源枯竭型地区在经济转型过程中的生态脆弱性评价 [J]. 生态学杂志，2020（10）：3442-3451.

[105] 徐超璇，鲁春霞，黄绍琳. 张家口地区生态脆弱性及其影响因素 [J]. 自然资源学报，2020（6）：1288-1300.

[106] 贾晶晶，赵军，王建邦，等. 基于SRP模型的石羊河流域生态脆弱性评价 [J]. 干旱区资源与环境，2020（1）：34-41.

[107] 李佳芮，张健，司玉洁，等. 基于VSD模型的象山湾生态系统脆弱性评价分析体系的构建 [J]. 海洋环境科学，2017（2）：274-280.

[108] 刘慧，师学义. 静乐县生态脆弱性时空演变与分区研究 [J]. 生态与农

村环境学报，2020（1）：34-43.

[109] 魏晓旭，赵军，魏伟，等. 中国县域单元生态脆弱性时空变化研究［J］. 环境科学学报，2016（2）：726-739.

[110] 张怡梦. 中国西部地区生态脆弱性评估——面向西部45个城市的探索性研究［J］. 统计与信息论坛，2018（8）：74-84.

[111] 陆海燕，孙桂丽，李路，等. 基于VSD模型的新疆生态脆弱性评价［J］. 新疆农业科学，2020（2）：292-302.

[112] 汪磊，黄其松. 基于博弈论组合赋权的西部地区生态脆弱性评价［J］. 江苏农业科学，2016（3）：318-322.

[113] 田超，杨夏捷，鞠园华，等. 吉林省西部地区生态脆弱性的动态评价［J］. 水土保持研究，2018（4）：298-303.

[114] 陈桃，包安明，郭浩，等. 中亚跨境流域生态脆弱性评价及其时空特征分析——以阿姆河流域为例［J］. 自然资源学报，2019（12）：2643-2657.

[115] 雷梅. 农村扶贫攻坚情况调查研究——基于贵州扶贫对象视角的调查报告［J］. 云南行政学院学报，2014（1）：124-127.

[116] 何志春，康忠芳. 构建法制机制助力精准扶贫——以习近平精准扶贫思想为视角［J］. 社科纵横，2016（8）：17-22.

[117] WORLD BANK. World development report 1990/1991［M］. New York: Oxford University Press，1991.

[118] 尚卫平，姚智谋. 多维贫困测度方法研究［J］. 财经研究，2005（12）：88-94.

[119] 张雪花. 刘永富：12个省市制定了高于国家扶贫标准的地方标准［EB/OL］.（2016-05-10）［2024-10-21］. https：//china.huanqiu.com/article/9CaKrnJVo49.

[120] 向德平，向凯. 多元与发展：相对贫困的内涵及治理［J］. 华中科技大学学报（社会科学版），2020（2）：31-38.

[121] 世界银行. 世界银行1981年世界发展报告［M］.《世界发展报告》翻译

小组，译. 北京：中国财政经济出版社，1983.
[122] 周林. 贫困线测度方法及其在中国的应用 [D]. 武汉：华中科技大学，2014.
[123] 宁溶. 安徽农村老年妇女的贫困状况及其影响因素研究 [D]. 合肥：安徽大学，2013.
[124] 赵迪，罗慧娟. 欧美国家农村相对贫困治理的经验与启示 [J]. 世界农业，2021 (9)：12-23；67.
[125] 卢雪梅，慈勤英. 贫困家庭灾难性卫生支出的影响因素与医疗救助政策选择——基于阿马蒂亚·森的可行能力视角 [J]. 广西社会科学，2017 (8)：152-157.
[126] 韦凤琴，张红丽. 中国农村地区多维相对贫困测度与时空分异特征 [J]. 统计与决策，2021 (16)：15-18.
[127] 方迎风，周少驰. 多维相对贫困测度研究 [J]. 统计与信息论坛，2021 (6)：21-30.
[128] 解安，侯启缘. 中国相对贫困多维指标建构——基于国际比较视角 [J]. 河北学刊，2021 (1)：133-139.
[129] 栾卉，万国威. 后减贫时代的中国城乡多维贫困及其衍生规律——基于六省市 3 199 户贫困家庭的实证调查 [J]. 兰州学刊，2021 (2)：160-178.
[130] 李波，刘丽娜. 深度贫困地区农户多维贫困测度及影响因素研究——基于青海藏区四县的实证调查 [J]. 北方民族大学学报，2020 (5)：5-12.
[131] 李周. 中国的生态扶贫评估和生态富民展望 [J]. 求索，2021 (5)：14-24.
[132] 杨定，杨振山. 高寒地区生态贫困评价及影响因素分析——以色林错地区为例 [J]. 资源科学，2021 (2)：293-303.
[133] 陈阿江，闫春华. 从生态贫困到绿色小康——生态脆弱区的乡村振兴之路 [J]. 云南社会科学，2020 (1)：24-31.
[134] 韩跃民. 全球生态贫困治理与“中国方案” [J]. 社会科学战线，2019

(11)：205-213.
[135] 张慧芝，刘月．滦河流域民族聚居区生态贫困的脱贫路径［J］．民族学刊，2018（6）：11-17；98-100.
[136] 佚名．达到什么样的标准才能脱贫呢？用“一收入两不愁三保障”来判定［EB/OL］．（2020-11-18）［2024-10-14］．https：//sannong.cctv.com/2020/11/18/ARTIfuDcGq43rUpssLxhYjt0201118.shtml.
[137] 中共周至县委网信办．脱贫退出的标准和程序［EB/OL］．（2017-05-08）［2024-10-14］．http：//www. jinzhouzhi. com/index. php? ac=article&at=read&did=330.
[138] 毛晓雅．全国26县集中脱贫摘帽 首次实现贫困县数量净减少［N］．农民日报，2017-11-03（3）.
[139] 林原．我国知识产权区域布局研究［D］．大连：大连理工大学，2019.
[140] 朱艳婷，赵源．基于CAS理论的土地系统脆弱性演化机制分析［J］．安徽农业科学，2015（12）：310-312；330.
[141] 阎姝伊，李嘉艺，王瑶函，等．浅山区乡镇社会-生态系统脆弱性演化与模拟——以北京平谷为例［J］．生态学报，2022（17）：1-10.
[142] 茹少峰，马茹慧．黄河流域生态环境脆弱性评价、空间分析及预测［J］．自然资源学报，2022（7）：1722-1734.
[143] 李振民，石磊，张冲昊．社会-生态视角下县域乡村地域系统脆弱性评价与差异化应对策略［J］．经济地理，2022（5）：175-184.
[144] 王茜，赵筱青，普军伟，等．喀斯特山区土地利用变化对生态脆弱性的影响［J］．山地学报，2022（2）：289-302.
[145] 陈晓红，许晓庆，刘艳军，等．基于三生空间质量的哈长城市群城市脆弱性时空演变格局及驱动力研究［J］．生态学报，2022（15）：6395-6405.
[146] 管文闯，饶碧玉，路远，等．基于DPSIRM模型的高原城市水源地水资源脆弱性评价及障碍诊断［J］．中国农村水利水电，2022（3）：147-154；162.

[147] 严小燕，祁新华，潘颖，等. 贫困退出背景下返贫脆弱性评价——融合区域与个体的新视角［J］. 自然资源学报，2022（2）：440-458.

[148] 张良侠，樊江文，张海燕，等. 黄土高原地区生态脆弱性时空变化及其驱动因子分析［J］. 环境科学，2022（9）：4902-4910.

[149] 王利平，张建云，舒章康，等. 河南省水资源系统脆弱性时空分异特征研究［J］. 华北水利水电大学学报（自然科学版），2022（1）：9-17.

[150] 常溢华，蔡海生. 基于SRP模型的多尺度生态脆弱性动态评价——以江西省鄱阳县为例［J］. 江西农业大学学报，2022（1）：245-260.

[151] 孙宇晴，杨鑫，郝利娜. 基于SRP模型的川藏线2010—2020年生态脆弱性时空分异与驱动机制研究［J］. 水土保持通报，2021（6）：201-208.

[152] 崔凯凯，刘德林，李翔海. 黄河河南段流域洪灾的社会脆弱性评价［J］. 水土保持通报，2021（5）：304-310.

[153] 任国平，刘黎明，李洪庆，等. 都市水源区村域社会-生态系统脆弱性空间分异的地理影响模式——以上海市青浦区为例［J］. 地理科学，2021（8）：1469-1478.

[154] 宓泽锋，周灿，朱菲菲，等. 生态文明建设的路径依赖与互动关系变化——基于2003—2015年长江经济带地级市面板数据［J］. 地理研究，2018（10）：1915-1926.

[155] 周亮，车磊，孙东琪. 中国城镇化与经济增长的耦合协调发展及影响因素［J］. 经济地理，2019（6）：97-107.

[156] 刘玉，潘瑜春，唐林楠. 京津冀地区县域农业发展与农民收入的时空耦合特征［J］. 经济地理，2017（2）：141-147.

[157] 文先明，王策，熊鹰，等. 湖南省新型城镇化与金融支持的耦合协调发展［J］. 经济地理，2019（07）：96-105.

[158] 白宝玉. 以科技人才队伍创新实践为重要支撑 持续助推自治区经济社会全面发展——对新形势下推进科技人才队伍建设创新发展的几点思考［N］. 内蒙古日报，2016-11-16（5）.

[159] 曾和平. 中华民族共同体视域下的反贫困实践——以新疆南疆地区为例

[J]. 新疆社会科学，2020（2）：7-16；146.
[160] 唐亮. 推进南疆四地州扶贫工作的思考与建议 [J]. 新疆社科论坛，2018（2）：53-56；65.
[161] 孙才志，覃雄合，李博，等. 基于WSBM模型的环渤海地区海洋经济脆弱性研究 [J]. 地理科学，2016（5）：705-714.
[162] 付春燕. 县域多维贫困测度与空间格局研究 [D]. 兰州：兰州大学，2019.

索引